劳动教育和职业素养训练

（第二版）

主　编　靳　辉　高　琛
副主编　王　矗　李锐锋

黑龍江大學出版社
HEILONGJIANG UNIVERSITY PRESS
哈尔滨

图书在版编目（CIP）数据

劳动教育和职业素养训练 / 靳辉，高琛主编. -- 2版. -- 哈尔滨 : 黑龙江大学出版社，2023.9
ISBN 978-7-5686-0995-1

Ⅰ. ①劳… Ⅱ. ①靳… ②高… Ⅲ. ①大学生－劳动教育 Ⅳ. ①G40-015

中国国家版本馆 CIP 数据核字 (2023) 第 119334 号

劳动教育和职业素养训练（第二版）
LAODONG JIAOYU HE ZHIYE SUYANG XUNLIAN (DI-ER BAN)
主　编　靳　辉　高　琛
副主编　王　矗　李锐锋

责任编辑　赵　晶
出版发行　黑龙江大学出版社
地　　址　哈尔滨市南岗区学府三道街 36 号
印　　刷　哈尔滨市石桥印务有限公司
开　　本　720 毫米 ×1000 毫米　1/16
印　　张　15.25
字　　数　257 千
版　　次　2023 年 9 月第 2 版　2021 年 9 月第 1 版
印　　次　2023 年 9 月第 2 次印刷
书　　号　ISBN 978-7-5686-0995-1
定　　价　45.00 元

前　言

近年来,党和国家强调通过“德智体美劳”五育并举,培养社会主义建设者和接班人。为了全面贯彻党的教育方针,加快构建“德智体美劳”全面培养的教育体系,2018 年全国教育大会明确将育人目标从“德智体美”拓展为“德智体美劳”,体现了党对新时代素质教育的要求,对开展好新时代劳动教育、培养堪当民族复兴大任的时代新人的要求。2020 年 3 月,中共中央、国务院印发了《关于全面加强新时代大中小学劳动教育的意见》(以下简称《意见》),对加强大中小学劳动教育进行了系统设计和全面部署。《意见》提出了新时代劳动教育的总体目标,即:通过劳动教育,使学生能够理解和形成马克思主义劳动观,牢固树立劳动最光荣、劳动最崇高、劳动最伟大、劳动最美丽的观念;体会劳动创造美好生活,体认劳动不分贵贱,热爱劳动,尊重普通劳动者,培养勤俭、奋斗、创新、奉献的劳动精神;具备满足生存发展需要的基本劳动能力,形成良好劳动习惯。

2020 年 9 月,教育部等九部门发布《职业教育提质培优行动计划(2020—2023 年)》,明确要求各地教育主管部门将劳动教育纳入职业学校人才培养方案,设立劳动教育必修课程,统筹勤工俭学、实习实训、社会实践、志愿服务等环节系统开展劳动教育。职业教育承担着为国家培养更多高素质技术技能人才、能工巧匠、大国工匠的时代重任。建设高水平、高层次的技术技能人才培养体系,更需加强学生工匠精神和精益求精习惯的养成。通过培养数以亿计的高素质技术技能人才,为全面建设社会主义现代化国家提供坚实的支撑。

劳动教育是国民教育体系的重要内容,新时代的劳动教育,要坚持以习近平新时代中国特色社会主义思想为指导,引导学生树立正确的劳动观念,培养学生必备的劳动能力,培育学生积极的劳动精神,使学生养成良好的劳动习惯和品质。

本教材正是按照劳动教育的育人要求和职业教育的特点进行内容设计的,

以劳动观念为主线,以劳动素质、职业素质培养为目标,通过八个章节的教学内容(一些章节辅以“案例品读”和“拓展知识”),帮助学生深刻理解和把握劳动教育的内涵,在劳动实践中增长本领,做勤于劳动、善于创造的新时代的劳动者。

本书由靳辉、高琛担任主编,王矗、李锐锋担任副主编。

目　　录

第一章　劳动与劳动教育

劳动是人类特有的基本的社会实践活动，是人之所以能够成为人的唯一途径和手段，劳动创造了人和人类社会。

劳动创造世界，青年创造未来。习近平总书记在纪念五四运动一百周年大会上指出："新时代中国青年要勇于砥砺奋斗。奋斗是青春最亮丽的底色。'自信人生二百年，会当水击三千里。'民族复兴的使命要靠奋斗来实现，人生理想的风帆要靠奋斗来扬起。"①奋斗就是要用自己的双手创造生活、改变生活，进而获得物质财富、精神满足和社会价值。作为社会主义的建设者和接班人，青年，特别是大学生要深刻认识劳动，深刻理解劳动和劳动教育的内涵，增强劳动意识、追求劳动价值，在劳动中立鸿鹄志、做奋斗者，实现人生理想。

第一节　劳动概述

劳动是人类摆脱蛮荒、创造历史的最直接的因素。从刀耕火种的原始社会到男耕女织的农业社会，从蒸汽时代到电气时代，再到当今的信息时代，劳动一直推动着人类社会的发展进步，促进人的成长与发展。人类社会的历史是一部劳动奋斗史，通过劳动人类创造了语言文字、创造了生产工具、创造了交通工具……金字塔、帕提侬神庙、长城、京杭大运河，这些在历史的长河中熠熠生辉的人类瑰宝，无不闪耀着劳动人民的智慧。

---

① 习近平：《论中国共产党历史》，中央文献出版社2021年版，第245页。

一、劳动及其相关概念

（一）劳动

《中国大百科全书（哲学卷）》对劳动的定义是：劳动是人类特有的基本的社会实践活动，也是人通过有目的的活动改造自然对象并在这一活动中改造人自身的过程。政治经济学对劳动的定义是：劳动即劳动力的使用，是人以自身的活动来引起、调整和控制人和自然之间物质变换的过程。

劳动是人的本质，是人类的本质活动。劳动使人类获得了自己的本质，把自己与其他动物从根本上区别开来，把人从自然界中提升出来，又把人与人类社会同自然界紧密地联系起来；人通过劳动改变自然，创造属于人自己的物质生活条件。物质需要不仅是人最基本的需要，也是人类社会得以发展的基础，人类社会正是通过不断分工协作、提高生产效率，不断创造物质财富，满足人类物质生活需要的。

在劳动过程中，人类不断地探索并积累丰富的知识和经验，创造了宝贵的科学技术和文化成果，当精神财富的生产从物质财富的生产中独立出来，就出现了专门的思想家、科学家、艺术家等。马克思在《哥达纲领批判》中写道："随着劳动的社会性的发展，以及由此而来的劳动之成为财富和文化的源泉，劳动者方面的贫穷和愚昧、非劳动者方面的财富和文化也发展起来。"人类通过劳动，不仅获得了自身生存的物质资料，同时也充实了自己的精神生活、提升了自己的精神境界。

由此，劳动的含义是人类使用劳动资料作用于劳动对象，创造物质财富和精神财富，以满足人类需要、促进人类发展的有目的的工作或活动。

（二）劳动力

劳动力的基本含义是指人的劳动能力。派生的含义有三种：第一，劳动力是指存在于活的人体之中的劳动能力，是人在劳动过程中所运用的体力和脑力的总和。在这个意义上，它与"人力"表达同一个含义，强调的是劳动力的能力特征。第二，劳动力是指有劳动能力、能从事劳动活动的人，即劳动者，强调的是劳动力的主体特性。第三，劳动力是指一个国家、地区或一个部门的劳动者的总和，强调的是劳动力的资源特征。当用作劳动力资源表述时，通常取最后一种含义。

在马克思主义政治经济学中,劳动力是资本主义社会中一种特殊的商品,是剩余价值的源泉,体现着资本家剥削雇佣工人的本质关系。在社会主义市场经济中,劳动力不是商品,而是一种生产要素或经济资源,市场机制仍在劳动力资源配置中发挥基础性作用,但是劳动力的所有者——劳动者,已经成为社会的主人。

(三)劳动者

劳动者是指具有劳动能力,从事一定的有益于社会或个人的劳动,并可以享有相应劳动报酬的公民。就一般意义而言,劳动者是指具备以下条件的人:(1)在劳动年龄范围内,具有足以胜任某项劳动任务的体力和智力;(2)从事一定的有益于社会或个人的劳动;(3)是享有劳动权利的公民;(4)可以享有相应的劳动报酬。劳动者通常可以划分为脑力劳动者和体力劳动者两大类。随着社会经济、文化的发展,这两大类劳动者的差别正在缩小。

(四)劳动、劳动力和劳动者三者之间的关系

1. 劳动者是一定社会关系中具有劳动能力并从事劳动活动的人。马克思主义认为,劳动是人区别于物的根本特征,只有人是劳动者,其他的物都不是劳动者,由人的劳动创造出来的机器人或人工智能不是劳动者,而是人的高级劳动工具。同样,我们也可以说一切劳动者都是人,但不是所有人都是劳动者,不从事劳动活动的人自然不是劳动者。

2. 劳动力是劳动者在劳动中运用的体力和脑力的总和。人类社会发展到一定历史阶段,出现了不同的劳动分工形式。脑力劳动以脑力支出为主,体力劳动以体力支出为主。在劳动过程中,人们的体力活动和脑力活动是统一的。马克思把劳动看作是“体力和智力的总和”。他曾说:“为了在对自身生活有用的形式上占有自然物质,人就使他身上的自然力——臂和腿、头和手运动起来。”“单个人如果不在自己的头脑的支配下使自己的肌肉活动起来,就不能对自然发生作用。正如在自然机体中头和手组成一体一样,劳动过程把脑力劳动和体力劳动结合在一起了。”不存在没有任何体力消耗的脑力劳动,也不存在没有任何脑力支出的体力劳动。

3. 劳动是劳动者为创造物质财富和精神财富而消耗劳动力的过程。体力

和脑力的消耗量，通常是用消耗的劳动时间来进行衡量的。资本在选择劳动力时，也希望获取体力和脑力双优的劳动力，但是在实际的操作过程中，由于劳动者也在选择资本，因而资本往往只需要注意到劳动力之间的区别。资本需要一种以体力劳动为主的劳动力，就绝不会去找一种以脑力劳动为主的劳动力，反之亦然。

二、劳动的基本特征

（一）劳动具有目的性

人类的劳动是有意识、有目的、自觉的、能动的活动。在人类进化的过程中，伴随人脑的不断进化，人类的思维能力越来越强，会按照自己预定的目的进行思考，并采用合理的方式去实现。即使是制造一个小小的锤子，工人们也会在头脑中形成锤子的形状，并通过锯、锉、磨等工序，最后制成能够使用的工具。而其他动物的活动，如鸟儿筑巢、蜜蜂采蜜、蜘蛛结网等，仅仅是出于动物的本能。正如马克思所说："蜘蛛的活动与织工的活动相似，蜜蜂建筑蜂房的本领使人间的许多建筑师感到惭愧。但是，最蹩脚的建筑师从一开始就比最灵巧的蜜蜂高明的地方，是他在用蜂蜡建筑蜂房以前，已经在自己的头脑中把它建成了。"

（二）劳动具有社会性

人类从事物质生产活动和其他一切社会活动，都不可能以个体的形式进行，而必须互相依赖、互相合作，结成一定的社会关系才能进行。马克思指出，"为了进行生产，人们便发生一定的联系和关系"。在劳动中，不仅形成了人与自然的关系，同时也形成了人与人之间的生产、交换、分配等各种关系。工业革命以后，劳动生产率不断提高，社会分工越来越细，人们无法生产出满足自身需要的各种产品，必须相互交换，才能满足自己的生产生活需要。产品交换的程度越高，生产的社会性也就越强。同时，即使生产同一种产品，也要经过诸多行业的共同协作。例如汽车零部件的生产，发动机、轮胎、方向盘、玻璃等来自不同的工厂，这些工厂又分属于不同的行业，从而形成了多个行业、多个工厂共同完成一个产品生产的社会活动。

(三)劳动具有创造性

人类劳动是制造并使用生产工具的活动,制造和使用生产工具是人区别于其他动物的根本标志,是人类劳动过程独有的特征。在某种意义上说,人类的劳动是从制造工具开始的。社会生产的发展,首先是从生产工具的变化和发展开始的,生产工具的变迁,突出反映了人类劳动的创造性。随着科学技术的进步,劳动的对象、工具、方式、环境和效果,都在发生着变化,从马车到蒸汽机车、从煤油灯到电灯、从机床到工业机器人,无论是效率,还是效益,已经有了天壤之别。同时,生产工具不仅是人类改造自然的尺度,也是生产关系的指示器。马克思说:“手推磨产生的是封建主的社会,蒸汽磨产生的是工业资本家的社会。”

三、劳动过程的三要素

劳动过程是劳动者有目的地借助于劳动工具,作用于劳动对象,生产出具有使用价值的产品的活动过程。马克思在《资本论》中指出:“劳动过程的简单要素是:有目的的活动或劳动本身,劳动对象和劳动资料。”也就是说,劳动过程必须具备三个要素,即劳动行为、劳动对象和劳动资料。劳动过程就是这三个要素结合的过程。其结果是改造了劳动对象,使之成为满足人们某种需要的产品。同时,人本身也在劳动过程中得到了改造和发展。

(一)劳动行为

劳动者的劳动行为作为劳动过程中起决定性作用的要素,其关键就在于劳动者本身。劳动者需要具备一定的经验和技能,才能运用劳动资料作用于劳动对象,使劳动对象以劳动者的意志为转移发生相应的运动、变化,而成为人们生产生活的物质资料。劳动者是生产资料、生产工具的创造、操作和使用者,是劳动对象的加工者和需求者,在生产力诸要素中起主导作用,是最革命、最活跃的要素。没有劳动者的劳动作用,劳动资料和劳动对象不会按照劳动者的明确目的发生运动和变化。因此说,无论进行何种劳动,必须有劳动者参加;离开了劳动者,生产资料本身不能创造出任何东西。

(二)劳动对象

劳动对象是劳动者使用劳动资料所作用的一切东西,劳动对象与劳动资料结合,构成生产资料。只有有了劳动对象,劳动者才有可能使用劳动工具进行劳动;缺少了劳动对象,就不能生产任何产品。劳动对象分为两类:一是自然物,即自然界原来就有的。例如,未被开垦的荒地,未被砍伐的森林,未被采掘的矿藏,以及飞禽、走兽、鱼类等。二是已经被劳动加工过的,例如,纺织工厂的棉纱、木器工厂的木材、炼钢工厂的钢材等。但是,并不是自然界的一切物质都能成为劳动对象,只有那些被人类所认识和利用、纳入生产过程的物质,才能成为劳动对象。例如石油,以前人们根本不知道它的用处,到了宋代,沈括在《梦溪笔谈》中记录了石油的存在状态:“此物必大行于世,自予始为之。盖石油之多,生于地中无穷,不若松木有时而竭。”沈括所说的“大行于世”,也不过是将石油用于烧火做饭,以及收集烟灰磨墨来代替木炭磨墨而已,直到内燃机发明以后,石油的价值才真正发挥出来。

随着科学技术的进步,人类不断发现自然界的有用物质或物质的新属性(如石油不仅是燃料,而且是重要的化工原料),使劳动对象的范围进一步扩大。现代新材料和生物技术的兴起,使人类可以选择性能更好、价格更低、更加环保的劳动对象,极大地促进了生产力的发展,满足了人们日益增长的物质文化需求。例如,用工程塑料代替金属,采用层压、喷射、挤压等新工艺、新方法,既美观耐用又节省成本;用陶瓷材料制造发动机,由于陶瓷耐高温,节省了大量的能源;用遗传工程技术培育优良物种,极大地促进了农牧业的发展。

(三)劳动资料

劳动资料是劳动者在生产过程中用以改变或影响劳动对象的物质资料和物质手段,也称为劳动手段。劳动资料在劳动者和劳动对象之间起传导劳动的作用。在劳动资料中,起决定作用的是生产工具,生产工具是其他物质资料得以成为劳动资料的前提。在生产过程中,生产工具是人所达到的劳动生产率的最重要标志,并且对生产的规模、生产的种类起着决定性的作用。生产工具包括人类在劳动过程中所使用的各类工具。例如,机械性工具、运输工具、测量工具、试验工具等。早期的生产工具(石木工具、金属工具)是劳动者依靠自身的体力,用手操纵的;后来的生产工具包括工具机、动力机和传动装置等,形成了复杂的体系;现代的自动化机器体系,又增加了以电子计算机为核心的自控装置。

在劳动过程的三要素中,有时劳动资料和劳动对象并不是截然分开的。由于在生产中的作用不同,一个物品有时作为劳动资料,有时作为劳动对象。比如,拖拉机用来耕地或运输时,是劳动资料;而拖拉机在制造过程中,又是劳动对象。土地则更特殊,在农业生产中它既是劳动资料,又是劳动对象。劳动过程的三要素不是孤立存在的,而是相互联系的。只有有了劳动对象,劳动者才有可能使用劳动资料进行劳动。因此,三个要素必须结合起来,才能使劳动过程得以实现,才能创造出人类所需要的物质和精神财富。

四、劳动的分类

(一)生产劳动和非生产劳动

从劳动过程的特点划分,劳动分为生产劳动和非生产劳动。生产劳动是指创造物质财富的劳动,它是人类社会存在和发展的基础。一切物质生产部门,如工业、农业、建筑业和运输业等物质生产部门劳动者的劳动,都是生产劳动。从事生产劳动的人并不一定使用生产工具直接参加生产,只要他的劳动是属于生产劳动总体的一部分,如从事劳动管理、技术管理、人事管理、工艺流程设计等,都属于生产劳动。非生产劳动是指不创造物质财富的劳动,如教师、医生、演员的劳动,就是非生产劳动。

在创造物质财富和精神财富的过程中,生产劳动和非生产劳动联系在一起,不可分割。生产劳动为非生产劳动提供存在和发展的条件,而非生产劳动为生产劳动提供精神动力和智力支持。例如,阅读小说这种工作之余的休闲活动,需要作家创作出反映时代生活的小说,这就是创造精神财富的活动,是非生产劳动。接下来,小说要在市面上发行,还需要排版、校对、印刷、装订等活动,这些就是生产劳动。

(二)体力劳动和脑力劳动

从劳动力支出的特性划分,劳动分为体力劳动和脑力劳动。体力劳动,是以使用或消耗体力为主的劳动,它是人类社会物质资料生产中劳动力消耗的基本方式,也是人类生存和发展的基本活动。体力劳动者在劳动时要动脑筋,想办法,消耗脑力,只不过以体力劳动为主。比如,农民种田时,要考虑耕种的深浅、种植的疏密、肥料的多寡等。工人加工零件时,要看懂图纸,正确操作机器,才能生产出符合质量要求的产品。

脑力劳动,是以使用或消耗脑力为主的劳动,劳动者把自己的智力运用到劳动过程中,创造物质财富或精神财富。脑力劳动是一种复杂劳动,必须有丰富的文化知识和科学技术才能进行。与体力劳动相比,脑力劳动有以下几个特点:

一是脑力劳动能力形成的时间长。从事脑力劳动,要有系统的专业知识,而要获得这些知识,必须花一定的时间和精力进行学习。而脑力劳动者如果没有一定的专业知识和专业技能往往无法胜任工作,比如从事科学研究工作,需要经过系统的学校教育和规范的科研实践,才能成为专家。

二是脑力劳动能力形成之后,始终处于不断更新和扩展的状态。因为脑力劳动不是简单的重复,每完成一项工作,都会有新的收获,或是新的知识,或是新的经验和体会。比如,绝大多数的科学实验,都是经历了无数次的失败以后,才最终成功的;但是每次失败的实验背后,都可获得新的经验,为之后的成功打下了基础。

三是脑力劳动的成果是知识产品,形成后可以在较长时间内使用。科学家研发一种新的技术,发明家发明一种新的工具,设计师设计一款新的产品,不会在一次运用中就消耗掉。脑力劳动者的劳动成果使用期更长,比如中国古典文学名著,一直到现在,人们还在阅读和欣赏。

四是脑力劳动具有一定的继承性和延续性。脑力劳动创造的物质产品或精神产品,通常不是短时间内能够完成的,往往需要数月、数年或者更长的时间,有的甚至需要几代人才能完成。例如,我国的中医典籍《本草纲目》,是由明代的李时珍在宋代唐慎微《经史证类备急本草》的基础上,前后历经二十余年的艰苦努力,才编纂完成的。《全唐诗》汇集了唐代两千多位诗人的作品,是我国古代最大的诗歌总集,也是经历了宋元明清四个朝代的搜集才完成的。

(三)必要劳动和剩余劳动

从劳动的成果与劳动者的关系划分,劳动分为必要劳动和剩余劳动。必要劳动是劳动者为维持劳动力生产和再生产所进行的劳动。一方面,这部分劳动对劳动者个体而言是必要的,它使劳动者的劳动力得以恢复和再生产,得以延续和发展。另一方面,这部分劳动对整个社会来说也是必要的,它使得社会再生产能够继续下去。原始社会没有剩余产品，全部劳动都是必要劳动；到了原始社会末期，由于生产力的发展，劳动者生产的产品除了养活自己之外，还有部分剩余，因此就有了必要劳动和剩余劳动的区别。

在私有制社会中，必要劳动的成果归劳动者所有和消费，剩余劳动的成果被生产资料的所有者无偿占有。在社会主义社会，必要劳动是为了满足劳动者个人及其家庭生活需要所耗费的劳动，剩余劳动是劳动者为了满足全社会的需要而自愿向社会提供的劳动，并不体现剥削关系。劳动者为社会提供的剩余劳动和为自己进行的必要劳动，两者的根本利益是一致的。剩余劳动越多，社会发展的物质基础就越雄厚，劳动者的物质生活和文化生活的提高就越有保证。

除此之外，还有多种劳动分类方式。从劳动为社会服务的方式划分，可分为物质生产劳动和服务性劳动。前者指创造物质产品的劳动，如工业劳动、农业劳动等；后者指社会服务性的劳动，如商业劳动、服务业劳动等。从劳动成果流动的方式划分，则分为自然经济劳动和商品经济劳动。前者指自给自足的劳动，没有商品交换；后者劳动的成果主要用于交换。

【案例品读】南水北调工程
——我国劳动人民创造的伟大工程

经过20世纪50年代以来的勘测、规划和研究，在分析比较50多种规划方案的基础上，分别在长江下游、中游、上游规划了三个调水区，形成了南水北调工程东线、中线、西线三条调水线路。根据2002年国务院批复的《南水北调工程总体规划》，通过东中西三条调水线路，与长江、淮河、黄河、海河相互连接，构成我国中部地区水资源“四横三纵、南北调配、东西互济”的总体格局。

东线工程：利用江苏省已有的江水北调工程，逐步扩大调水规模并延长输水线路。东线工程从长江下游扬州江都抽引长江水，利用京杭大运河及与其平行的河道逐级提水北送，并连接起调蓄作用的洪泽湖、骆马湖、南四湖、东平湖。出东平湖后分两路输水：一路向北，在位山附近经隧洞穿过黄河，输水到天津；另一路向东，通过胶东地区输水干线经济南输水到烟台、威海。一期工程调水主干线全长1466.50千米，其中长江至东平湖1045.36千米，黄河以北173.49千米，胶东输水干线239.78千米，穿黄河段7.87千米。规划分三期实施。

中线工程:从加坝扩容后的丹江口水库陶岔渠首闸引水,沿线开挖渠道,经唐白河流域西部过长江流域与淮河流域的分水岭方城垭口,沿黄淮海平原西部边缘,在郑州以西李村附近穿过黄河,沿京广铁路西侧北上,可基本自流到北京、天津。输水干线全长 1431.945 千米(其中,总干渠 1276.414 千米,天津输水干线 155.531 千米)。规划分两期实施。

西线工程:在长江上游通天河、支流雅砻江和大渡河上游筑坝建库,开凿穿过长江与黄河分水岭巴颜喀拉山的输水隧洞,调长江水入黄河上游。西线工程的供水目标,主要是解决涉及青海、甘肃、宁夏、内蒙古、陕西、山西等 6 省(自治区)黄河上中游地区和渭河关中平原的缺水问题。结合兴建黄河干流上的大柳树水利枢纽等工程,还可以向临近黄河流域的甘肃河西走廊地区供水,必要时也可相机向黄河下游补水。规划分三期实施。

三条调水线路互为补充,不可替代。本着"三先三后"、适度从紧、需要与可能相结合的原则,南水北调工程规划最终调水规模 448 亿立方米,其中东线 148 亿立方米,中线 130 亿立方米,西线 170 亿立方米,建设时间约需 40~50 年。整个工程将根据实际情况分期实施。

(资料来源:水利部网站,2021 年 9 月 1 日。有删改)

【拓展知识】国际劳动节的由来

国际劳动节定在每年的五月一日,又称"五一国际劳动节",是全世界劳动人民共同拥有的节日。

十九世纪,美国和欧洲许多国家逐步由资本主义发展到帝国主义阶段。为了刺激经济的高速发展,榨取更多的剩余价值,以维护这个高速运转的资本主义机器,资本家不断采取增加劳动时间和劳动强度的办法来剥削工人。在美国,工人们每天要劳动 14 至 16 个小时,有的甚至长达 18 个小时,但工资却很低。马萨诸塞州一个鞋厂的监工曾经说过这样的话:"让一个身强力壮体格健全的 18 岁小伙子,在这里的任何一架机器旁边工作,我能够使他在 22 岁时头发变成灰白!"沉重的阶级压迫激起了无产者巨大的愤怒。他们知道,要争取生存的条件,就只有团结起来,通过罢工运动与资本家做斗争。工人们提出的罢工口号,就是要求实行八小时工作制。

1877 年,爆发了美国历史上第一次全国性罢工。工人阶级走向街头游行示威,向政府提出改善劳动与生活条件,要求缩短工时,实行八小时工作制。罢工不久,队伍日渐扩大,工会会员人数激增,各地工人也纷纷参加了罢工运动。在工人运动的强大压力下,美国国会被迫制定了八小时工作制的法律。但是,资本家却不予理睬,这项法律只不过是一纸空文,工人们仍然生活在水深火热之中,倍受资本家的折磨。忍无可忍的工人们决定将这场争取生存权利的斗争推向一个新的高潮,准备举行更大规模的罢工运动。

1886 年 5 月 1 日,美国约 35 万工人停工上街,举行了声势浩大的示威游行,各种肤色、各个工种的工人一齐进行总罢工。为纪念这次伟大的工人运动,1889 年 7 月,由恩格斯组织召开的第二国际成立大会宣布:将每年的五月一日定为国际劳动节。这一决定立即得到世界各国工人的积极响应。1890 年 5 月 1 日,欧美各国许多工业城市的工人率先走向街头,举行盛大的示威游行与集会,争取合法权益。从此,每逢这一天,世界各国的劳动人民都要举行纪念活动。

中国人民庆祝劳动节的活动可追溯至 1918 年。这一年,一些革命的知识分子在上海、苏州、杭州、汉口等地向群众散发介绍“五一”的传单。

1920 年 5 月 1 日,北京、上海、广州、九江、唐山等各工业城市的工人群众浩浩荡荡地走向街市,举行了声势浩大的游行、集会。李大钊专门在《新青年》上发表了《“五一”运动史》,介绍国际劳动节的来历和美法等国工人纪念“五一”的活动,号召中国工人把这年的“五一”作为觉醒的日期。陈独秀也为庆祝这个节日发表了《上海厚生纱厂湖南女工问题》一文,揭露资本家剥削工人剩余价值的真相。在北京,一些青年外出宣传,散发《五月一日劳工宣言》,唤起工人为反对剥削、争取自身权利而斗争。这是中国首次纪念“五一”国际劳动节的活动,也是中国历史上的第一个“五一”劳动节。

新中国成立后,中央人民政府政务院做出决定,将 5 月 1 日确定为劳动节。

第二节 劳动的意义

劳动既决定着人类的今天,也决定着人类的未来。改善生活需要从事劳动,社会发展需要从事劳动,各行各业需要劳动,实现中华民族伟大复兴的中国梦更需要劳动。正是有了亿万劳动人民的无私奉献和顽强拼搏精神，中国才有了翻天覆地的变化，才有了社会主义现代化建设的伟大成就。“全面建成小康社会，进而建成富强民主文明和谐的社会主义现代化国家，根本上靠劳动、靠劳动者创造。因此，无论时代条件如何变化，我们始终都要崇尚劳动、尊重劳动者，始终重视发挥工人阶级和广大劳动群众的主力军作用。”①习近平总书记在庆祝“五一”国际劳动节暨表彰全国劳动模范和先进工作者大会上的讲话，吹响了“以劳动托起中国梦”的时代号角。

一、劳动改变命运

一个国家，一个民族，只有以自强不息、坚韧不拔的精神和耐力，勤勤恳恳、踏踏实实地工作劳动、苦干实干，才能真正把命运掌握在自己的手中。1840 年，鸦片战争爆发，中国开启了探索现代化道路、追赶现代化国家的艰辛历程。此后，一百年间，广大仁人志士、亿万劳动者前赴后继，寻找救亡图存的出路。然而，在衰败、动荡的旧中国，亿万劳动者既无法通过双手改变自己的命运，更无法通过辛勤的劳动改变国家和民族的命运。小说《骆驼祥子》正是通过祥子的一生，揭示了军阀混战、黑暗统治下贫苦市民的悲惨生活，控诉了统治阶级对劳动者的剥削、压迫。祥子勤劳、执着、有梦想，但是他却无法改变自己的命运，因为没有国家命运的改变，就不会有劳动者摆脱贫困、改变境遇的个人命运的改变。

新中国的成立彻底改变了劳动者的历史命运，中国劳动者第一次真正意义上拥有了通过勤劳双手改变自己生活、改写国家命运的权利和机会。1964 年，第一颗原子弹爆炸成功；1967 年，第一颗氢弹爆炸成功；1970 年，第一颗人造地球卫星成功发射。这些成就的背后，是一批批像钱学森、邓稼先这样的劳动者的默默奉献，他们加快了中国追赶世界的脚步。

十一届三中全会开启了中国改革开放新时期，“站起来”的中国人开始探索“富起来”的道路，时代再次为劳动者依靠实干改善生活、改变命运创造了崭新的历史机遇。改革开放 40 多年的历史进程中，中国劳动者创造了无数“人间奇

① 习近平：《在庆祝“五一”国际劳动节暨表彰全国劳动模范和先进工作者大会上的讲话》，中国政府网，2015 年 4 月 28 日。

迹”,我国国内生产总值占世界生产总值的比重大幅提高。我国建立了全世界最完整的现代工业体系,是世界第二大经济体、第一制造业大国……这一切,都根植于一个个普通劳动者的辛勤、诚实、极具创造性的劳动之中。

劳动创造了中华民族,造就了中华民族的辉煌历史,亿万人民依靠自己的辛勤劳动和艰苦奋斗,必将成就和见证中国梦的实现。

二、劳动创造财富

劳动创造人类财富是千古不变的铁律。马克思认为,劳动是创造价值的唯一源泉。用自己勤劳的双手和辛勤的劳动认识和改造客观世界,创造丰裕富足的物质生活和多姿多彩的精神生活,从而使人自身得以不断发展和全面提升,是人类社会的最本质特征和伟大之处。财富和价值,是无差别的人类劳动的结晶,饱含着奋进、智慧和勤勉。

纵观人类历史,无论古今中外,无论何种文明,都记载着勤勉致富的忠告,唯有勤勉踏实的劳动,才能创造一个又一个财富梦想。无数劳动者通过诚实劳动,从小作坊做到大企业、从小品牌做到大品牌,汇聚财富。时至今日,我国中小企业占全国企业总数的97%以上,中小企业提供了85%的城乡就业岗位,最终产品和服务占国内生产总值的60%,上缴税40%以上。这些中小企业主和劳动者的勤劳,创造了巨大的社会财富。

勤勉创造财富,无论在古代社会还是在现代社会,都是个人、企业乃至国家发展的常态。事实一再表明,实体经济是一国经济的立国之本,是财富创造的根本源泉,是国家强盛的重要支柱。没有实体经济支撑的虚拟经济终究只是泡沫;没有企业创造的独特价值,良好的市场表现就难以为继;没有始终如一的坚持坚守,仅凭运气积聚的财富,也是昙花一现、不可持续的。

三、劳动点亮智慧

劳动决定了人和动物的根本区别,创造性劳动是使人脱离动物的根本力量。正是不断增长的创造性劳动,才构成了社会生产力进步的核心内容。1810年以前,马车是最快的交通工具。从1810年到现在的200多年间,人类的生存方式和生产方式发生了翻天覆地的变化,劳动让我们的世界日新月异,使我们的生活色彩斑斓。

劳动是一代又一代传承的过程，特别是劳动的经验。在劳动中形成的经验通过一代一代的传承、积累，最后形成智慧，而且在特殊的时刻，一个人或一群人实现智慧的飞跃和创新，重大的科技发明就在劳动中诞生了。在人类文明历史中，中国人以自己的不懈求索、辛勤劳动，使中华文明延续发达、领先世界，四大发明的传播甚至改变了世界历史进程。从四大发明到经书典籍，汇聚着先人无数的智慧，这一切，都源自于劳动的付出。当代中国，从两弹一星到嫦娥探月，从第一艘潜艇到蛟龙入海，从杂交水稻到基因芯片，在党的领导下，全面建成了小康社会。这就是科技的力量，是智慧的力量，唯有劳动，才能点亮智慧之光。

四、劳动提升品质

从蒸汽机车的发明到高速铁路的纵横密布，从电报电话到遍布全球的互联网，从青霉素的发现到用基因破解生命密码，从丝绸之路的漫漫商旅到“一带一路”的互联互通，人类通过实实在在的劳动不断提升生活的品质。

2000多年前的丝绸之路、600年前的郑和下西洋，需要耗费数月甚至数年时间，才能把中国的茶叶、丝绸、瓷器等运送出去……现在，我国已经建成了连接城乡、覆盖全国、通达世界的快递服务网络，快递业务量连续8年稳居世界第一。中国积极参与国际分工，将自己强大的制造能力、中国人民的勤劳和智慧同现代资金、技术和管理进行高度融合，极大地促进了全球资源的高效配置。当“中国制造”跨出国门走进千家万户的时候，当中国的远洋货轮将产品运输到地球另一端的时候，当人们乘坐高铁享受中国速度的时候，当我们拿着智能手机联通世界的时候，我们不能忘记那些付出劳动的人，是他们撑起了国家的脊梁，汇聚起了巨大的中国力量。

五、劳动创造幸福

劳动不仅创造了物质财富，而且让人精神满足和身心愉悦。中华民族是勤劳淳朴的民族，经过五千多年的奋斗与磨炼，铸造了许多优秀品质，其中最深刻也是最重要的莫过于热爱劳动、勤奋劳动。“黎明即起，洒扫庭除”，“日出而作，日落而息”，等等，对劳动的热爱已经深深融入血液，成为中国人鲜明的内在性格，更成为今天全国各族人民创造更加幸福美好生活的优秀品德。

当农民脸上露出丰收的喜悦，当工人完成生产任务，当科学家取得重大科技进展，当运动员拿到奖牌，当我们在平凡的岗位上取得成绩……劳动都成为我们快乐的原因、幸福的源泉。劳动，不仅是我们获得成功、改善生活的渠道，更是我们升华人生意义、找到内心归宿的寄托。为了年迈的父母，撑起家庭，是幸福的；为了工作的职责，爱岗敬业，是幸福的；为了他人的快乐，奉献守候，是幸福的；为了祖国的荣耀，隐姓埋名，是幸福的。

劳动满足了人类对于温饱的需求，劳动提升了生活品质，劳动也缔造了人类的幸福。革命先驱者李大钊曾经说过："我觉得人生求乐的方法，最好莫过于尊重劳动。一切乐境，都可由劳动得来，一切苦境，都可由劳动解脱。"个人的理想总是与国家的命运息息相关，劳动者只有将一己的快乐融入民族振兴和国家富强的伟大事业中，才能真正实现个体价值与幸福的最大化。

【拓展知识】中国古代的传统劳动思想

一、传统劳动思想弘扬劳动价值

其一，劳动是生存之本。古代哲学家、教育家、科学家墨子教育弟子说，"故圣人作诲，男耕稼树艺，以为民食"，"食者国之宝也"，"民无食则不可事，故食不可不务也"。在墨子看来，民不可无食，食必须通过劳动获得。明代学者吕坤说："一年不务农桑，一年忍饥受冻。"不勤劳务农，就缺衣少食。明末清初学者张履祥提出："治生以稼穑为先，舍稼穑无可为治生者。"这些观点指出了农业劳动的基本价值。

清代政治家曾国藩将这种劳动谋生观点加以发展，提出："卫身莫大于谋食。农工商，劳力以求食者也；士劳心以求食者也。"

其二，劳动促进个人发展。春秋时期的敬姜在教育儿子时说："夫民劳则思，思则善心生；逸则淫，淫则忘善，忘善则恶心生。"指出了劳可培善和逸则生恶两种不同的品德培养功能。明末清初的学者颜元认为："养身莫善于习动，夙兴夜寐，振起精神，寻事去作，行之有常，并不困疲，日益精壮。"意思是劳作使人强健。清代学者汪辉祖在批判"幼小不宜劳力"观点时指出："欲望子弟大成，当先令其习劳。"他认为，古来成功的将相，没有一个是软弱不耐劳苦的。

其三,劳动是理想生活方式。曾国藩在给儿子曾纪鸿的信中说:"勤俭自持,习劳习苦,可以处乐,可以处约,此君子也。"他教育儿子把劳动作为生活的一部分,在劳动中得到人生快乐,成就君子人格。

二、传统劳动思想倡导辛勤劳动

传统文化不仅包含对劳动价值的充分肯定,也有对辛勤劳动的积极倡导。对于劳动要耐得住艰辛、要坚持不懈的道理,中国古代多有论述。其中,曾国藩对辛勤劳动的论述最详,对现代人影响也较大。他在这方面的主要观点如下:

其一是"勤"。古人关于勤于劳动的论述指不胜屈,政治家劝子侄勤于政事,学问家导儿孙勤于读书,贤母们教女儿勤于纺绩。明朝仁孝文皇后徐氏说:"农勤于耕,士勤于学,女勤于工。"曾国藩在家书中反复阐释勤的道理,勉励长子纪泽说:"家之兴衰,人之穷通,皆于勤惰卜之。泽儿习勤有恒,则诸弟七八人皆学样矣。"他认为,勤则家"兴"人"通",惰则家"衰"人"穷"。要做到勤,需持之以恒锻炼。

其二是"早"。这个概念是曾国藩在总结祖父星冈公家训思想时凝练出的,意思是"早起"。这是曾国藩关于"勤"思想的重要维度之一。他还对此概念加以发挥:"治家以不晏起为本","家中大小,总以起早为第一义"。在曾国藩看来,"少睡多做"体现"一人之生气"。因此,他把早起作为耐劳苦教育的主要手段。曾国藩的这一观点,在之前的教育学著作中较为多见。南宋文学家叶梦得说:"每日起早,凡生理所当为者,须及时为之。"朱柏庐治家格言的第一句话就是:"黎明即起,洒扫庭除。"

三、传统劳动思想主张诚实劳动

其一,诚实劳动重在做实事。孟子讲的揠苗助长寓言,就生动讽刺了那些不诚实劳动却想取得成功的行为。要让禾苗长得好,就得踏踏实实浇水施肥,而不是一根根地往上拔。揠苗助长者虽然付出了体力,看到苗长高了一大截,但是苗最终全死了。这个故事可以说是对不诚实劳动现象的深刻批评,也从另一方面表达了孟子提倡诚实劳动的意思。事实上,中国传统劳动思想中的"习"字,本身就包含了实践、实行之意。主张劳动思想的汪辉祖指出:"士不好学,农不力田,便不成为士、农。欲尽人之本分,全在各人做法……故'人'是虚名,求践其名,非实做不可。"他提出各行业的人要"实做",进行脚踏实地的工作。这是他倡导诚实劳动的体现。

其二,诚实劳动尚力行、忌空谈。重视习行、关心实务,是中国古代思想的主流。然而,在历史上也不乏懒于劳动、脱离实际的空谈作风。比如六朝时期的名士,虽然在品藻古今方面颇多才华,一旦任用他们处理实务,却"多无所堪"。这些人惯于高谈虚论,迂诞浮华,不涉世务,不知有丧乱之祸,不知有耕稼之苦,不知有劳勤之役,因此难以"应世经务"。颜之推概括说:"治官则不了,营家则不办,皆优闲之过也。"这是对那些不劳而获、没有真才实学的南朝名士的有力批判。

四、传统劳动思想强调创造性劳动

其一,劳动中把握事物原理并做创造性运用。墨子作为中国古代伟大的科学家,不仅重视生产劳动,而且善于在生产劳动中发现科学原理,并据此做出大量创造发明,还教育学生将其运用于生产实践。他说:"负而不挠,说在胜。"这里的"负"就是"担"或者说"衡木"的意思。"挠"原意是"曲木",这里引申为"物体倾斜"的意思。"胜"有"胜任""承受"等意思。整句话是说,用衡木担物,支点在中间,衡木就不会发生倾斜。这是因为两端物量相等,彼此平衡的缘故。这句话包含着杠杆平衡原理,墨子运用此原理发明了提水工具——桔槔,大大节省了劳动力。

其二,劳动中进行创造性探索。在中国历史上,清代康熙皇帝在自然科学方面也有很高的造诣,曾刊印《耕织图》颁行全国。他在劳动中还留心观察研究并有新发现:"丰泽园所种之稻,偶得一穗,较他穗先熟,因种之,遂比别稻早收。若南方和暖之地,可望一年两获。"这段话生动记述了他在农作物良种培育方面的创造性探索。

(资料来源:上海市民办教育协会网站,2019 年 4 月 29 日。
文章作者:中国海洋大学马克思主义学院副教授陆信礼)

第三节 劳动教育的内涵

劳动教育是在一定的教育思想的指导下,传授科学的劳动知识和技能,使学生树立正确的劳动观、开展有效的劳动实践、养成良好的劳动习惯、提高实践能力和培养创新精神,是促进个体全面发展的育人活动。

劳动教育是充分发挥劳动作用的基础和前提,一方面,人民对美好生活的向往、中国特色社会主义事业的蓬勃发展,都需要充足的物质基础,为此,劳动教育应通过丰富多样的劳动实践,让学生知劳动、会劳动。另一方面,通过劳动教育,发扬劳动精神、劳模精神、工匠精神,可使青年学生领会“幸福是奋斗出来的”的内涵与意义,继承中华民族勤俭节约、敬业奉献的优良传统,弘扬开拓创新、砥砺奋进的时代精神,坚定实干兴邦的决心意志。

一、劳动教育蓬勃发展

新中国成立以来,劳动教育在为我国社会主义建设培养全面发展人才的过程中发挥了十分重要的作用。

(一)强调劳动生产教育,关注学生的体力劳动

新中国成立初期,教育随着经济的恢复不断发展,但是能升入高等学校的学生还是少数,社会上也普遍存在着轻视体力劳动的现象。这一时期,劳动教育的内容主要是关注学生尤其是各学段毕业生的体力劳动。

1954 年,青年团中央出台了新中国成立后第一个关于劳动教育的政策《关于组织不能升学的高小和初中毕业生参加或准备参加劳动生产的指示》,鼓励毕业生参加劳动生产,奠定了新中国成立初期劳动教育政策为生产劳动服务的基调。

1958 年,中共中央、国务院发布《关于教育工作的指示》,提出“党的教育工作方针,是教育为无产阶级的政治服务,教育与生产劳动结合”。自此,“教育与生产劳动相结合”思想成为指导我国教育发展的方针,并且随着时代的发展,其内涵不断丰富。《指示》强调,在一切学校中,要培养教师和学生的劳动观点,“即脑力劳动与体力劳动结合的观点(同轻视体力劳动和体力劳动者、主张劳心

劳力分离的观点进行斗争)”。体力劳动得到重视与强化。《指示》要求,“在一切学校中,必须把生产劳动列为正式课程。每个学生必须依照规定参加一定时间的劳动”,因为“参加生产劳动对学生来说,不论在德育、智育或体育方面都有好处,这是培养全面发展的新人的一条正确道路”。由此可见,这一时期,党和国家重点关注学生的体力劳动,强调对学生进行生产劳动教育。

(二)思想教育和劳动技术教育并举,培养学生热爱劳动并掌握基本的劳动技术

20 世纪 90 年代,我国改革开放和现代化建设进入新阶段。1992 年,党的“十四大”明确提出“必须把教育摆在优先发展的战略地位”,认为这是“实现我国现代化的根本大计”。这一时期,党和国家开始关注劳动教育对于人的影响,主要体现在《中国教育改革和发展纲要》之中。

1993 年,中共中央、国务院印发《中国教育改革和发展纲要》,提出“必须坚持教育为社会主义现代化建设服务,与生产劳动相结合,自觉地服从和服务于经济建设这个中心,促进社会的全面进步”,“教劳结合”的思想不断丰富。

《纲要》提出,“加强劳动观点和劳动技能的教育,是实现学校培养目标的重要途径和内容。各级各类学校都要把劳动教育列入教学计划,逐步做到制度化、系列化。社会各方面要积极为学校进行劳动教育提供场所和条件”。可见,这一时期,劳动教育不再强调学生的体力劳动和劳动直接作用于生产,而是强调培养学生热爱劳动并掌握基本的劳动技术。从此,劳动教育成为德育的一部分。

(三)劳动教育是培养学生综合素质的重要组成部分

1999 年,中共中央、国务院印发《关于深化教育改革全面推进素质教育的决定》,要求实施素质教育,把德育、智育、体育、美育等有机地统一在教育活动的各个环节中。学校教育不仅要抓好智育,更要重视德育,还要加强体育、美育、劳动技术教育和社会实践,促进学生的全面发展和健康成长。劳动教育成为培养学生综合素质的重要组成部分。

《决定》强调,“教育与生产劳动相结合是培养全面发展人才的重要途径。各级各类学校要从实际出发,加强和改进对学生的生产劳动和实践教育,使其接触自然、了解社会,培养热爱劳动的习惯和艰苦奋斗的精神”。同时,文件也

对中小学、职业学校、高等学校等各级各类学校的劳动教育内容予以规定，要求社会各方面要为学校开展生产劳动、科技活动和其他社会实践活动提供必要的条件，同时要加强学生校外劳动和社会实践基地的建设。这一时期，劳动教育的重点是培养学生热爱劳动、尊重劳动的观念，使其掌握一定的劳动技能。

二、新时代的劳动教育

习近平总书记指出，要努力构建德智体美劳全面培养的教育体系，形成更高水平的人才培养体系。2019 年，国家相继出台了《中国教育现代化 2035》《国务院办公厅关于新时代推进普通高中育人方式改革的指导意见》《关于深化教育教学改革全面提高义务教育质量的意见》三个文件。

2020 年 3 月，中共中央、国务院发布了《关于全面加强新时代大中小学劳动教育的意见》。《意见》指出，“劳动教育是中国特色社会主义教育制度的重要内容，直接决定社会主义建设者和接班人的劳动精神面貌、劳动价值取向和劳动技能水平”，要“把劳动教育纳入人才培养全过程”，“促进学生形成正确的世界观、人生观、价值观”。《意见》提出劳动教育的总体目标是：通过劳动教育，使学生能够理解和形成马克思主义劳动观，牢固树立劳动最光荣、劳动最崇高、劳动最伟大、劳动最美丽的观念；体会劳动创造美好生活，体认劳动不分贵贱，热爱劳动，尊重普通劳动者，培养勤俭、奋斗、创新、奉献的劳动精神；具备满足生存发展需要的基本劳动能力，形成良好劳动习惯。《意见》深刻阐述了新时代劳动教育的重大意义，明确了加强劳动教育的指导思想、基本原则、教育体系和实施保障等方面的内容，为新时代加强劳动教育提供了根本遵循，指明了前进方向。

2020 年 7 月，教育部印发《大中小学劳动教育指导纲要（试行）》，对劳动教育的性质和基本理念，劳动教育的目标和内容，劳动教育的途径、关键环节和评价，学校劳动教育的规划与实施，劳动教育的条件保障与专业支持等五个方面提出了明确要求。《指导纲要》重点针对劳动教育是什么、教什么和怎么教的问题进行了细化，加强专业指导。

综上所述，在大中小学开展劳动教育是中国特色社会主义教育制度的重要内容，党和国家高度重视劳动教育在新时代培养社会主义建设者和接班人的重要地位和作用。中央已将劳动教育作为人才培养的重要方面纳入发展规划，并从协同育人和学生全面发展的角度将劳动教育的地位提升到了新高度。

三、新时代职业院校劳动教育的内容

我国现代职业教育发轫于1867年创办的福州马尾船政学堂,是为专门培养生产、服务和管理一线的高素质劳动者和技术技能型人才服务的教育。职业教育开始于劳动实践,与劳动教育一脉相承,相比中小学和普通高校,职业院校在开展劳动教育方面有着自身独特的优势。

《关于全面加强新时代大中小学劳动教育的意见》对职业院校劳动教育内容的要求是:围绕创新创业,结合学科和专业特点,结合产业新业态与劳动新形态,开展包括实习实训、专业服务、社会实践、勤工助学等在内的劳动教育。《大中小学劳动教育指导纲要(试行)》对职业院校劳动教育内容的表述是:重点结合专业特点,增强职业荣誉感和责任感,提高职业劳动技能水平,培育积极向上的劳动精神和认真负责的劳动态度。组织学生:(1)持续开展日常生活劳动,自我管理生活,提高劳动自立自强的意识和能力;(2)定期开展校内外公益服务性劳动,做好校园环境秩序维护,运用专业技能为社会、为他人提供相关公益服务,培育社会公德,厚植爱国爱民的情怀;(3)依托实习实训,参与真实的生产劳动和服务性劳动,增强职业认同感和劳动自豪感,提升创意物化能力,培育不断探索、精益求精、追求卓越的工匠精神和爱岗敬业的劳动态度,坚信“三百六十行,行行出状元”,体认劳动不分贵贱,任何职业都很光荣,都能出彩。

职业院校劳动教育的内容主要包括三类劳动,即日常生活劳动、服务性劳动和生产劳动。

(一)日常生活劳动

在日常生活当中,劳动无处不在。日常生活劳动教育要让学生立足个人生活事务管理,培养良好的生活习惯和卫生习惯,强化自立自强的意识。比如,在学校能够自主整理床铺、打扫宿舍、清洗衣物等;在家庭中能够煮饭做菜、下田劳动等,不仅能够照顾自己的饮食起居,也能帮助家庭分担家务。由于受社会环境的影响,学习成绩成为大学生入校之前学习生涯的唯一评价标准,导致学生将大部分时间和精力都投入到学习中,没有时间和精力参与劳动;同时,大多数学生是独生子女,父母包办学生的衣食住行,导致学生进入大学以后不能及时实现生活自理。通过日常生活劳动教育,提高大学生自理自立能力是使其适应大学学习生活的前提。

(二)服务性劳动

服务性劳动主要是指校内外公益服务活动,通常以志愿服务、社会实践的形式开展。大学生利用自己的专业知识、技术技能和劳动工具参与学校、社区的公益活动,通过活动为社会、为他人提供服务。比如,募捐活动、义务维修活动、义务辅导活动、环保活动、法律援助活动、三下乡社会实践活动、慰问敬老院和福利院活动,做各类赛事志愿者、防疫志愿者,等等。由于受社会一些非主流价值观的影响,在个别大学生中存在着一些不良现象,如:事事以自我为中心,不考虑集体和他人;事事以利益为先,不考虑责任和义务;事事以利己为要,不考虑团结和奉献。通过服务性劳动教育,培育大学生的公共服务意识,涵养社会公德,强化社会责任,是使大学生深入实践、深入社会,了解中国国情、社情的必然途径,从而使其更好地认知社会、适应社会、服务社会、贡献社会。

(三)生产劳动

生产劳动主要是通过校内外实习实训、勤工俭学、自主创业等活动,让大学生体验工农业生产创造物质财富的过程。在大学阶段,学校与企业开展的产学研合作,建立的实习实训基地和就业基地,为大学生提供了广阔的生产劳动实践平台。无论是校内还是校外,无论是专业教育环节的认知性实习还是顶岗实习、实习实训、就业实习,无论是勤工俭学还是自主创业,这些与学生所学专业和今后就业密切相关的活动,使学生既有扎实的专业理论知识,又有相应的动手应用能力,储备了未来工作生活的基本技能。当前部分大学生中存在一些不良现象,如:轻视体力劳动,不愿意进生产一线;幻想不劳而获,一步到位;就业期望过高,不能正视自身差距;眼高手低,不肯吃苦。通过生产劳动教育,可促使大学生正确理解和认知马克思主义劳动观,形成热爱劳动、尊重劳动者的情感态度,实现专业理论学习与生产实践相结合,提升劳动技能,成为合格的社会主义劳动者。

四、新时代大学劳动教育的内涵

大学阶段是大学生确立世界观、人生观和价值观的关键时期,劳动教育可以让大学生立足实践,认识世界,探求真理,完善自己。新时代大学劳动教育是大学人才培养的重要内容,通过有目的、有计划地组织大学生参加日常生活劳动、生产劳动和服务性劳动,使其深刻领会、理解和形成马克思主义劳动观,树立正确的劳动观念,培养劳动精神、奋斗精神和奉献精神,掌握基本的劳动技能,形成良好的劳动习惯和劳动品质,最终成为社会主义建设者和接班人。

(一)树立正确的世界观

新时代大学劳动教育肩负着重要的世界观培育功能。通过劳动教育,大学生可以更加深刻地理解劳动的本质,认清劳动与社会发展的关系;通过劳动教育,大学生可以了解劳动在社会发展进程中的重大作用,加深对社会历史发展的理解,最终形成正确的新时代的劳动价值观;劳动教育,有助于大学生养成踏实、勤奋、严谨的劳动品质,在劳动实践中成长、成才。劳动教育可以帮助大学生思考如何才能紧跟时代,夯实基础,服务社会,真正成为社会主义事业的建设者和接班人。

(二)树立正确的人生观

新时代的大学生应该树立以劳动为基础、以知行合一为取向的人生观。大学生视野开阔、思维活跃,但是也有个别大学生浮躁懒惰、耽于幻想、纸上谈兵,缺乏劳动锻炼,缺少实践经验。新时代大学劳动教育,要求大学生一方面学习劳动意义,坚定劳动信念,学习劳动规律,掌握劳动方法,学习劳动规章,遵守劳动纪律;另一方面要深入社会,走进田间地头、走进工厂社区,以人民群众为师,以公共服务为业,深刻理解“空谈误国、实干兴邦”的道理,树立通过劳动知行合一实现真正幸福的人生观。

(三)坚定社会主义信念

劳动是中国人民的本色,习近平总书记指出,“我们的根扎在劳动人民之中。在我们社会主义国家,一切劳动,无论是体力劳动还是脑力劳动,都值得尊重和鼓励”①。在中国特色社会主义制度下,劳动者通过劳动实现物质文明和精神文明的进步,获得自由与发展,也必将通过劳动实现中华民族的伟大复兴。

① 习近平:《在庆祝“五一”国际劳动节暨表彰全国劳动模范和先进工作者大会上的讲话》,中国政府网,2015 年 4 月 28 日。

社会主义的大学培养的是社会主义建设者和接班人,大学生要在德智体美劳方面成为优秀的时代新人,成为实现中华民族伟大复兴中国梦的主力军。要坚定社会主义信念,深刻理解参与社会主义劳动的意义和价值。

五、新时代大学劳动教育的意义

(一)劳动教育有利于培养担当民族复兴大任的时代新人

改革开放四十多年来,我国经济社会的发展取得了巨大成就,这种成就是改革红利、人口红利、自然资源红利、国际贸易投资环境红利等综合贡献的结果。当前,我国面临"人口红利"逐渐消失、资源和环境约束不断强化等发展瓶颈,转变发展方式、优化经济结构是突破瓶颈、跨越"中等收入陷阱"的唯一出路,在这一发展进程中,必须拥有一支爱劳动、能劳动、会劳动的劳动者大军。

新时代加强劳动教育,特别是大学生劳动教育,有利于培养一支高素质的产业工人队伍和大量的"能工巧匠""大国工匠",为"中国速度"向"中国质量"的转变、制造大国向制造强国的转变、"中国制造"向"中国创造"的转变提供人力支撑、智力支撑和创新支撑。劳动教育既能引导大学生努力学习科学文化知识、练就过硬本领,又能教育大学生坚定理想信念、锤炼高尚品格、培育劳动情怀,自觉把人生理想融入国家发展伟业,建构个人与集体、个人梦想与中国梦、小家与国家相融的发展共同体和命运共同体之中,在奋斗中实现中华民族伟大复兴的中国梦。

(二)劳动教育有利于学生接受知识、培养审美认知能力

劳动不仅是对知识教育的补充,劳动本身就蕴含着丰富的知识内容。毛主席在《人的正确思想是从哪里来的?》中分析了人类认知事物过程中实践的重要性,指出感性认识需要在不断实践中积累,积累到一定程度转化为理性认识,理性认识再返回到实践中去检验,从感性认识到理性认识,循环往复,不断上升,最终达到对事物全面深刻的理解和认识。实践本身就是一种知识,不身体力行地动手操作,不可能领悟其中的奥秘。

大学生参加劳动,还可以培养自身的审美认知能力。马克思在阐述劳动的本质属性时使用了"美的规律"这个概念,指出"动物只是按照它所属的那个种

的尺度和需要来构造,而人却懂得按照任何一个种的尺度来进行生产,并且懂得处处都把固有的尺度运用于对象;因此,人也按照美的规律来构造”。在实践中,我们能感受到遵循客观规律创造美的过程。比如,园林工人栽培树木时,都会把树的株距、行距排列得均匀有序,为的是确保每一棵树都能均衡地享受阳光和空气,这是栽培树木的客观规律,也是树林让人赏心悦目的原因。劳动实践不仅能唤起人对美的感知,还能让人通过长期的学习和思考,发现客观事物发展变化的美的规律。

(三)劳动教育有利于促进大学生形成健康和健全的人格

劳动能够不断开阔人的心胸,使人格得到发展完善。在现实生活中,劳动赋予劳动者积极乐观、坚毅果敢等品质,走近劳动者,就能真切地被感动,并由衷地尊重和敬重劳动者。抗击新冠肺炎疫情期间,医务工作者白衣执甲、逆行出征,建筑工人不舍昼夜、建造医院,货车司机昼夜兼程、驰援疫区,快递小哥坚守岗位、穿梭奔波,志愿者雪花满身、昼夜值守……正是这些普通的劳动者在各自岗位上倾力付出,才确保了我国抗击疫情斗争取得了决定性的胜利。

加强劳动教育,可以帮助大学生在体味艰辛、挥洒汗水中塑造坚强的心理素质,在艰苦奋斗、顽强拼搏中磨炼自己的意志,由衷热爱与尊重体力劳动和体力劳动者,从而获得受益终身的宝贵精神财富,让劳动的种子在心中生根发芽,培育出健康健全的人格之树。

劳动的目的不应仅止于取得粮食,免于饥饿,也是为了磨炼人的心智。如果每个人都能勤奋努力,就能够培养出美好的心智,让人类变得更完美。辛勤的劳动可以锻炼头脑,培养心智。总之,勤劳工作的人不但能够得到足够温饱的生活,也可以磨炼进化自己的头脑和心灵。大部分人都把劳动作为生存的必需行为,但事实上,在物质日益丰富的今天,人们在得到满足之后的劳动,已经超出了它最初的含义。

高尔基说,我们世界上最美好的东西都是由劳动、由人的聪明的双手创造出来的。只有人的劳动是神圣的。歌德也说过,劳动可以使我们摆脱三大灾祸——恶习、寂寞和贫困。

【案例品读】直到风沙止步
——“塞罕坝精神”治沙又扶贫

塞罕坝机械林场是河北省林业和草原局直属的大型国有林场和国家级森林公园、国家级自然保护区。总经营面积 140 万亩,森林覆盖率 80%。有林地面积 112 万亩,林木蓄积量 1012 万立方米。

塞罕坝艰苦创业的精神着实是催人奋进、鼓舞人心。在塞罕坝,有一些传奇故事,一棵树、尚海纪念林、夫妻望海楼等。只有真正感受了这些故事,才懂得什么是塞罕坝精神。

一棵树的奇迹

了解塞罕坝,就要从一棵树开始。这是一棵落叶松。然而,它不是一棵普通的树,而是承载着无限希冀的树,由于它的出现,昔日的荒漠塞罕坝,已演变成了今日的百万亩林海。

从一棵树看见一片森林,这不是寓言,而是塞罕坝人书写的传奇。

历史上,塞罕坝曾是一片绿洲,是皇家猎苑。后来,由于开垦伐木,逐渐变成了一望无际的荒漠,黄沙荡荡,看不到尽头。

塞罕坝最低气温为零下 43. 3 ℃;年平均气温零下 1. 3 ℃;零下 20℃以下的低温天气有 4 个多月;年均无霜期 52 天;年均积雪期达 7 个月。恶劣的自然条件和艰苦的生活条件,几乎使人难以生存。

1961 年 10 月的塞罕坝,寒风吼叫,大雪漫舞。想想“风沙紧逼北京城”的严峻形势,时任林业部国营林场管理局副局长刘琨,率队策马行走在冰天雪地的坝上,为我国北方第一个机械林场选址。

荒漠无际、寸草难生的塞罕坝,让他心中疑惑万分,仰天长叹。他整整在荒原上考察了三天后,终于在康熙点将台的石崖下,发现了天然落叶松的残根。他默默抚摸着树干,动情地说:“这棵松树少说有 150 年,它是历史的见证,活的标本,证明塞罕坝上可以长出参天大树。今天有一棵松,明天就会有亿万棵松。”

如今的塞罕坝,自然风光辽阔壮美,历史内涵深邃厚重,满蒙民俗浓郁独特,有着丰富、独特、秀美的生态旅游资源,被誉为“河的源头、云的故乡、花的世界、林的海洋”,已经成为华北特别是环京津地区著名的生态旅游景区。此外,森林物种有国家重点保护动物 47 种、国家重点保护植物 9 种。

尚海纪念林

在塞罕坝,有这样一片林子,以人名命名,叫“尚海纪念林”。林子里有一座墓碑,那是塞罕坝林场第一任党委书记王尚海的墓。墓碑不远处,竖着他一米多高的雕像,宁静、安详,仿佛在深情地注视着林子里的一草一木。

1962 年 9 月,来自全国不同地方的 369 名青年,怀着远大理想,一路北上,奔赴令这些年轻人向往的塞罕坝。这些创业者来自全国 18 个省(市),平均年龄不到 24 岁。其中,大、中专毕业生 140 人。

林场没有树苗,树苗是从外地引进的。1962 年,林场种植了 1000 亩树苗。到了秋天,发现成活率不足 5%。1963 年春,塞罕坝又种植了 1240 亩树苗,此次成活率比上一年略高,但也不足 8%。眼看着辛劳付诸东流,大家的积极性一下子受了挫。难道,塞罕坝不适合造林了?

“山上能自然生长松树,我不信机械造林不活!”党交给的任务,无论多么艰巨,王尚海都保证一定要完成好!身肩重任的王尚海、刘文仕、王福明、张启恩等人,深知这个任务意味着什么,如果不完成好,将来如此浩瀚的荒漠之地,威胁程度将是不言而喻的。

前两年的一度失利,让王尚海的团队潜心研究,决定自己育苗。他们决定把家从北京、承德等地彻底地搬到塞罕坝,从原本舒适的楼房,搬到了坝上简陋的职工宿舍,带领林场职工,完完全全开启了荒漠造林生涯。

四月的塞罕坝,白天气温通常在零度以下。每个人的雨衣外面都溅满了泥浆,冻成了冰甲,走起路来,咣咣直响。晚上就睡在提前挖好的地窖里,被窝里冰冷似铁。

王尚海因长期在艰苦的环境下劳作,得了疾病,1989 年 12 月 24 日,他突发心肌梗死,离开了人世。离世前,他的愿望是把骨灰撒在塞罕坝。“马蹄坑”是他造林最初的希望,所以,他想要守着这片林子,亲眼看着这里一棵棵树木茁壮成长,为塞罕坝、为北京挡风护沙。

时过境迁,纪念林中一棵棵松树已长大,浇筑着用奉献精神铸就的绿色丰碑。

夫妻“望海楼”

在塞罕坝阴河林场，有一座小楼房，是用来望火情的，名叫夫妻“望海楼”，只有夫妻二人看守。其实，它最初名为“望火楼”，一是因森林忌火，二是远远望去，仿若一片林海。鉴于此，遂改名“望海楼”。

这座“望海楼”的职工，丈夫叫刘军，妻子叫祁淑艳。他们每天的工作，就是每隔 15 分钟，用望远镜观望周边情况，在记录本上记下情况，比如天气、风力、是否有火情等。一旦有情况，就马上设法通知总部。

塞罕坝森林大多为人工针叶林，林下、路边蒿草茂密，可燃物载量十分丰厚，且塞罕坝气候干燥，物干风大，属高火险区，加之森林集中连片分布，一旦发生火灾，后果不堪设想。

守望，成了最原始的也是最有效的警报系统。

瞭望房舍的每一次面貌更换，都是时代的象征。现在的“望海楼”，已是第四次改建了，从最初的瞭望房舍马架子到第二代砖房、第三代二层阁楼，再到如今的五层小阁楼，这就是时代发展变化的缩影。

十余年的坚守，他们就是这样天天望着天、看着树，还有所面对的孤寂和无助。跟这片林子打交道，天天望着、数着，哪棵树又长高了，哪片林长势如何，他们都了如指掌。风霜雪雨，天寒地冻，酷暑难耐。夫妻二人，一心想着看护林子，把林子当生命一样待。

据中国林科院评估，塞罕坝的森林生态系统，每年提供着超过 120 亿元的生态服务价值，泽被着京津，造福着地方，被誉为“华北的绿宝石”。与建场初期相比，塞罕坝及周边区域小气候得到有效改善，无霜期由 52 天增加至 64 天，年均大风日数由 83 天减少到 53 天，年均降水量由不足 410 mm 增加到 460 mm。

50 多年过去了，塞罕坝已不再是当年的极寒荒漠之地，而是夏季避暑的好地方。林场内林地面积达到 112 万亩，生动实践、深刻诠释了“绿水青山就是金山银山”的理念。2017 年 6 月 30 日，塞罕坝机械林场被河北省委、省政府命名为“生态文明建设范例”。

半个多世纪以来，三代塞罕坝人以坚韧不拔的斗志，以永不言败的担当，在荒寒遐僻的塞北高原，建成了一道绿色的屏障，演绎了荒原变林海、沙地成绿洲的人间奇迹,铸就了林业建设史上的绿色丰碑。

塞罕坝人、塞罕坝的树,都是顽强的。站在这片塞罕坝林子里,听着塞罕坝的故事,会让我们心中不自觉地滋生出一股奋进的力量。

(资料来源:新华网,2021年7月21日。文章作者:郭香玉。有删改)

【拓展知识】《中共中央 国务院关于全面加强新时代大中小学劳动教育的意见》

为构建德智体美劳全面培养的教育体系,现就加强新时代大中小学劳动教育提出如下意见。

一、充分认识新时代培养社会主义建设者和接班人对加强劳动教育的新要求

(一)重大意义

劳动教育是中国特色社会主义教育制度的重要内容,直接决定社会主义建设者和接班人的劳动精神面貌、劳动价值取向和劳动技能水平。长期以来,各地区和学校坚持教育与生产劳动相结合,在实践育人方面取得了一定成效。同时也要看到,近年来一些青少年中出现了不珍惜劳动成果、不想劳动、不会劳动的现象,劳动的独特育人价值在一定程度上被忽视,劳动教育正被淡化、弱化。对此,全党全社会必须高度重视,采取有效措施切实加强劳动教育。

(二)指导思想

以习近平新时代中国特色社会主义思想为指导,全面贯彻党的教育方针,落实全国教育大会精神,坚持立德树人,坚持培育和践行社会主义核心价值观,把劳动教育纳入人才培养全过程,贯通大中小学各学段,贯穿家庭、学校、社会各方面,与德育、智育、体育、美育相融合,紧密结合经济社会发展变化和学生生活实际,积极探索具有中国特色的劳动教育模式,创新体制机制,注重教育实效,实现知行合一,促进学生形成正确的世界观、人生观、价值观。

(三)基本原则

——把握育人导向。坚持党的领导,围绕培养担当民族复兴大任的时代新

人,着力提升学生综合素质,促进学生全面发展、健康成长。把准劳动教育价值取向,引导学生树立正确的劳动观,崇尚劳动、尊重劳动,增强对劳动人民的感情,报效国家,奉献社会。

——遵循教育规律。符合学生年龄特点,以体力劳动为主,注意手脑并用、安全适度,强化实践体验,让学生亲历劳动过程,提升育人实效性。

——体现时代特征。适应科技发展和产业变革,针对劳动新形态,注重新兴技术支撑和社会服务新变化。深化产教融合,改进劳动教育方式。强化诚实合法劳动意识,培养科学精神,提高创造性劳动能力。

——强化综合实施。加强政府统筹,拓宽劳动教育途径,整合家庭、学校、社会各方面力量。家庭劳动教育要日常化,学校劳动教育要规范化,社会劳动教育要多样化,形成协同育人格局。

——坚持因地制宜。根据各地区和学校实际,结合当地在自然、经济、文化等方面条件,充分挖掘行业企业、职业院校等可利用资源,宜工则工、宜农则农,采取多种方式开展劳动教育,避免"一刀切"。

二、全面构建体现时代特征的劳动教育体系

(四)把握劳动教育基本内涵

劳动教育是国民教育体系的重要内容,是学生成长的必要途径,具有树德、增智、强体、育美的综合育人价值。实施劳动教育重点是在系统的文化知识学习之外,有目的、有计划地组织学生参加日常生活劳动、生产劳动和服务性劳动,让学生动手实践、出力流汗,接受锻炼、磨炼意志,培养学生正确劳动价值观和良好劳动品质。

(五)明确劳动教育总体目标

通过劳动教育,使学生能够理解和形成马克思主义劳动观,牢固树立劳动最光荣、劳动最崇高、劳动最伟大、劳动最美丽的观念;体会劳动创造美好生活,体认劳动不分贵贱,热爱劳动,尊重普通劳动者,培养勤俭、奋斗、创新、奉献的劳动精神;具备满足生存发展需要的基本劳动能力,形成良好劳动习惯。

(六)设置劳动教育课程

整体优化学校课程设置,将劳动教育纳入中小学国家课程方案和职业院

校、普通高等学校人才培养方案，形成具有综合性、实践性、开放性、针对性的劳动教育课程体系。

根据各学段特点，在大中小学设立劳动教育必修课程，系统加强劳动教育。中小学劳动教育课每周不少于1课时，学校要对学生每天课外校外劳动时间作出规定。职业院校以实习实训课为主要载体开展劳动教育，其中劳动精神、劳模精神、工匠精神专题教育不少于16学时。普通高等学校要明确劳动教育主要依托课程，其中本科阶段不少于32学时。除劳动教育必修课程外，其他课程结合学科、专业特点，有机融入劳动教育内容。大中小学每学年设立劳动周，可在学年内或寒暑假自主安排，以集体劳动为主。高等学校也可安排劳动月，集中落实各学年劳动周要求。

根据需要编写劳动实践指导手册，明确教学目标、活动设计、工具使用、考核评价、安全保护等劳动教育要求。

（七）确定劳动教育内容要求

根据教育目标，针对不同学段、类型学生特点，以日常生活劳动、生产劳动和服务性劳动为主要内容开展劳动教育。结合产业新业态、劳动新形态，注重选择新型服务性劳动的内容。

小学低年级要注重围绕劳动意识的启蒙，让学生学习日常生活自理，感知劳动乐趣，知道人人都要劳动。小学中高年级要注重围绕卫生、劳动习惯养成，让学生做好个人清洁卫生，主动分担家务，适当参加校内外公益劳动，学会与他人合作劳动，体会到劳动光荣。初中要注重围绕增加劳动知识、技能，加强家政学习，开展社区服务，适当参加生产劳动，使学生初步养成认真负责、吃苦耐劳的品质和职业意识。普通高中要注重围绕丰富职业体验，开展服务性劳动、参加生产劳动，使学生熟练掌握一定劳动技能，理解劳动创造价值，具有劳动自立意识和主动服务他人、服务社会的情怀。中等职业学校重点是结合专业人才培养，增强学生职业荣誉感，提高职业技能水平，培育学生精益求精的工匠精神和爱岗敬业的劳动态度。高等学校要注重围绕创新创业，结合学科和专业积极开展实习实训、专业服务、社会实践、勤工助学等，重视新知识、新技术、新工艺、新方法应用，创造性地解决实际问题，使学生增强诚实劳动意识，积累职业经验，提升就业创业能力，树立正确择业观，具有到艰苦地区和行业工作的奋斗精神，懂得空谈误国、实干兴邦的深刻道理;注重培育公共服务意识,使学生具有面对重大疫情、灾害等危机主动作为的奉献精神。

(八)健全劳动素养评价制度

将劳动素养纳入学生综合素质评价体系,制定评价标准,建立激励机制,组织开展劳动技能和劳动成果展示、劳动竞赛等活动,全面客观记录课内外劳动过程和结果,加强实际劳动技能和价值体认情况的考核。建立公示、审核制度,确保记录真实可靠。把劳动素养评价结果作为衡量学生全面发展情况的重要内容,作为评优评先的重要参考和毕业依据,作为高一级学校录取的重要参考或依据。

三、广泛开展劳动教育实践活动

(九)家庭要发挥在劳动教育中的基础作用

注重抓住衣食住行等日常生活中的劳动实践机会,鼓励孩子自觉参与、自己动手,随时随地、坚持不懈进行劳动,掌握洗衣做饭等必要的家务劳动技能,每年有针对性地学会1至2项生活技能。鼓励学校(家委会)和社区等组织开展学生生活技能展示活动。学生参加家务劳动和掌握生活技能的情况要按年度记入学生综合素质档案。鼓励孩子利用节假日参加各种社会劳动。家庭要树立崇尚劳动的良好家风,家长要通过日常生活的言传身教、潜移默化,让孩子养成从小爱劳动的好习惯。

(十)学校要发挥在劳动教育中的主导作用

学校要切实承担劳动教育主体责任,明确实施机构和人员,开齐开足劳动教育课程,不得挤占、挪用劳动实践时间。明确学校劳动教育要求,着重引导学生形成马克思主义劳动观,系统学习掌握必要的劳动技能。根据学生身体发育情况,科学设计课内外劳动项目,采取灵活多样形式,激发学生劳动的内在需求和动力。统筹安排课内外时间,可采用集中与分散相结合的方式。组织实施好劳动周,小学低中年级以校园劳动为主,小学高年级和中学可适当走向社会、参与集中劳动,高等学校要组织学生走向社会、以校外劳动锻炼为主。

(十一)社会要发挥在劳动教育中的支持作用

充分利用社会各方面资源,为劳动教育提供必要保障。各级政府部门要积极协调和引导企业公司、工厂农场等组织履行社会责任，开放实践场所，支持学校组织学生参加力所能及的生产劳动、参与新型服务性劳动，使学生与普通劳动者一起经历劳动过程。鼓励高新企业为学生体验现代科技条件下劳动实践新形态、新方式提供支持。工会、共青团、妇联等群团组织以及各类公益基金会、社会福利组织要组织动员相关力量、搭建活动平台，共同支持学生深入城乡社区、福利院和公共场所等参加志愿服务，开展公益劳动，参与社区治理。

四、着力提升劳动教育支撑保障能力

（十二）多渠道拓展实践场所

大力拓展实践场所，满足各级各类学校多样化劳动实践需求。充分利用现有综合实践基地、青少年校外活动场所、职业院校和普通高等学校劳动实践场所，建立健全开放共享机制。农村地区可安排相应土地、山林、草场等作为学农实践基地，城镇地区可确认一批企事业单位和社会机构，作为学生参加生产劳动、服务性劳动的实践场所。建立以县为主、政府统筹规划配置中小学（含中等职业学校）劳动教育资源的机制。进一步完善学校建设标准，学校逐步建好配齐劳动实践教室、实训基地。高等学校要充分发挥自身专业优势和服务社会功能，建立相对稳定的实习和劳动实践基地。

（十三）多举措加强人才队伍建设

采取多种措施，建立专兼职相结合的劳动教育师资队伍。根据学校劳动教育需要，为学校配备必要的专任教师。高等学校要加强劳动教育师资培养，有条件的师范院校开设劳动教育相关专业。设立劳模工作室、技能大师工作室、荣誉教师岗位等，聘请相关行业专业人士担任劳动实践指导教师。把劳动教育纳入教师培训内容，开展全员培训，强化每位教师的劳动意识、劳动观念，提升实施劳动教育的自觉性，对承担劳动教育课程的教师进行专项培训，提高劳动教育专业化水平。建立健全劳动教育教师工作考核体系，分类完善评价标准。

（十四）健全经费投入机制

各地区要统筹中央补助资金和自有财力，多种形式筹措资金，加快建设校内劳动教育场所和校外劳动教育实践基地，加强学校劳动教育设施标准化建设，建立学校劳动教育器材、耗材补充机制。学校可按照规定统筹安排公用经费等资金开展劳动教育。可采取政府购买服务方式,吸引社会力量提供劳动教育服务。

（十五）多方面强化安全保障

各地区要建立政府负责、社会协同、有关部门共同参与的安全管控机制。建立政府、学校、家庭、社会共同参与的劳动教育风险分散机制,鼓励购买劳动教育相关保险,保障劳动教育正常开展。各学校要加强对师生的劳动安全教育,强化劳动风险意识,建立健全安全教育与管理并重的劳动安全保障体系。科学评估劳动实践活动的安全风险,认真排查、清除学生劳动实践中的各种隐患特别是辐射、疾病传染等,在场所设施选择、材料选用、工具设备和防护用品使用、活动流程等方面制定安全、科学的操作规范,强化对劳动过程每个岗位的管理,明确各方责任,防患于未然。制定劳动实践活动风险防控预案,完善应急与事故处理机制。

五、切实加强劳动教育的组织实施

（十六）加强组织领导

在党委统一领导下,各级政府要把劳动教育摆上重要议事日程,出台相关政策措施,切实解决劳动教育实施过程中的重大问题,做好督促落实。省级政府要加强劳动教育工作的统筹协调,明确市地级、县级政府及有关部门加强劳动教育的职责,推动建立全面实施劳动教育的长效机制。

（十七）强化督导检查

把劳动教育纳入教育督导体系,完善督导办法。对地方各级政府和有关部门保障劳动教育情况以及学校组织实施劳动教育情况进行督导,督导结果向社会公开,同时作为衡量区域教育质量和水平的重要指标,作为对被督导部门和学校及其主要负责人考核奖惩的依据。开展劳动教育质量监测,强化反馈和指导。

（十八）加强宣传引导

引导家长树立正确劳动观念,支持配合学校开展劳动教育。加强劳动教育科学研究,宣传推广劳动教育典型经验。积极宣传企事业单位和社会机构提供劳动教育服务的先进事迹。注重挖掘在抗疫救灾等重大事件中涌现出来的典型人物和事迹，大力宣传不畏艰难、百折不挠、敢于担当的高尚品格。鼓励和支持创作更多以歌颂普通劳动者为主题的优秀作品，大力宣传辛勤劳动、诚实劳动、创造性劳动的典型人物和事迹，弘扬劳动光荣、创造伟大的主旋律，旗帜鲜明地反对一切不劳而获、贪图享乐、崇尚暴富的错误观念，营造全社会关心和支持劳动教育的良好氛围。

（资料来源：中国政府网，2020 年 3 月 20 日）

第二章 树立正确的劳动观

一个人在劳动过程中，形成的对劳动的总的看法和认识，就构成了劳动观。劳动观反映了人们对劳动的态度，决定着人们在劳动过程中的行为和表现。

劳动观与世界观、人生观一脉相承，一个人对待工作或生活的态度，往往是在劳动过程中表现出来的。从这个意义上讲，世界观、人生观决定着劳动观，劳动观又生动地反映着世界观、人生观。一个人只有树立了“劳动最光荣、最崇高、最伟大、最美丽”的劳动观，才能自觉地强化思想认识、投身劳动实践，用自己的双手和智慧去创造人生、实现理想，正确的劳动观也会对世界观、人生观的形成起到积极的作用。

正确的劳动观，不是一蹴而就产生的，也不是自然而然形成的，而是在长久的实践中积淀而成的。树立正确的劳动观，需要教育和引导，更重要的是自觉行动，从我做起，从现在做起。

第一节 马克思主义的劳动观

在马克思主义的著作中，关于劳动的论述很多。劳动是马克思主义用来分析人类历史发展的核心范畴之一。在某种程度上讲，马克思主义的整个思想体系是围绕着劳动问题展开的。马克思主义劳动观作为马克思主义理论的重要组成部分，是创立唯物史观和剩余价值学说的基础，其中包含的关于劳动问题的基本观点和态度，不仅是马克思主义劳动观的重要内容，也是中国特色社会主义建设时期劳动思想的理论源泉。

一、马克思主义劳动观的内涵

(一)劳动创造人和人类社会

马克思在《1844 年经济学哲学手稿》中指出:正是在改造对象世界中,人才真正地证明自己是类存在物。这种生产是人的能动的类生活。通过这种生产,自然界才表现为他的作品和他的现实。因此,劳动的对象是人的类生活的对象化:人不仅像在意识中那样理智地复现自己,而且能动地、现实地复现自己,从而在他所创造的世界中直观自身。正是劳动,彻底将人与猿区别开来。恩格斯在《劳动在从猿到人转变过程中的作用》中指出,“其实劳动和自然界一起才是一切财富的源泉,自然界为劳动提供材料,劳动把材料变为财富。但是劳动还远不止如此。它是整个人类生活的第一个基本条件,而且达到这样的程度,以致我们在某种意义上不得不说:劳动创造了人本身”。因此,劳动是人类赖以生存发展的决定性力量。在劳动的直接推动下,人类经历了从早期猿人到晚期智人的发展过程。劳动加速了人类进化的过程,而且使劳动工具日益改进和多样化,物质生活逐渐丰富起来。

(二)劳动促进社会历史的发展

马克思在《德意志意识形态》中指出:“我们首先应当确定一切人类生存的第一个前提,也就是一切历史的第一个前提,这个前提是:人们为了能够‘创造历史’,必须能够生活。但是为了生活,首先就需要吃喝住穿以及其他一些东西。因此第一个历史活动就是生产满足这些需要的资料,即生产物质生活本身,而且这是这样的历史活动,一切历史的一种基本条件,人们单是为了能够生活就必须每日每时去完成它,现在和几千年前都是这样。”在马克思看来,劳动是“一切历史的一种基本条件”,有了人类的劳动,有了满足人类生存必需的前提,才产生了生活和历史。马克思从唯物主义立场出发,充分肯定了劳动对于社会历史的重要意义。

(三)劳动促进人的自由全面发展

马克思以异化劳动理论为基础,批判了资本主义社会异化的本质。在私有制条件下,本应是“自由自觉的活动”的生产劳动却变成了异化劳动,劳动本身成为劳动者的一种异己的力量。从本质上看,劳动异化折射出的是私有制所导致的无产阶级和资产阶级的对立。在马克思看来,在未来的共产主义社会里,会消灭旧式的社会分工,消灭异化劳动,将人的本质重新还给人,从而实现人的自由全面发展。正是在此基础上,马克思指出,“生产劳动同智育和体育相结合,它不仅是提高社会生产的一种方法,而且是造就全面发展的人的唯一方法”。

二、马克思主义劳动观对劳动教育的意义

劳动结合教育是改造社会“最强有力的手段之一”。马克思非常重视劳动的革命性作用,他强调指出:“生产劳动和教育的早期结合是改造现代社会的最强有力的手段之一。”这表明,马克思充分认识到把劳动融入教育中所能起到的对社会发展的革命性、推动性作用,这为社会主义社会把劳动融入教育提供了深刻启迪。

今天强调劳动教育,是对劳动教育本质认识的回归。马克思主义劳动观是新时代劳动教育的理论基础。劳动教育是马克思主义“教育与生产劳动相结合”思想在新时代的具体体现,即基于劳动再造整个社会的价值体系。

马克思主义劳动教育观注重教育与劳动相结合,并将其视为“造就全面发展的人的唯一方法”和“提高社会生产的一种方法”。马克思指出,“生产劳动和教育的早期结合是改造现代社会的最强有力的手段之一”:“一方面,任何个人都不能把自己在生产劳动这个人类生存的自然条件中所应参加的部分推到别人身上;另一方面,生产劳动给每一个人提供全面发展和表现自己全部的即体力的和脑力的能力的机会,这样,生产劳动就不再是奴役人的手段,而成了解放人的手段,因此,生产劳动就从一种负担变成一种快乐。”列宁也提出:“没有年轻一代的教育和生产劳动的结合,未来社会的理想是不能想象的:无论是脱离生产劳动的教学和教育,或是没有同时进行教学和教育的生产劳动,都不能达到现代技术水平和科学知识现状所要求的高度。”

中国共产党是马克思主义的坚定信仰者,在革命、建设和改革的进程中,我们党把马克思主义劳动观与中华优秀传统文化融会贯通,形成了独具特色的劳动理论,并在实践中坚持教育与生产劳动相结合,将劳动教育发展成为中国特色社会主义教育制度的重要内容。

总之,马克思主义劳动观是劳动教育的最深层次的理论根基,蕴含着“劳动

最光荣、劳动最崇高、劳动最伟大、劳动最美丽”的劳动价值观。因此,只有从马克思主义劳动观出发,才能深刻理解劳动教育的内在逻辑,充分发挥劳动教育在培养社会主义建设者和接班人中的重要作用,在全社会形成崇尚劳动、尊重劳动的社会风尚,激发人们诚实劳动、勤勉劳动的内在热情和劳动品质。

第二节　树立劳动最光荣、劳动最崇高、劳动最伟大、劳动最美丽的观念

无论是个人还是社会,幸福生活只能通过劳动来创造。劳动有着各种形式,有生产过程的各种劳动、流通过程的各种劳动和服务,还有同生产力发展和现实基础相适应的精神劳动;有些劳动形式并不直接创造使用价值和价值,但却是实现这些价值所不可缺少的。无论是何种形式的劳动,无论是个人劳动还是集体劳动,都应受到尊重。大学生要牢固树立劳动最光荣、劳动最崇高、劳动最伟大、劳动最美丽的思想观念,形成对劳动的情感认同与价值认同,进而树立正确的事业观,真正认识到劳动是财富的源泉,也是幸福的源泉。

一、劳动最光荣

劳动光荣是劳动阶级特有的荣辱观。不同的社会历史条件下有着不同的劳动态度,不同的阶级对劳动有着不同的情感。在私有制社会里,劳动产生了异化。在剥削阶级占有生产资料的条件下,劳动者越是生产更多的财富,自己反而越贫困。在剥削者眼中,劳动是一种卑贱行为;在劳动者眼中,劳动只是一种谋生的手段,是一种可诅咒的负担。广大劳动人民以自己的劳动发展了社会生产力,创造了巨大的社会财富,却总不能摆脱贫困命运,因而也就不能充分表现出对劳动的热爱,属于劳动者本性的道德品质亦受到压抑。

劳动成为光荣的道德活动,是在社会复归公有制经济社会以后。生产资料公有制的建立,消灭了劳动异化现象,社会成员以主人翁姿态自觉参加劳动,使劳动成为衡量个人品质完善程度的重要尺度。改革开放以来,多种经济成分并存的状况决定了分配方式的多样性,但毕竟公有制经济占主体地位,中国共产党代表最广大人民群众的根本利益,劳动者的权益受到了国家法律、法规最大限度的保护。劳动成为光荣豪迈的事业,劳动者可以挺直腰板,扬眉吐气地为

自己工作,而且可以积极地利用一切新知识、新技术、新成果为自己工作。劳动观念的这一转变来之不易,是中国共产党带领全国各族人民经过数十年艰苦奋斗得来的。马克思说过,劳动才是人的第一需要,劳动对塑造一个人的健康人格具有重要价值,劳动是我们这个社会特别需要的宝贵品质。

当然,当今社会经济的多元化给人们提供了众多的生存方式,对劳动的轻视倾向也不容忽视,甚至“劳动光荣”价值观也受到了挑战。个别人变得浮躁,不喜欢、不愿意用劳动创造价值,总是希望天上能掉“馅饼”,一直在寻求机会“搏一搏”,痴想哪天一觉醒来就变为富翁,总想不劳而获,甚至鄙视那些甘于奉献的辛勤耕耘的劳动者。这些都是非常不可取的。

劳动的光荣,首先体现在劳动者创造的价值上。从神舟飞天、嫦娥奔月,到蛟龙入海、天眼探秘……这些伟大的创造物,本身就是一枚枚属于劳动者的勋章。劳动的光荣,也体现为人类在劳动实践中自身素质的提高。人类在改造自然的劳动实践中,不断认识自然世界的客观规律,掌握了运用自然规律进行创造的各种技术技能。无论是种田能手,还是济世名医,无论是大国工匠,还是专家学者,劳动没有高低贵贱之分,任何一份职业都很光荣。我们要在全社会大力弘扬劳动光荣、知识崇高、人才宝贵、创造伟大的时代新风,促使全体社会成员弘扬劳动精神,推动全社会热爱劳动、投身劳动、爱岗敬业,为社会主义现代化建设事业贡献智慧和力量。

二、劳动最崇高

劳动的崇高,首先体现在劳动者创造的成就上,港珠澳跨海大桥、4.2 万公里运营里程的高铁、中国空间站的建设……所有这些成就映照的都是劳动者的崇高。劳动的崇高,更体现在劳动者的精神境界上——在抗击新冠肺炎疫情中不顾个人安危的逆行者:医护人员的医者仁心、公安干警的无私无畏、志愿者的默默奉献、新闻记者的如实报道……所有这些都映照了劳动者的崇高思想境界。人们的职业各有不同,但是只要他能够通过辛勤劳动为社会、为他人做有益的事情,只要他有先人后己、克己奉公的思想境界,他就是一个崇高的人;而那些投机取巧、不劳而获却自以为高明的人,反而是身陷“低级趣味”不能自拔的人。

三、劳动最伟大

劳动的伟大,首先体现在劳动者通过劳动创造的伟力上。人通过劳动把自然对象转化成为人类生活必需的产品,实现了自然的“人化”,创造了社会财富和文明价值。劳动的伟大,也来自劳动者在改造自然的活动中不断觉醒、不断提升的主体性力量。劳动者在劳动活动中体现了创造的力量,也提升着自己的自觉自主意识,正是这种自由自主的内在力量,彰显了人类的伟大与价值。社会主义社会的意义,就在于坚持不劳动者不得食,建立劳动者的“联合体”。在我们社会主义国家,一切劳动都值得尊重和鼓励,一切创造也都值得尊重和鼓励。全社会都要贯彻尊重劳动、尊重知识、尊重人才、尊重创造的重大方针,全社会都要以辛勤劳动为荣、以好逸恶劳为耻。

四、劳动最美丽

劳动创造美,是因为劳动本身是美的。没有劳动,衣、食、住、行皆为泡影;只有劳动,才能创造实实在在的价值。因此,劳动最光荣、劳动最崇高、劳动最伟大、劳动最美丽。人类如此美好的一种行为和品质,应该在今天得到更好的传承和弘扬,而不能因为被利益迷了眼,就对劳动的内涵有所误读。劳动的美丽,首先在于劳动者内心世界的美丽。劳动者创造美丽世界,描绘着绚丽多彩的社会生活,而他们的内心世界更加美丽。塞罕坝的防护林美丽,那是因为三代护林员用半个世纪的时间造出世界上最大的人工林海,还塞罕坝以美貌。越是艰苦的工作越是需要美丽心灵的支撑,淘粪工时传祥用自己的辛苦,为他人换来了卫生洁净的生活环境。尽管他从事的工作环境不佳,但他的内心世界是美好的。快递小哥、公交司机、建筑工人、环卫工人、教师……每一位劳动者,都在用汗水和智慧书写着属于自己的幸福人生。

【案例品读】“七一勋章”获得者张桂梅:桃李满天下　劳动最光荣

扎根边疆山区教育四十余载,张桂梅用教育之光阻断贫困代际传递,照亮了无数人的心。

创举——办一所免费女子高中

沿着县城边的狮山南巷往坡上走,是张桂梅曾工作过的华坪民族中学,女子高中就在旁边。红黄色调的大铁门上,是“扣好人生第一粒扣子”的红布标语。这所看上去不起眼的高中,在当地颇有影响力:女高成立前,华坪县中考升学率还不到50%,2020 年达到 90%以上,全县高考升学率多年在丽江保持第一;以前农村女孩早婚早育的多,现在读高中的越来越多。

华坪女子高中,就是一所因抵抗贫困而生的学校。

1996 年丈夫去世后,张桂梅从大理调到华坪教书,面对傈僳族、彝族、纳西族的学生,大山里的贫困超出了她的想象。有家长带着一包钢镚和角票交学费,有学生只吃饭不吃菜,有的头天晚上把大米放进暖水瓶做早点。班上男生多女生少,“一些女生读着读着就不见了”。

张桂梅意识到:提高山区母亲们的教育水平,将至少改变三代人! 2002 年她开始筹建免费女子高中,“规模化”地帮助山里女孩,改变她们的命运和家庭贫困状况。

但在贫困地区办免费高中,这在许多人眼里简直是异想天开。

可张桂梅不这么想,为了改变这片贫困的土地,她毅然踏上募捐之路。5 年间,她被人放狗咬,被吐口水骂是骗子,一次太累还坐在机关大门口睡着了。姐姐心疼,骂她:这是人干的事吗? 女子高中办公室主任张晓峰却说:“直面贫困,张老师最懂山里人的渴盼,她是大山的女儿。”

2007 年,张桂梅当选党的十七大代表。在北京开会时,一篇“我有一个梦想”的报道,把她女子高中的梦在北京传开。随后丽江市和华坪县各拿出 100 万元,帮助张老师办校。从此,女高这棵教育扶贫的“珍稀苗木”栉风沐雨茁壮成长。

华坪女子高中的教师工资和办学经费均由县财政保障,学校建设一直由县教育局负责。女高学生除了自己的生活费,其余全免。张桂梅说,女高不是普通学校,是贫困家庭未来的希望。

2016 年,华坪女高建设完成,学校有了食堂、宿舍和塑胶运动场,在校生达 460 多人。连续多年,华坪女高不仅一本上线率保持在 40%多,高考成绩综合排名也位居丽江市第一。建校至今,把 1804 个大山女孩送进大学。

奇迹——红色教育让“丑小鸭变天鹅”

2008 年,首届 100 名学生招进来了,学校却面临难以想象的困难:华坪女子高中只有一栋教学楼,连围墙和厕所都没有,学生吃饭要到旁边的民族中学。几间教室,是老师们的宿舍,睡的是大通铺。没多久,17 名教师就走了 9 个。

张红琼是女子高中的资深老师,受张桂梅一次演讲感召,2008 年建校时她坐 17 个小时大巴车来投奔张桂梅。张红琼也曾打过退堂鼓,但当她拿着辞职申请忐忑地来到张桂梅办公室门口,看见张桂梅正在吃药,心里实在不忍。她说:“我是自愿来的,是党员,这时候不能一走了之。”

剩下的 8 个老师中,有 6 个是共产党员。打小就读《红岩》的张桂梅,一下子找到了精神支点和工作抓手。她让人在教学楼二楼画了一面党旗,举起右手咬牙宣誓:人在,教育扶贫的阵地就在!

十多年来,女高每周坚持“五个一”教育:党员戴党徽上班,重温入党誓词,组织理论学习,合唱革命歌曲,看红色影片。

看看华坪女子高中的“速度和激情”吧。女生们 5 点半起床,晨起 5 分钟后洗漱完毕,跑步上下楼梯,课间出操 1 分钟站好队。从下课铃响起,到跑进食堂排队、打饭再吃完,10 分钟内完成。

女高不只有严苛的纪律和领先的升学率。这里的老师,像姐姐哥哥一样关心学生。这里的学生抗压能力强,还特自信。

在北京“时代楷模”发布现场,毕业生们在荧幕上一个一个向她汇报:“我现在是医生,我现在是警察……”张桂梅忍不住举起手掩面而泣:“她们一个个跟以前完全不一样,丑小鸭变天鹅了。”

精神——“豁出去一点,怕什么”

2020 年 12 月 30 日下午,云南省委在昆明举行张桂梅先进事迹报告会。当晚张桂梅就赶回了华坪,11 点多到,她下车就去办公室了。

张桂梅身患心脏病、肺气肿等 23 种疾病,多次送往医院抢救才活过来。她行走困难,上下楼梯都是攥紧扶手,一步步地挪。可是每天早上 5 点,她都准时起床,第一个出现在校园里,每天至少 3 次巡校、查课……

张桂梅没有子女,也没有财产,至今和学生一起住在女生宿舍里。她的钱都去哪儿了？30万元的“兴滇人才奖”奖金，一次性捐给华坪县丁王民族小学建教学楼；昆明市总工会专门拨给她治病的2万元钱，最终也捐了。张桂梅把全部奖金、捐款和大部分工资累计100万余元，捐献给了山区孩子们和其他需要的人。

说起为啥想要办学校，张桂梅最初的想法就是报恩。中年丧夫，自己随后又重病缠身，在张桂梅最艰难的时候，是华坪这片热土接纳了她，给了她第二次生命。张桂梅告诉记者，山里的学生太穷了太苦了，自己想帮帮他们。县政协委员们向她鞠躬、县妇代会上给她捐款治病……回首往事，张桂梅感慨，“水激石则鸣，人激志则宏”。

荣誉越来越多，名气越来越大，她越来越意识到自己的责任。“有人说我爱岗敬业，有人说我疯了，有人说我为了荣誉，也有人不理解。一个人浑身有病，为啥还比正常人苦得起？”张桂梅解释说，“我心里始终有一股劲：你豁出命改变她们的命，值！人生老病死都正常，豁出去一点，怕什么？”

（资料来源：《人民日报》，2021年2月22日。有删改）

【拓展知识】马克思《青年在选择职业时的考虑》

（马克思写这篇论文时年仅17岁，这是他的中学毕业论文。）

自然本身给动物规定了它应该遵循的活动范围，动物也就安分地在这个范围内运动，不试图越出这个范围，甚至不考虑有其他什么范围存在。神也给人指定了共同的目标——使人类和他自己趋于高尚，但是，神要人自己去寻找可以达到这个目标的手段；神让人在社会上选择一个最适合于他、最能使他和社会得到提高的地位。

能这样选择是人比其他生物远为优越的地方，但是这同时也是可能毁灭人的一生、破坏他的一切计划并使他陷于不幸的行为。因此，认真地考虑这种选择——这无疑是开始走上生活道路而又不愿拿自己最重要的事业去碰运气的青年的首要责任。

每个人眼前都有一个目标，这个目标至少他本人看来是伟大的，而且如果最深刻的信念，即内心深处的声音，认为这个目标是伟大的，那它实际上也是伟大的，因为神决不会使世人完全没有引导的人；神总是轻声而坚定地作启示。

但是,这声音很容易被淹没;我们认为是灵感的东西可能须臾而生,同样可能须臾而逝。也许,我们的幻想油然而生,我们的感情激动起来,我们的眼前浮想联翩,我们狂热地追求我们以为是神本身给我们指出的目标;但是,我们梦寐以求的东西很快就使我们厌恶——于是我们的整个存在也就毁灭了。

因此,我们应当认真考虑:所选择的职业是不是真正使我们受到鼓舞?我们的内心是不是同意?我们受到的鼓舞是不是一种迷误?我们认为是神的召唤的东西是不是一种自欺?但是,不找出鼓舞的来源本身,我们怎么能认清这些呢?

伟大的东西是光辉的,光辉则引起虚荣心,而虚荣心容易给人以鼓舞或者一种我们觉得是鼓舞的东西;但是,被名利弄得鬼迷心窍的人,理智已经无法支配他,于是他一头栽进那不可抗拒的欲念驱使他去的地方;他已经不再自己选择他在社会上的地位,而听任偶然机会和幻想去决定它。

我们的使命绝不是求得一个最足以炫耀的职业,因为它不是那种使我们长期从事而始终不会感到厌倦、始终不会松劲、始终不会情绪低落的职业,相反,我们很快就会觉得,我们的愿望没有得到满足,我们的理想没有实现,我们就将怨天尤人。

但是,不只是虚荣心能够引起对这种或那种职业突然的热情。也许,我们自己也会用幻想把这种职业美化,把它美化成人生所能提供的至高无上的东西。我们没有仔细分析它,没有衡量它的全部分量,即它让我们承担的重大责任;我们只是从远处观察它,而从远处观察是靠不住的。

在这里,我们自己的理智不能给我们充当顾问,因为它既不是依靠经验,也不是依靠深入的观察,而是被感情欺骗,受幻想蒙蔽。然而,我们的目光应该投向哪里呢?在我们丧失理智的地方,谁来支持我们呢?

是我们的父母,他们走过了漫长的生活道路,饱尝了人世辛酸。——我们的心这样提醒我们。

如果我们通过冷静的研究,认清所选择的职业的全部分量,了解它的困难以后,我们仍然对它充满热情,我们仍然爱它,觉得自己适合它,那时我们就应该选择它,那时我们既不会受热情的欺骗,也不会仓促从事。

但是,我们并不总是能够选择我们自认为适合的职业;我们在社会上的关系,还在我们有能力对它们起决定性影响以前就已经在某种程度上开始确立了。

我们的体质常常威胁我们,可是任何人也不敢藐视它的权利。

诚然,我们能够超越体质的限制,但这么一来,我们也就垮得更快;在这种情况下,我们就是冒险把大厦建筑在松软的废墟上,我们的一生也就变成一场精神原则和肉体原则之间的不幸的斗争。但是,一个不能克服自身相互斗争的因素的人,又怎能抗拒生活的猛烈冲击,怎能安静地从事活动呢?然而只有从安静中才能产生出伟大壮丽的事业,安静是唯一生长出成熟果实的土壤。

尽管我们由于体质不适合我们的职业,不能持久地工作,而且工作起来也很少乐趣,但是,为了恪尽职守而牺牲自己幸福的思想激励着我们不顾体弱去努力工作。如果我们选择了力不胜任的职业,那么我们决不能把它做好,我们很快就会自愧无能,并对自己说,我们是无用的人,是不能完成自己使命的社会成员。由此产生的必然结果就是妄自菲薄。还有比这更痛苦的感情吗?还有比这更难于靠外界的赐予来补偿的感情吗?妄自菲薄是一条毒蛇,它永远啮噬着我们的心灵,吮吸着其中滋润生命的血液,注入厌世和绝望的毒液。

如果我们错误地估计了自己的能力,以为能够胜任经过周密考虑而选定的职业,那么这种错误将使我们受到惩罚。即使不受到外界指责,我们也会感到比外界指责更为可怕的痛苦。

如果我们把这一切都考虑过了,如果我们生活的条件容许我们选择任何一种职业,那么我们就可以选择一种使我们最有尊严的职业;选择一种建立在我们深信其正确的思想上的职业,选择一种能给我们提供广阔场所来为人类进行活动、接近共同目标(对于这个目标来说,一切职业只不过是手段)即完美境地的职业。

尊严就是最能使人高尚起来、使他的活动和他的一切努力具有崇高品质的东西,就是使他无可非议、受到众人钦佩并高出于众人之上的东西。

但是,能给人以尊严的只有这样的职业,在从事这种职业时我们不是作为奴隶般的工具,而是在自己的领域内独立地进行创造;这种职业不需要有不体面的行动(哪怕只是表面上不体面的行动),甚至最优秀的人物也会怀着崇高的自豪感去从事它。最合乎这些要求的职业,并不一定是最高的职业,但总是最可取的职业。

但是,正如有失尊严的职业会贬低我们一样,那种建立在我们后来认为是错误的思想上的职业也一定使我们感到压抑。

这里，我们除了自我欺骗，别无解救办法，而以自我欺骗来解救又是多么糟糕！

那些主要不是干预生活本身，而是从事抽象真理的研究的职业，对于还没有坚定的原则和牢固、不可动摇的信念的青年是最危险的。同时，如果这些职业在我们心里深深地扎下了根，如果我们能够为它们的支配思想牺牲生命、竭尽全力，这些职业看来似乎还是最高尚的。

这些职业能够使才能适合的人幸福，但也必定使那些不经考虑、凭一时冲动就仓促从事的人毁灭。

相反，重视作为我们职业的基础的思想，会使我们在社会上占有较高的地位，提高我们本身的尊严，使我们的行为不可动摇。

一个选择了自己所珍视的职业的人，一想到他可能不称职时就会战战兢兢——这种人单是因为他在社会上所居地位是高尚的，他也就会使自己的行为保持高尚。

在选择职业时，我们应该遵循的主要指针是人类的幸福和我们自身的完美。不应认为，这两种利益是敌对的，互相冲突的，一种利益必须消灭另一种的；人类的天性本来就是这样的：人们只有为同时代人的完美、为他们的幸福而工作，才能使自己也达到完美。

如果一个人只为自己劳动，他也许能够成为著名学者、大哲人、卓越诗人，然而他永远不能成为完美无疵的伟大人物。

历史承认那些为共同目标劳动因而自己变得高尚的人是伟大人物；经验赞美那些为大多数人带来幸福的人是最幸福的人；宗教本身也教诲我们，人人敬仰的理想人物，就曾为人类牺牲了自己——有谁敢否定这类教诲呢？

如果我们选择了最能为人类福利而劳动的职业，那么，重担就不能把我们压倒，因为这是为大家而献身；那时我们所感到的就不是可怜的、有限的、自私的乐趣，我们的幸福将属于千百万人，我们的事业将默默地但是永恒发挥作用地存在下去，而面对我们的骨灰，高尚的人们将洒下热泪。

卡尔·马克思写于 1835 年 8 月 12 日

（文章选自《马克思主义原著选读》，高等教育出版社 1999 年版）

第三节 职业道德培养

职业道德对调节职业关系中的各种矛盾、促进职业健康发展、推动从业人员养成良好的职业品质、纠正行业不正之风、改良整个社会的风气都具有十分重要的现实意义。

一、职业道德的内涵及特点

随着人类社会的进步与发展,人与人的职业关系也越来越密切;与此同时,也产生了不同行业的道德规范,调节着人们的利益关系。俗话说,治学有“学德”,执教有“师德”,行医有“医德”,从艺有“艺德”,经商有“商德”等。这些都是所谓的“德”,也就是各行各业的特殊规范。

(一)职业道德的内涵

职业道德是与本行业和岗位的社会地位、功能、权利和义务相一致的道德准则和行为规范,是一般社会道德和阶级道德在职业生活中的具体体现。它涵盖了从业人员与服务对象、职工与职工、职业与职业的关系,既是对从业人员在职业活动中的行为要求,又是本行业对社会承担的道德责任和义务。

为什么各行各业都必须有自己的职业道德规范呢?这是因为各行各业的职业活动都有自己的客观规律。要维护不同行业的正常运行,维护行业的生存和发展,就必须有体现不同行业内涵的职业道德规范。

被尊为“医学之父”的古希腊著名医生希波克拉底在公元前五世纪就以誓言的形式提出了医生应当遵守的道德规范:(1)对授业之师,敬若父母。倘若需要,我要与他分享钱财,赡养其身。(2)对其子嗣视若手足,如愿学医,我要热心教导,不图报酬。(3)对我的儿子、老师的儿子,以及宣誓立约的门生,我要悉心传授医学知识。(4)我要克尽全力,采取我认为有利于病人的医疗措施。(5)不把毒药给任何人。(6)我要清清白白地行医。(7)进入别人的家,只是为了看病,不为所欲为,不受贿赂。(8)对我所看到或听到的不应传的私生活,不管与我的医务是否有关,我决不泄露,严加保密。

这八条誓言,是针对当时行医条件的最完整的医德规范,它对后世医德的发展产生了巨大影响。1948年,世界医协大会以它为蓝本起草了著名的日内瓦宣言。第二年,世界医协大会又通过决议,把它作为国际医务道德的规则。

职业道德虽然是在特定的职业生活中形成的,但它绝不是离开阶级道德或社会道德而独立存在的。在阶级社会里,职业道德始终是在阶级道德和社会道德的制约和影响下存在和发展的。职业道德和阶级道德或社会道德之间的关系,就是特殊与一般、个性与共性之间的关系。任何一种形式的职业道德都在不同程度上体现着阶级道德或社会道德的要求。同样,阶级道德或社会道德,在很大范围上都是通过具体的职业道德形式表现出来的。而职业道德主要表现在实际从事一定职业的成人的意识和行为中,是道德意识和道德行为的成熟阶段的标志。职业道德与各种职业要求和职业生活结合,具有较强的稳定性和连续性,形成比较稳定的职业心理和职业习惯,同时影响着道德主体的道德风貌。

(二)职业道德的特点

1. 职业道德具有适用范围的有限性

每种职业都担负着一种特定的职业责任和职业义务。由于各种职业的职业责任和义务不同,从而形成各自特定的职业道德的具体规范。

2. 职业道德具有发展的历史继承性

由于职业具有不断发展和世代延续的特征,不仅其技术世代延续,其管理方法也有一定的历史继承性。如急人所难、救死扶伤从古至今始终是医务工作人员的职业道德。

随着生产力的发展,社会分工越来越细,职业也就越来越多。由于各种职业对社会所承担的职责不同,为了保证职业活动的正常进行,各行各业形成了各自的特殊要求,各种职业道德的要求都较为具体、细致,因此其表达形式多种多样。

3. 职业道德兼有强烈的纪律性

纪律也是一种行为规范,它是介于法律和道德之间的一种特殊的规范。它既要求人们能自觉遵守,又带有一定的强制性。就前者而言,它具有道德色彩;就后者而言,又带有一定的法律色彩。就是说,一方面遵守纪律是一种美德,另一方面,遵守纪律又带有强制性,具有法令的要求。因此,职业道德有时又以制度、章程、条例、守则的形式表达,让从业人员认识到职业道德又具有纪律的规范性,如医务人员的医德规范等。

二、职业道德的主要内容

(一)爱岗敬业

爱岗就是热爱自己的工作岗位,热爱本职工作。爱岗是对人们工作态度的一种普遍要求。热爱本职,就是职业工作者以正确的态度对待各种职业劳动,努力培养热爱自己所从事的工作的幸福感、荣誉感;敬业就是用一种严肃的态度对待自己的工作,勤勤恳恳,兢兢业业,忠于职守,尽职尽责。爱岗与敬业精神是相通的,是相互联系在一起的。爱岗是敬业的基础,敬业是爱岗的具体表现;不爱岗就很难做到敬业,不敬业也很难说是真正的爱岗。爱岗敬业是为人民服务和集体主义精神的具体体现,是社会主义职业道德一切基本规范的基础。

(二)诚实守信

诚实,就是忠诚老实,不讲假话。诚实的人能忠实于事物的本来面目,不歪曲、不篡改事实,同时也不隐瞒自己的真实思想,光明磊落,言语真切,处事实在。诚实的人反对投机取巧、趋炎附势、吹拍奉迎、见风使舵、争功诿过、弄虚作假、口是心非。守信,就是信守诺言,说话算数,讲信誉,重信用,履行自己应承担的义务。诚实和守信两者意思是相通的,是互相联系在一起的。诚实是守信的基础,守信是诚实的具体表现;不诚实很难做到守信,不守信也很难说是真正的诚实。“诚实”是真实不欺,“守信”也是真实不欺。诚实侧重于对客观事实的反映是真实的,对自己内心的思想、情感的表达是真实的;守信侧重于对自己应承担、履行的责任和义务的忠实,毫无保留地实践自己的诺言。诚实守信是为人处世的一种美德。

(三)办事公道

办事公道是指从业人员在办理事情、处理问题时,要站在公正的立场上,按照同一标准和同一原则办事的职业道德规范。人们生活在世界上,就要与人打交道,就要处理各种关系,这就存在办事是否公道的问题。每个从业人员都会涉及办事公道问题,如一个服务员接待顾客不以貌取人,对不同国籍、不同肤色、不同民族的宾客能一视同仁,同样热情服务,这就是办事公道。一个售货员对于购买其商品的消费者,无论其购买商品贵或贱,同样周到接待,这就是办事公道。

(四)服务群众

服务群众就是为人民群众服务,时时刻刻为群众着想,急群众所急,忧群众所忧,乐群众所乐。服务群众的含义,应注意两个方面。

1. 服务群众是全社会全体从业者一定要真心诚意服务于群众,绝不能践踏人民的利益,不能利用人民赋予的权力随心所欲,谋取私利。服务群众是党的群众路线在社会主义职业道德上的具体表现,这也是社会主义职业道德与以往私有制社会职业道德的根本分水岭。

2. 服务群众是对所有从业人员的要求。每个从业人员都是群众中的一员,既是为别人服务的主体,又是别人服务的对象。每个人都有权享受他人的职业服务,同时又承担着为他人做出职业服务的义务。因此,服务群众作为职业道德,不仅仅是对领导及公务员的要求,而且是对所有从业者的要求。

(五)奉献社会

奉献社会,就是全心全意为社会做贡献。奉献就是不计较个人得失,兢兢业业,任劳任怨。一个人不论从事什么行业的工作,不论在什么岗位,都可以做到奉献社会。奉献社会是一种人生境界,是一种融在一生事业中的高尚人格。奉献社会与爱岗敬业、诚实守信、办事公道、服务群众这四项规范相比较,是职业道德中的最高境界,同时也是做人的最高境界:爱岗敬业、诚实守信是对从业人员的职业行为的基础要求,是首先应当做到的,做不到这两项要求,就很难做好工作;办事公道、服务群众比前两项要求高了一些,需要有一定的道德修养做基础;奉献社会则是这五项要求中最高的境界,一个人只要达到一心为社会做贡献的境界,他的工作就必然能做得很好,这就是全心全意为人民服务。

三、职业道德的作用

职业道德是社会道德体系的重要组成部分,它既具有社会道德的一般作用,又具有自身的特殊作用,具体表现在以下方面。

（一）职业道德规范的调解职能有利于建立新型和谐的人际关系

人类社会长期以来形成了各行各业的分工协作关系，在社会物质文明建设的进程中必然要产生种种人际关系，如从业人员内部的分工与协作关系，以及从业人员和服务对象之间的交流与互动关系。可以运用职业道德规范约束职业内部人员的行为，促进职业内部人员的团结与合作。同时，职业道德规范对各行各业的从业人员都有一个基本要求，就是要团结、互助、爱岗、敬业并齐心协力地为发展本行业和本职业服务，这样又调节了从业人员和服务对象之间的关系。

（二）有利于规范各行各业的行为，促进生产力的发展

责任心是衡量职业道德水平的标准之一，从业人员具有了较高的职业道德水准，就能充分发挥主观能动性和创造性，从而大大提高劳动生产率，促进经济的发展。高水准的职业道德是产品质量和服务质量的有效保证，也是提升企业及其产品与服务在社会公众心目中信任程度的依靠。职业道德与管理制度之间是相辅相成的：管理制度作为强制性的章程，最低限度地规范员工的行为标准，是事后的、惩罚性的且消极的；而职业道德作为精神上的舆论性的规范，最大广度地约束职员的行为，是事前的、自觉性的且积极的。二者相互补充，对规范行业的行为起着重要的作用。

（三）有利于提高全民族的道德素质，促进全社会道德风貌的提升

职业是个人与社会交往的交会点，职业活动是个人一生中的主要生活内容，职业行为是个人与社会进行交往联系的基本方式。职业岗位是培养人格的理想场所，也是表现人格的最佳场所。所以在职业行为中的道德表现就成为一个人道德生活的主要组成部分，职业道德修养就成为整个人格修养的重要组成部分。职业道德对人们的思想和行为具有深刻的影响，它能够指导人们在工作中树立正确的荣辱、是非和善恶观念，确立具体的生活理想和奋斗目标，形成具体的人生观和道德理想，对于促进从业者的自我完善具有重要作用。此外，人的情感是相互感染的。高尚的道德情感以一种示范姿态，可以通过人与人的关系传递给自己的服务对象，从而使自己的服务对象感到心情舒畅，并把这种情感体验内化为自己的行为，同时再传递给其他职业的工作者。如果每个社会从业人员都能自觉地遵守和履行职业道德，必然有利于促进和谐的人际关系和良好

的社会风尚的形成与发展;反之,则将导致不良社会风尚的产生和蔓延。

四、良好职业道德的养成

职业道德不会自发产生,一个人如果要成为一个职业道德高尚的从业者,就需要有一个从认识职业道德规则到养成职业道德行为习惯和坚定职业道德信念的过程。比如一个商人要真正做到"货真价实,童叟无欺",首先要知晓这个规则的重要意义。但仅仅知晓还不够,经营过程中,商人可能会遭遇同行竞争、成本上升、顾客挑剔、利益诱惑等各种情况。这时,就需要商人设置道德底线并具备恪守规则的意志,才能将"货真价实,童叟无欺"落实到行为中,并形成内心的道德信念。

(一)树立正确的人生观是培养职业道德的前提

人生观是对人生的价值、目的及意义等观点的总和,是对人生的根本看法。人生观属于思想意识的范畴,它以观点、信念、理想、需要、动机和兴趣等具体形式,表现在人的个性的意识倾向中。而这种作为心理的稳定倾向的人生观,在人的整个心理活动中处于主导的地位,对人的心理功能起着调节和支配的作用。它不仅决定着一个人对周围事物的态度,而且能够调节人的行为、活动方向和进行方式。

树立正确的人生观,才能够顾全大局、克己奉公,不为个人得失而斤斤计较,不会陷入"自我中心"而难以自拔;不向挫折屈服,不为冲突而忧虑,热爱自己的本职工作,积极努力做出成绩,奉献自己存在的价值,与大众共享幸福之乐。

只有树立了正确的人生观,才能树立正确的职业观,才能一步一个脚印地朝着人生目标迈进。有位老党员叫甘志周,他在每一个岗位都干得很出色。他经常勉励自己说:愿做革命一石条,哪里需要哪里调。党叫我铺路就铺路,让我架桥就架桥。他被评为全国劳模,受到党和国家领导人亲切接见。清洁工人时传祥"宁愿一人脏,换来万家洁"的豪言壮语,至今广为流传;售票员李素丽在公交车上诠释了为人民服务的宗旨,受到百姓赞扬;抗疫期间一大批白衣天使,谱写了感人篇章。他们对自己从事的职业有一种自豪感、神圣感和强烈的使命感,在平凡的工作岗位上实现了自己的人生价值。

(二)增强对职业道德原则、规范的认识与理解,培养职业道德情感

一个劳动者只有正确认识到职业道德规范的作用与意义,才能确立相应的职业道德观念,树立职业理想,培养起职业情感;才能做到忠于职守,热爱本职工作,全心全意为人民服务;工作上就能主动、热情、耐心并周到,也能正视和改正自己的缺点,主动接受群众的监督。

职业道德情感是从业者个人对现实职业生活中的道德关系和道德行为好恶的情绪和态度,它受职业道德理想和信念的制约。职业道德情感一旦形成,就会产生一种稳定而强大的力量,积极地影响和调节从业人员的职业道德行为,使人获得对事业的高度责任心,对工作兢兢业业,对业务精益求精,力争做出好成绩。

(三)学习先进人物的优秀品质,不断激励自己

先进人物想人民之所想,急人民之所急,处处为人民谋利益的优秀品质是青年学生提升道德修养的榜样。从业者要培养良好的行为习惯,经常进行自我反思,增强自律性,不断地同旧思想、旧意识以及社会上的不良现象做斗争。养成良好的职业道德习惯就是在实践中把职业道德规范变成自己自觉的要求,树立自律意识,在职业行为中自觉地身体力行,将强制性的管理章程转变为积极的精神上的规范。一旦社会主义职业道德规范成了自己的职业习惯,就能真正提升个人的精神文明水平。

第三章　新时代的劳动精神

2020年11月,习近平总书记在全国劳动模范和先进工作者表彰大会上强调:“大力弘扬劳模精神、劳动精神、工匠精神。‘不惰者,众善之师也。’在长期实践中,我们培育形成了爱岗敬业、争创一流、艰苦奋斗、勇于创新、淡泊名利、甘于奉献的劳模精神,崇尚劳动、热爱劳动、辛勤劳动、诚实劳动的劳动精神,执着专注、精益求精、一丝不苟、追求卓越的工匠精神。劳模精神、劳动精神、工匠精神是以爱国主义为核心的民族精神和以改革创新为核心的时代精神的生动体现,是鼓舞全党全国各族人民风雨无阻、勇敢前进的强大精神动力。”①

我们党的百年奋斗史,镌刻着劳模精神、劳动精神、工匠精神形成发展的光辉历程。劳模精神、劳动精神、工匠精神孕育于革命战争年代,形成于社会主义革命和建设时期,发展于改革开放新时期,光大于中国特色社会主义新时代,成为中国共产党人精神谱系的重要组成部分。百年发展历程中,劳模精神、劳动精神、工匠精神的涵盖范围越来越广,实践要求越来越高,引领价值越来越大。进入新发展阶段,劳模精神、劳动精神、工匠精神更加强调创新意识、创新能力,更加追求精益求精、出类拔萃,而不变的是坚定的政治立场、强烈的主人翁意识、忘我的劳动热情和良好的职业道德。劳模精神、劳动精神、工匠精神是中华民族独特的精神标识,激励广大劳动者拼搏奋斗、不断前行。全面把握劳动精神的时代内涵,大力弘扬劳动精神,具有非常重要的现实意义。②

---

① 习近平:《论中国共产党历史》,中央文献出版社2021年版,第42页。

② 陈刚:《大力弘扬劳模精神劳动精神工匠精神(深入学习贯彻习近平新时代中国特色社会主义思想)》,《人民日报》2022年4月27日。

第一节　劳模精神

劳模是时代的标杆和旗帜。劳模——一个响亮的称号，可以追溯到新中国成立之前的战争年代。抗日战争时期，面对敌人的围堵封锁，边区军民依靠自己勤劳的双手艰苦创业，创造了陕北变江南的南泥湾奇迹；张思德，响应党中央开展大生产运动的号召，赶挖炭窑时为救战友而牺牲，毛主席为他发表题为《为人民服务》的著名演讲；支前模范"沂蒙六姐妹"，为前线将士筹粮草、运弹药、摊煎饼、做军鞋，凝聚支援解放战争的磅礴力量；新中国第一位女拖拉机手梁军用青春诠释艰苦奋斗、勇于开拓，她的形象作为原型被印在第三套人民币上，广为流传；"杂交水稻之父"袁隆平，为解决中国人的温饱问题，不断追梦，勇于创新。

劳动模范是优秀劳动者的典型代表，劳模精神激励了千千万万普通劳动者坚守信念、立足岗位、开拓创新、建功立业。新中国成立以来，党和国家先后召开了 16 次全国劳动模范和先进工作者表彰大会，表彰全国劳动模范和先进工作者超过 3 万人次。党的十八大以来，习近平总书记多次就充分发挥劳模示范引领作用发表重要讲话。2013 年 4 月 28 日，在同全国劳动模范代表座谈时，习近平总书记指出："必须大力弘扬劳模精神、发挥劳模作用。榜样的力量是无穷的。劳动模范是民族的精英、人民的楷模。长期以来，广大劳模以平凡的劳动创造了不平凡的业绩，铸就了'爱岗敬业、争创一流，艰苦奋斗、勇于创新，淡泊名利、甘于奉献'的劳模精神，丰富了民族精神和时代精神的内涵，是我们极为宝贵的精神财富。"①

一、新时代劳模精神的内涵

（一）劳模精神的含义

劳模精神是劳动模范在平凡岗位上做出不平凡业绩所坚持坚守坚定的基本信念、价值追求、人生境界及其展现出的整体精神风貌。劳模精神本质上是一种劳动精神。

---

① 习近平：《在同全国劳动模范代表座谈时的讲话》，中国政府网，2013 年 4 月 28 日。

(二)劳模精神的内容

“爱岗敬业、争创一流,艰苦奋斗、勇于创新,淡泊名利、甘于奉献”是劳模精神的内容。其中,“爱岗敬业、争创一流”指的是职业品格,包括岗位意识和进取精神;“艰苦奋斗、勇于创新”指的是优良作风,包括奋斗意识和创新精神;“淡泊名利、甘于奉献”指的是人格境界,包括名利意识和奉献精神。

“爱岗敬业、争创一流”是劳模精神的本质特征,体现了劳模对国家、社会和职业的高度责任感、使命感和舍我其谁的主人翁精神;“艰苦奋斗、勇于创新”是劳模精神的品质体现,劳动模范是辛勤劳动、诚实劳动、创造性劳动的积极实践者,踏踏实实、奋发图强、勇于挑战、敢为人先;“淡泊名利、甘于奉献”则是劳模精神的价值追求,彰显的是劳模心甘情愿、默默坚守、身心投入,不追求声名和个人私利。

二、新时代劳模精神的重要价值

劳动模范是民族的精英、人民的楷模、共和国的功臣,他们身上承载和彰显的劳模精神一直发挥着引领作用,丰富和拓展了中国精神内涵,充分展现了我国新时代工人阶级和劳动群众的高度自信,已成为社会主义核心价值体系的重要组成部分。

(一)劳模精神凝聚新时代中国力量

劳动模范是“干出新时代”的排头兵,是践行“实干兴邦”的楷模。激励广大劳动人民争做新时代的奋斗者,就是要让实干担当在新时代蔚然成风,让改革创新在新时代焕发活力,让精益求精在新时代落地生根。弘扬劳模精神,充分调动起广大劳动人民的积极性、主动性和创造性,就能最大限度地调动起人们饱满的奋斗热情,为建功新时代、实现中国梦凝聚起磅礴的中国力量。

(二)劳模精神引领新时代产业工人

在抗击新冠肺炎过程中,广大产业工人尤其是大批劳动模范,积极参与到疫情防控的各条战线中,以艰苦卓绝的劳动创造了中国速度,谱写了一曲曲抗疫赞歌,充分体现了产业工人在非常时期的非常担当,彰显了中国特色社会主义制度的显著优势。在新时代,应充分发挥劳动模范和工匠人才的示范带动和价值引领作用,培养造就更多劳动模范、大国工匠,努力打造一支有理想守信念、懂技术会创新、敢担当讲奉献的宏大产业工人队伍,建设知识型、技能型、创新型劳动者大军。

(三)劳模精神引导劳动教育价值取向

劳动模范是每个时代劳动精神的典型化身,是引导广大学生培育践行社会主义核心价值观的宝贵财富和有效载体。应充分发挥劳动模范先进事迹和优秀品质的感召作用,让大学生有机会近距离接触劳动模范、聆听劳模故事、感受劳模精神,在实践中体悟劳模精神,在磨炼意志和增长才干中感受劳动的乐趣和收获,从而培育辛勤劳动、诚实劳动、创造性劳动的精神气质。

【案例品读】全国劳动模范秦世俊:数控铣工 灿烂若光华

由中华全国总工会、中央广播电视总台联合举办的2022年“大国工匠年度人物”在南京揭晓,航空工业哈尔滨飞机工业集团有限责任公司数控铣工秦世俊荣膺10位“大国工匠年度人物”之一。

秦世俊是航空工业哈飞数控车间数控铣工、高级技师,航空工业首席技能专家,航空工业劳模创新工作室创领人,全国首批示范性劳模创新工作室创领人,从事直升机升力系统、起落架系统关键件及重要件加工生产,先后获得“全国劳动模范”“全国五一劳动奖章”“中华技能大奖”“最美职工”“全国向上向善好青年”等60多项荣誉。“秦世俊劳模(大师)创新工作室”被先后授予全国示范性劳模创新工作室、全国“工人先锋号”、黑龙江省“工人先锋号”等荣誉称号。

“作为航空工业哈飞的数控铣工、航空工业首席技术专家、高级技师,我今生最大的梦想就是用一名中国产业工人的担当,来助力实现中华民族的产业强国梦。”秦世俊说。

儿时梦想成真

1982年6月,秦世俊出生在哈尔滨平房区,父亲及很多亲人都是中航工业哈飞的职工。哈飞是中国直升机和轻型多用途飞机研发制造基地,同时也是空客等国际知名航空企业的零部件供应商，相继研制出直9、直15、运12系列等多个型号，可以说是新中国飞机制造业的一个“摇篮”。

在“摇篮”长大的秦世俊，从小听父亲讲“造飞机”的故事，对“造飞机”充满了向往，1998年，他报考了哈飞技校模具钳工专业，为成为一名优秀的航空人做起了准备。在技校里，他如饥似渴地学习。2001年9月，技校毕业的秦世俊如愿以偿，进入哈飞，成为一名航空人。但作为技校毕业生，他的起点并不高，虽然被分配到了新兴的数控专业，他先从普通铣床苦练，细心体会铣削加工的要领。等技术稳定后，他转战数控机床，从零件装夹、机床操作等基础知识开始学起。

时间是不会辜负任何一个有心人的。一年下来，秦世俊就成了操弄数控机床的行家里手，在哈尔滨市数控工人技术比武中，取得了第三名的好成绩，并晋升为高级工。他钻研数控技术，专业书籍啃了十几本，学习笔记堆起半米多高。在自学中，他发现自己的理论积淀还远远不够，干脆报考了东北农业大学计算机专业本科课程，学习制图和编程，决心要牢牢奠实数控技术大厦的理论基础。

秦世俊在技术钻研之路上一往无前，始终用汗水为鞭，向着自己心中的梦想策马急奔。

不知不觉中，秦世俊已经参加工作20年，这20年来他可谓收获满满，“逆向思维、反向采点加工腹板法”“为两台不同型号的车铣中心机床制作转换夹具”“某型机主桨旋翼泡沫提效”等一个个大型技术攻关项目成为他事业路上的累累硕果。2018年，秦世俊荣获了“中华技能大奖”。“中华技能大奖”是我国高技能人才的最高政府奖项，获奖者被誉为“工人院士”。然而面对如此殊荣，秦世俊却很平淡，他说在“工人院士”这四个字中，他永远看重的是“工人”，这颗初心不会变。

带团队共铸航空梦、中国梦

哈飞的年轻数控铣工杜鹏飞至今还清晰记得秦世俊带领他一起攻关某型直升机前起落架关键件外筒加工时的日日夜夜。那段日子里，秦世俊和他反反复复试验，连续奋战7个日夜，外筒内孔表面粗糙度从0.482 μm一路下降。这时有人“质疑”：“粗糙度降到0.4 μm就可以了，我们还有必要继续干下去吗？”可秦世俊的选择是继续坚持。最后表面粗糙度数值范围降到了惊人的

0.1~0.17 μm。杜鹏飞为秦世俊的这种精益求精赞叹不已,也许他还不熟悉秦世俊,毕竟身边人都知道,秦世俊的追求永远是“0.01 毫米”,因为精品与废品的距离只有 0.01 毫米。

秦世俊的言传身教感动了杜鹏飞,实际上哈飞很多工人都在被秦世俊带动着——从一名初级工到高级技师,秦世俊完成了技能上的大提升;从一名普通工人到“全国劳动模范”,秦世俊完成了人生的大跨越。但他深知,一花独放不是春,只有技能工人的整体队伍真正强大了,他所致力追求的“航空梦”“中国梦”才能早日实现。

2014 年,在秦世俊所在的“现场攻关组”的基础上,中航工业哈飞成立了以他名字命名的“秦世俊劳模创新工作室”。而他,也成为这个工作室的负责人。身为团队的领头雁,他以身作则主动与年轻人分享经验、分享妙招、分享心得,带领着大家朝着高素质、高技能的方向共同成长。

秦世俊像一面旗帜,不仅用高超的技术帮带团队成员,更用人格魅力影响着团队中的每一个人。这个拥有 16 名优秀技能人才,以创新攻关、技术传承为己任的工作室在公司人才培养上发挥了巨大的作用。数控铣工杨凤宇刚进工作室时,在高精度零件的加工中常常出现问题,一度有些灰心。秦世俊听说后主动与他沟通,把自己编写的数控加工资料送给他,通过面对面地交流、手把手地示范、肩并肩地指导帮他迈过了眼前这道坎儿,也令他对数控加工产生了更浓厚的兴趣。秦世俊先后带徒 11 人,现有 1 人晋升为高级技师、2 人晋升为技师、8 人晋升为高级工,都已成长为哈飞科研生产的骨干,他本人也多次被评为哈尔滨市名师带高徒活动“模范名师”。现在,他的劳模创新工作室已经成为技能人才培养的加速器,而创新团队也成为远近闻名的“钢铁团队”,赢得了全国、黑龙江省、哈尔滨市、航空工业集团、中航工业哈飞 5 个级别的劳模创新工作室荣誉称号。

“大国工匠”“最美职工”“工人院士”……荣誉等身的秦世俊,并没有被荣誉所羁绊,如今的他仍在向自己一生追求的梦想不断奔跑。只要站在机床前,他就仿佛还是当年那个追梦少年,心系祖国,情系航空,用奋斗为自己的梦想不断着色。

(资料来源:东北网,2023 年 3 月 1 日。文章作者:杨帆。有删改)

【拓展知识】探秘：如何评选出劳模？怎样能成为劳模？

劳模是什么？

民族的精英、人民的楷模，共和国的功臣。

2020 年 11 月 24 日，1689 名全国劳动模范和 804 名全国先进工作者在人民大会堂受到表彰，代表全体劳动者接受党和国家的最高礼赞。

新中国成立以来表彰了多少劳模？劳模是怎样评选出来的？如何才能成为劳模？

多少劳模受到表彰？

“伟大出自平凡，英雄来自人民。”一个国家的非凡成就，总是由点点滴滴的平凡人物汇集而成。在社会主义建设的各个时期，以劳模为代表的广大工人阶级始终不忘初心、牢记使命，用平凡的双手创造不平凡的梦想。

党和国家历来高度重视评选表彰劳动模范，1950 年至 2020 年先后召开 16 次表彰大会，表彰全国劳动模范和先进工作者超 30000 人次。

从 20 世纪 90 年代开始，全国劳模表彰大会每 5 年召开一次，受新冠肺炎疫情影响，原计划 2020 年“五一”国际劳动节前夕召开的全国劳模表彰大会因此推迟。

2020 年 11 月 24 日召开的全国劳动模范和先进工作者表彰大会共表彰 2493 名人选，其中全国劳动模范 1689 名、全国先进工作者 804 名；企业职工和其他劳动者 1192 人，占总人数的 47. 8%；农民 500 人，占 20. 1%；机关事业单位人员 801 人，占 32. 1%。与往届相比，此次表彰提高了一次性奖金标准，同时还重新设计了奖章。新设计的奖章，通径从 55 毫米扩大到 60 毫米，凸显了劳动最光荣、劳动最崇高、劳动最伟大、劳动最美丽的理念，彰显了各行各业劳动模范和先进工作者的示范引领作用。

劳模是怎样评选出来的？

劳模评选是一项极其复杂严肃的工作。以此次评选工作为例，2020 年 1

月，中共中央办公厅、国务院办公厅印发通知，对相关工作做出部署。党中央、国务院专门成立2020年表彰全国劳动模范和先进工作者大会筹备委员会。

筹委会办公室发挥统筹协调作用，各相关部门和成员单位积极协同配合，扎实推进各项工作。2月，制定印发《推荐评选工作有关政策说明》，指导各单位做好人选推荐工作。

3月，召开筹委会办公室会议，根据疫情防控实际情况研究部署工作，指导各单位上报推荐材料并进行初审。

5月，基本完成初审工作。

6月，指导各地认真做好省级公示及后续工作。

7月，基本完成复审工作。

10月15日至19日，在《人民日报》进行为期5天的全国公示。

10月21日，中央领导同志主持召开筹委会全体会议，听取大会筹备工作情况汇报，审议通过拟表彰人选名单，对高标准高质量完成各项工作任务提出明确要求。

11月，将拟表彰人选名单呈报党中央、国务院审定。

其中，如何确保评选表彰工作公开、公正、公平？

严格执行“两审三公示”程序，即实行初审、复审两次审查，在所在单位、省级和全国进行三级公示。在推荐审核所有工作环节中，严格评选标准，严肃评选纪律，认真处理举报事项，该调整的调整，该拿下的拿下，确保人选能够树得起、立得住，经得起检验。

如何能成为劳模？

“爱岗敬业、争创一流，艰苦奋斗、勇于创新，淡泊名利、甘于奉献”，这是劳模精神，也是成为劳模的必备条件。如今，我国经济已进入高质量发展阶段，需要更多知识型、技能型、创新型劳动者，只要有想法、肯干事、敢创新，任何人都有机会成为劳模。

那么，受表彰需要符合哪些条件？

受表彰人选符合党中央、国务院确定的推荐评选条件，具有以下三个突出特点：

一是具有很强的政治性和先进性。人选都经过各级党委和有关部门认定，基本上具有省部级表彰奖励的荣誉基础,并且近5年来特别是党的十九大以来创造了突出业绩,其中有200余人在脱贫攻坚领域做出了突出贡献,有358人享受国务院特殊津贴。

二是具有广泛的代表性和群众性。受表彰人员中,中共党员2015名;民主党派和无党派人士158名;女性578人,占23.2%;少数民族226人,占9.1%。人选基本涵盖各个领域和行业,尤其是来自基层一线的比例较高,其中一线工人和企业技术人员847人,占企业职工和其他劳动者的71.1%,比原定比例高出14.1个百分点;农民工216人,占农民人选的43.2%,比原定比例高出18.2个百分点;科教等专业技术人员、科级及以下干部661人。

三是选树了一批抗疫先进典型。按照筹委会统一部署和要求,推荐评审出300名奋战在抗击新冠肺炎一线的先进个人,他们逆行出征、无私无畏,做出了突出贡献。

(资料来源:新华社,2020年11月24日。文章作者:魏玉坤、樊曦。有删改)

第二节 劳动精神

新时代劳动精神继承发展了中华民族“劳动光荣”的传统观念,融入中国特色的马克思主义劳动价值论,树立了一种崇尚劳动、热爱劳动、辛勤劳动、诚实劳动的劳动新理念,形成了一种劳动者至上、劳动者平等、劳动者可敬,劳动最光荣、劳动最崇高、劳动最伟大、劳动最美丽的劳动价值观,为解决我国当前出现的劳动价值观念和劳动工作实践问题提供了理论指导。

一、劳动精神的内涵

(一)劳动精神的含义

劳动精神是劳动者为创造美好生活,在劳动活动中呈现出来的思想观念、价值理念和精神面貌,为劳动活动提供持久的精神动力。劳动精神直接影响劳动者的劳动行为、劳动态度、劳动品行和劳动面貌。

(二)劳动精神的特征

具有劳动精神是所有劳动者的共性。劳动精神是一名合格劳动者应该有的精神,是培育劳模精神和工匠精神的深厚土壤。劳动精神作为支撑劳动活动得以展开的精神动力,直接关系现实的劳动效率和劳动公平,直接影响劳动积极性和创造性的发挥。在此意义上,劳动精神无论是对劳动者还是对社会发展而言,都具有极为重要的意义和作用。

劳动精神是一个社会历史范畴。劳动精神植根于现实的劳动生产方式,随着社会劳动活动和劳动关系的发展而变化。劳动精神产生于劳动现实又超越劳动现实。经过长期努力,中国特色社会主义进入新时代,这是我国发展新的历史方位,面临新的历史任务和实践要求,这对劳动精神提出了新的要求。新时代的劳动精神以崇尚劳动、热爱劳动、辛勤劳动、诚实劳动为核心内容。

二、新时代劳动精神的重要价值

新时代劳动精神展现着新时代砥砺奋进的新风貌,彰显着中国理论、中国制度和中国文化的价值,对促进人的全面发展、夺取新时代中国特色社会主义伟大胜利和实现中华民族伟大复兴中国梦具有重要作用。

(一)增进人民福祉,促进人的全面发展

一方面,劳动精神的发挥,是精神力量转化为物质力量的过程。在劳动精神的激励下,劳动者真正意识到劳动的光荣、崇高、伟大、美丽,树立勤劳致富的理念,自觉投入劳动之中,用自己的双手创造出更多的物质财富和精神财富,劳有所得、劳有所获,共建共享,人民的安全感和幸福感不断提升。另一方面,劳动精神的发挥,引导人走向全面发展。劳动是促进人的全面发展的根本手段和途径。人类社会的发展历史表明,劳动的产生就是人类的产生,劳动的异化就是人类的异化,劳动的解放和发展就是人类的解放和发展。通过劳动,人的劳动意识增强、劳动态度端正,劳动情感和劳动能力得到发展,道德品质、体力水平、智力水平和审美能力得到充分提升,人的本质得以确认、人的需要得到满足、人的发展得到实现,最终实现自我价值与社会价值的统一。

(二)彰显制度优势,体现社会主义优越性

我国建立以公有制为主体的经济制度,确立了劳动者的主人翁地位,把劳动者的地位和尊严放在首位,实行以按劳分配为主体、多种分配方式并存的分配制度,坚持效率和公平的有机统一,极大地调动了劳动者的积极性。新时代

劳动精神生动地诠释了社会主义条件下“劳动光荣、劳动者伟大”，“劳有所得、得实相符”，“成果共享”，强调构建和谐的劳动关系，保障和促进社会公平正义，与剥削阶级宣扬的好逸恶劳的劳动观念和对立的劳动关系划清了界限。从先进劳动观的角度看，新时代的劳动精神是中国特色社会主义制度的鲜明特色，体现出中国特色社会主义制度的优越性。

（三）助力中国梦，实现民族复兴

实现中国梦必须走中国道路、弘扬中国精神、凝聚中国力量。“人民是中国梦的主体，是中国梦的创造者和享有者。”“幸福不会从天而降，梦想不会自动成真。”劳动精神将促使广大劳动人民充分认识到实现中华民族伟大复兴的过程中劳动、劳动精神的意义和价值，确认自我在实现中国梦的过程中身为劳动者的职责，以辛勤劳动、诚实劳动、创造性的劳动投入伟大中国梦的实现之中；“中国梦是国家的、民族的”，每一位劳动者都是追梦者，更是圆梦者，劳动精神将激发广大劳动人民敢于有梦、敢于追梦的热情，激励人充当先锋，将青春奋斗和聪明才智贡献给社会主义的伟大事业；劳动精神将凝聚广大劳动人民的力量，将14亿人的需要、意志、智慧汇集到中华民族伟大复兴的事业中来，最广泛、最充分地调动一切积极因素，激活各种劳动资源，让一切劳动、知识和资本的发展活力和创造能量充分释放。

【案例品读】平凡劳动者的不平凡作为

这些场景令人记忆犹新：在广西北海市铁山港公用码头，与现场作业的码头工人亲切握手，勉励他们爱岗敬业、争创一流；在北京前门石头胡同快递服务点，看望正在工作的“快递小哥”，称赞他们“像勤劳的小蜜蜂，是最辛勤的劳动者”；在位于陕西榆林市的国家能源集团榆林化工有限公司，寄语企业职工“你们是承担着历史任务的一批人”，要“把加强科技创新作为最紧迫任务”……每当深入基层考察调研，习近平总书记总是会与普通职工亲切交谈，同一线劳动者深入交流。谆谆话语、殷殷嘱托，激励广大劳动者在平凡岗位上续写不平凡的故事，用自己的辛勤劳动为经济社会发展贡献力量。

伟大出自平凡，平凡造就伟大。所有成绩的取得，无不源于点滴日常的努力；所有事业的突破，无不得益于积年累月的奋斗。北京冬奥盛会成功举办，凝结着各条战线人们的辛勤付出和智慧汗水；神舟十三号载人飞行任务取得圆满成功，刻印着广大科技工作者夜以继日进行攻关的奋力拼搏……正是亿万奋斗者在各自岗位上无私奉献、默默耕耘，共同支撑着国家和民族不断创造辉煌、不断向前迈进。

习近平总书记强调："只要踏实劳动、勤勉劳动，在平凡岗位上也能干出不平凡的业绩。"平凡与伟大的辩证关系就在于：把每一项平凡工作做好就是不平凡，把每一项小事做好就是大事业。时间不会辜负奋斗者，未来属于实干家。职业或许不同，岗位或许有异，但只要脚踏实地、苦干实干，一切平凡的人都可以获得不平凡的人生，一切平凡的工作都可以创造不平凡的成就。

（资料来源：《人民日报》，2022 年 4 月 29 日。文章作者：原石）

【拓展知识】时代劳动者拼搏奋斗故事

社会主义是干出来的，新时代是奋斗出来的。

2023 年"五一"国际劳动节前夕，新疆 5 个集体获全国五一劳动奖状，22 人获全国五一劳动奖章，27 个集体获全国工人先锋号。

他们中有工程师、研究员、医生等知识分子，也有护林员、外卖员、快递员等一线职工，他们都有一个共同的名字——劳动者。

高标准农田建设稳步推进，重大工程施工如火如荼，车间生产线马力全开……2023 年是全面贯彻党的二十大精神的开局之年，新疆各行各业的劳动者始终牢记习近平总书记的殷殷嘱托，用辛勤的汗水浇灌更加美好的生活，以锐意创新、勇于拼搏绘就高质量发展新图景。

总书记的话一辈子都不会忘记

"我与总书记的合影被父亲珍藏了起来，这是我们全家的荣耀。"喀什市人大常委会代表、人事工作委员会主任热汗古丽·依米尔说。

2014 年 4 月 30 日，习近平总书记在乌鲁木齐接见劳动模范和先进工作者、先进人物代表,并同他们座谈,热汗古丽·依米尔就是其中之一。

“自豪、光荣!总书记的话一直在激励着我,一辈子都不会忘记。”热汗古丽·依米尔说。

热汗古丽·依米尔曾是一名纺织工人,通过辛勤劳动,不断改变命运,获得全国五一劳动奖章、中国青年五四奖章等多项荣誉。她通过劳动改变命运的故事激励着乡亲们靠劳动实现人生价值。

这些年来,总书记的关怀一直激励着热汗古丽·依米尔,在担任喀什市夏马勒巴格镇副镇长期间,她积极帮助村民提升就业技能,拓宽致富门路。

“腰包鼓了,生活好了,打扮时髦了,乡亲们尝到了勤劳致富的甜头。”热汗古丽·依米尔笑着说。

“共和国的大厦是靠一块块砖垒起来的,人民是真正的英雄。”在习近平总书记心中,劳动者是最深的牵挂。

2023 年 1 月 18 日,习近平总书记视频连线慰问塔里木油田公司轮南油气储运中心西气东输第一站克拉集气区员工,向他们为我国油气勘探开发、西气东输做出重要贡献表示衷心感谢。

总书记还叮嘱他们要站好岗、供好气,保障人民群众度过一个欢乐祥和的春节。“我感到身上担子沉甸甸的。”这个劳动节,塔里木油田公司轮南油气储运中心西气东输第一站输气工马朝中没有休息,坚守在大漠深处。他说,不论岗位多么平凡,都是在为共和国大厦添砖加瓦。

礼赞劳动创造　讴歌劳模精神

“要继续弘扬劳模精神,加强科研攻关,推进科技创新与产业发展深度融合。”新疆大明矿业集团股份有限公司总经理、高级工程师赵宗义获全国五一劳动奖章,带领团队搞科研的劲头更足了。

赵宗义作为一线工程师,带领公司技术团队攻坚克难,为公司节约生产成本上千万元。“赵宗义劳模创新工作室”发挥模范带头作用,取得计算机软件著作权 27 项、实用新型专利 28 项,为企业创新发展做出了贡献。

劳动创造幸福,实干成就伟业。

党的十八大以来,习近平总书记多次礼赞劳动创造,讴歌劳模精神、劳动精神、工匠精神,勉励广大劳动者勤于创造、勇于奋斗。

翻看此次获奖名单，不难发现，他们中有的奋战在抗击新冠病毒一线；有的在乡村振兴战场建功立业；有的来自基层一线，在平凡的岗位上干出不平凡的业绩；有的专于科研，努力突破“卡脖子”技术难关，推动高质量发展……虽然岗位不同、职业不同、身份不同，但他们都生动诠释了劳模精神、劳动精神、工匠精神。

劳模和工匠人才创新工作室是各级工会培养产生劳模、弘扬劳模精神、发挥劳模作用的有效平台。目前，新疆已有全国示范性劳模和工匠人才创新工作室10家，自治区命名的劳模和工匠人才创新工作室599家。

同时，新疆总工会2022年征集“五小”群众性创新成果80127个，劳模引领性创新成果1817个，关键核心技术创造性创新成果361个。

新时代属于不懈奋斗的劳动者

“做梦都想不到，有一天能够获全国五一劳动奖章，还能到北京领奖。”2023年4月29日，从北京回来的米尔卡米力江·吾守尔依然沉浸在兴奋中。

米尔卡米力江·吾守尔是中国邮政集团有限公司喀什地区分公司揽投部快递员。疫情期间，他主动联系喀什市阿瓦提乡政府，承担防护物资、日用品、医疗用品的运送工作，一直坚守在疫情防控一线。

“新时代不会辜负劳动者。”米尔卡米力江·吾守尔说。

习近平总书记曾说，“快递小哥”工作很辛苦，起早贪黑、风雨无阻，越是节假日越忙碌，像勤劳的小蜜蜂，是最辛勤的劳动者，为大家生活带来了便利。

对快递小哥的重视，折射出总书记对亿万普通劳动者的尊重关爱之情。

劳动创造美好生活、劳动开创幸福未来。新时代，为广大劳动者提供了施展才华的广阔舞台。八部门下发《关于印发自治区重点群体创业推进行动方案》，帮助高校毕业生、农村劳动力、就业困难人员等重点群体就业；开展“春风行动暨就业援助月”专项活动……2023年一季度，新疆多措并举落实落细就业优先政策，城镇实现新增就业12.12万人，同比增长25.73%。

新征程是充满光荣和梦想的远征，没有捷径，唯有实干。只要勇于拼搏、甘于奉献、勤奋努力，定能书写新时代劳动者新的荣光。

（资料来源：《新疆日报》，2023年5月1日。文章作者：梁立华。有删改）

第三节　工匠精神

“工”是做工,“匠”指技艺,工匠是指有手艺或者有技术的人。在生产力不发达的时代,工业产品主要依靠手工劳动创造,这种劳动需要专门的手艺或技术,一门手艺或技术就成为工匠谋生的手段。一个工匠从学习一门手艺、掌握一门技术直到最后熟练运用并以此为生,往往要穷尽一生。工匠讲究拜师,如建筑业尊鲁班为祖师,纺织业尊黄道婆为祖师,造纸业尊蔡伦为祖师。工匠讲究传承,口口相传,手手相教,有行规道矩。

进入现代工业社会后,工匠似乎远离了人们的生活,但工匠并没有消失,而是以新的面貌出现,即现代工业领域里的新型工匠——机械技术工匠和智能技术工匠。我国要成为制造强国,面临着从中国“制造”向中国“智造”的升级转换,工匠技能直接影响到工业水准和制造水准的提升,因此更需要将中国传统文化中所蕴含的工匠精神在新时代条件下发扬光大。

一、工匠精神的内涵

(一)工匠精神的含义

工匠精神是什么?它是人们在长期的物质生产过程中形成的一种职业素养和职业品质。狭义上,工匠精神是指匠人在制造产品时追求高品质,一丝不苟,拥有耐心与恒心。广义上,工匠精神则是“从业人员的一种价值取向与行为表现,与其人生观和价值观紧密相连,是从业过程中对职业的态度和精神理念”。它是在生产当中融入质量至上的职业操守、对生产过程中的每一细节都给予重视的工作态度,体现一种不惜用血汗塑造产品质量的崇高精神。可以说,工匠精神是“从业者为追求产品、服务的高品质而具有的高度责任感、专注甚至痴迷、持之以恒、精益求精、勇于创新的精神”。工匠精神本质上是一种劳动精神。

(二)工匠精神的内容

“执着专注、精益求精、一丝不苟、追求卓越”是工匠精神的内容。

执着专注是对事业来自灵魂深处的珍视与坚持,是实现个人发展和人生价值的定力所在,也是各行各业厚积薄发、实现持久发展的重要保障。无论做什么样的工作,做任何事情,只要能够坚持自己的理想和志向,对事业保持几十年如一日的热情和坚持,不怕吃苦,甘于坐冷板凳,就一定能够完成既定的目标,取得优秀的成绩,甚至实现被他人认为难以企及的目标。

精益求精就是追求质量无止境、服务无止境、努力无止境,以追求完美的工作态度,肯下苦功夫,讲求慢工出细活,不断推出更高质量的产品和服务。精益求精的工匠精神,就是要干一行专一行,重细节、追求完美,通过高标准的工作模式和严格科学的工作方法,致力于生产质量过硬、口碑出色的产品。

一丝不苟是对工作作风的重要评价标准。俗话说“差之毫厘,谬以千里”,小小的疏忽有可能导致巨大的损失,甚至造成不可挽回的局面。大国工匠在自己的本职岗位上把一件事反复做,把反复做的事做到极致精准,做到“零误差”“零次品”。如彭祥华,能够把装填爆破药量的呈送控制在远远小于规定的最小误差之内;高凤林,我国火箭发动机焊接第一人,能把焊接误差控制在 0.16 毫米之内,并且将焊接停留时间从 0.1 秒缩短到 0.01 秒;胡双钱,中国大飞机项目的技师,仅凭他的双手和传统铁钻床就可生产出高精度的零部件。

追求卓越是工匠精神的灵魂,是工作中总在寻求“更上一层楼”的过程。要实现“更上一层楼”,意味着在一丝不苟、脚踏实地工作的同时不甘于平庸,要目标远大,通过努力登上技术高峰;意味着勇于尝试、敢于挑战,致力于通过不断革新、不断突破,追求更加精益求精的目标。追求卓越,关键在于不断创新,通过创新获得新的技艺、生产更好的产品。

二、新时代工匠精神的重要价值

新时代工匠精神是一种严谨认真、精益求精、追求卓越、勇于创新的精神,是推动中国经济高质量发展的重要动力。

(一)工匠精神有助于提高创新能力、加快建设制造强国

我国是世界制造业第一大国,在世界 500 多种主要工业产品中,我国有 220 多种工业产品的产量位居世界第一。但是,总体而言,我国制造业大而不强,实现制造业转型升级迫在眉睫。加快建设制造强国,加快发展先进制造业,关键在于提高创新能力,而工匠精神是创新的重要动力。工匠精神不是因循守旧、

拘泥一格的“匠气”，而是在坚守中追求突破、实现创新。把工匠精神融入生产制造的每一个环节，追求极致，才有可能实现突破创新。

(二)工匠精神有助于提升中国品牌国际形象

品牌是企业走向世界的通行证，也是国家竞争力的重要体现、国家形象的亮丽名片。近年来，我国品牌建设取得长足进步，但在国际上真正叫得响的品牌还不多。提升品牌形象，要把工匠精神融入设计、生产、经营的每一个环节，做到精雕细琢、追求完美，实现产品从“重量”到“重质”的提升。通过弘扬工匠精神，可以让每个劳动者恪尽职业操守，崇尚精益求精，进而培育众多大国工匠，不断提高产品质量，打造更多享誉世界的中国品牌，建设品牌强国。

(三)工匠精神有助于推动改革的深化，促进高质量发展

我国经济已由高速增长阶段转向高质量发展阶段，正处在转变发展方式、优化经济结构、转换增长动力的攻关期。技术创新对经济增长的促进作用日益显著。工匠精神中蕴含着创造力，即在技术传承的基础上不断进行创新和进步，是“干中学”精神的体现。对于基层技术人员和产业工人而言，工匠精神能够帮助他们在实践中进行技术再创新；对于企业家和发明家而言，工匠精神所体现的不断追求、永不满足的创新精神能够持续催生新的技术和新的产品，直接推动技术升级、质量升级，进而激活创新驱动，促进高质量发展。

【案例品读】“七一勋章”获得者、大国工匠艾爱国：当工人就要当一个好工人

一位71岁的老人，终日奋战在高温火花中，只为给我国焊接事业贡献力量。

1985年，艾爱国入党。秉持“做事情要做到极致、做工人要做到最好”的信念，他在焊工岗位奉献50多年，多次参与我国重大项目焊接技术攻关，攻克数百个焊接技术难关。作为我国焊接领域“领军人”，他倾心传艺，在全国培养焊接技术人才600多名。

“钢铁裁缝”几十年练就“钢铁”本领

1983年，原冶金工业部组织全国多家钢铁企业联合研制新型贯流式高炉风

口。如何将风口的锻造紫铜与铸造紫铜牢固地焊接在一起,成为项目的最大难关。还是普通焊工的艾爱国,主动请求一试,他提出采用尚未普及的氩弧焊工艺,当时国内还没有先例。

艾爱国用湿棉被挡住身体,用石棉绳缠包住焊枪,在高于 700 ℃的高温材料旁持续奋战。寒冬腊月,外面鹅毛大雪,而他一身工作服却拧出了汗水。整整 5 个月的奋斗后,经 X 射线检查,他焊的 21 个风口全部符合国家技术标准。因在这次攻关中表现突出,艾爱国荣获国家科技进步二等奖。

艾爱国在技术突破上从不满足。全国职工自学成才奖、中华技能大奖、全国五一劳动奖章……半个多世纪以来,他凭借高超技能为我国冶金、矿山、机械、电力等行业攻克技术难关 400 多个,获得数不清的奖项。

“如师如父”精心培养焊接人才

50 多年来,艾爱国手把手培养的 600 多个徒弟都已在祖国各地发光发热。他们当中,不少人获得了全国五一劳动奖章、湖南省劳动模范等荣誉。

“焊工是易学难精。没有爱好,就不会动脑子,就是机械式地干活。”艾爱国常说。他利用业余时间参与编著《最新锅炉压力容器焊工培训教材》《焊接技术及自动化》等书,随身带着各类专业书籍送给徒弟,指导他们学习。

近年来,艾爱国着力无偿培养下岗工人和农村青年,先后向 200 多人传授焊接技术。他常说:“做好传帮带,实现高技能人才的传承,是我的责任。”他连续多年坚持免费给个体户、民办企业的焊工培训上课,每次都是“满座”。他开启“在线答疑”模式,所有工人都有他的微信,有事找他,他总是有问必答。

“当工人就要当一个好工人”

艾爱国在湘钢工作一辈子,最高职务就是焊接班的班长。他的老同事、退休职工李宁记得,20 世纪 80 年代,领导想从职务的角度提拔他,但艾爱国婉言谢绝了领导好意。

干到老、学到老,艾爱国坚信,实践中遇到的问题,都可以在理论中找答案。在高难度的焊接任务中,有很多罕见的金属材料。通过反复研究、累积实验,艾爱国对材料的优缺点都了然于胸。组建焊接研究室后,他的工艺研究对焊接技术起到了大作用。令全厂职工称奇的是,为了更好地从事科研,艾爱国 58 岁时自学了五笔打字和工程制图软件。

50 多年来，艾爱国以“拼命三郎”的劲头引领着我国焊接事业不断发展。“我对自己的技术要求是达到极致。只有做到极致，才能发挥党员的先锋模范作用。”他说。

（资料来源：新华社，2021 年 7 月 5 日。文章作者：史卫燕、薛宇舸。有删改）

【拓展知识】中共中央办公厅、国务院办公厅印发《关于提高技术工人待遇的意见》

为落实《新时期产业工人队伍建设改革方案》，创新技能导向的激励机制，进一步鼓励辛勤劳动、诚实劳动、创造性劳动，增强生产服务一线岗位对劳动者吸引力，建设知识型、技能型、创新型劳动者大军，营造劳动光荣的社会风尚和精益求精的敬业风气，现就提高技术工人待遇提出如下意见。

一、指导思想

全面贯彻党的十九大精神，以习近平新时代中国特色社会主义思想为指导，紧紧围绕统筹推进“五位一体”总体布局和协调推进“四个全面”战略布局，牢固树立和贯彻落实新发展理念，坚持以人民为中心的发展思想，坚持全心全意依靠工人阶级的方针，充分发挥政府、企业、社会的协同作用，完善技术工人培养、评价、使用、激励、保障等措施，实现技高者多得、多劳者多得，增强技术工人获得感、自豪感、荣誉感，激发技术工人积极性、主动性、创造性，为实施人才强国战略和创新驱动发展战略，实现“两个一百年”奋斗目标、实现中华民族伟大复兴的中国梦，提供坚实的人才保障。

二、基本原则

——加强领导，形成合力。坚持党管人才原则，充分发挥市场在资源配置中的决定性作用，更好发挥政府作用，进一步增强企业主体作用、工会监督作用、群团组织动员作用和社会支持作用，完善多方参与的工作体系，形成齐抓共促的工作格局。

——重点突破，多措并举。以为国家作出突出贡献的高技能领军人才为重点支持对象，着力提高技术工人收入水平，完善工资正常增长机制，拓宽收入渠道，加大培养培训力度，强化评价使用激励，优化社会环境，全面改善技术工人待遇水平。

——立足当前，着眼长远。加强政策引导，着力改变技术工人社会地位偏低现状，促进广大技术工人爱岗敬业；坚持长期稳定支持，不断营造良好社会氛围，让全体技术工人焕发劳动热情，释放创造潜能，创造更加美好的生活。

三、突出"高精尖缺"导向，大力提高高技能领军人才待遇水平

（一）全面加强对高技能领军人才的服务保障。对为国家经济发展和重大战略实施做出突出贡献，具有高超技艺技能和一流业绩水平，并长期坚守在生产服务一线岗位工作的高技能领军人才，全面采取措施，切实加强服务保障和提高待遇水平。高技能领军人才包括获得全国劳动模范、全国五一劳动奖章、中华技能大奖、全国技术能手等荣誉以及享受省级以上政府特殊津贴的人员，或各省（自治区、直辖市）政府认定的"高精尖缺"高技能人才。各地要设立高技能领军人才服务窗口，负责协调落实相关待遇政策，并结合实际制定支持政策。

（二）提高高技能领军人才的政治待遇。探索实行高技能领军人才在工会等群团组织中挂职和兼职，纳入党委联系专家范围。鼓励行业主管部门、群团组织、行业协会、企业及社会各方面力量，以多种方式对高技能领军人才进行特殊奖励。定期组织高技能领军人才国情研修考察、面向社会进行咨询服务等活动。鼓励企业吸纳高技能领军人才参与经营管理决策，适当提高其在职工代表大会中的比例。

（三）提高高技能领军人才的经济待遇。鼓励企业为高技能领军人才制定职业发展规划和年资（年功）工资制度，科学评价技能水平和业绩贡献，合理确定年资起加点和工资级差。试行高技能领军人才年薪制和股权期权激励，鼓励各类企业设立特聘岗位津贴、带徒津贴等，参照高级管理人员标准落实经济待遇。对于参与国家科技计划项目的高技能领军人才，鼓励所在单位根据其在项目中的实际贡献给予绩效奖励。落实中央财政科研项目资金管理等政策，制定间接费用统筹使用内部管理办法，对高技能领军人才进行绩效奖励，提高高技能领军人才创新创造的积极性。对于解决重大工艺技术难题和重大质量问题、

技术创新成果获得省部级以上奖项、“师带徒”业绩突出的，取消学历、年限等限制，破格晋升技术等级。

（四）提高高技能领军人才的社会待遇。鼓励各地根据实际情况，研究探索对高技能领军人才在购（租）住房、安家补贴、子女接受义务教育等方面的支持政策，通过提供人才公寓和发放房租补贴等方式，解决引进高技能领军人才的住房问题。实施积分落户的城市，要重点考虑高技能领军人才落户需求并放宽落户条件限制。对经济结构调整中出现困难的企业，要保障高技能领军人才稳定就业，对他们的配偶、子女有就业愿望但未就业的，由有关部门积极提供职业指导和就业前培训，推荐就业岗位。

（五）发挥高技能领军人才在技术创新等方面的重要作用。鼓励高技能领军人才更多参与国家科研项目，开展科技攻关活动。增加高技能领军人才参与全国创新争先奖等奖项的推荐名额。支持高技能领军人才参加创新成果评选、展示和创业创新等活动，切实保护高技能领军人才的知识产权和技术创新成果转化权益。支持高技能领军人才参与所在企业（地区、集团、行业组织）的职工教育培训，在制定人才发展规划、高技能人才选拔、职称（技能等级）评审或认定、教学实践等工作中发挥骨干作用。多渠道组织高技能领军人才参与国际大型工业展、国际发明展等海外交流活动，海外交流活动可按程序报批列入政府出国培训团组计划。宣传高技能领军人才先进事迹，开展先进操作法总结、命名，推广绝招、绝技、绝活，制作教育纪录片，树立宣传典型。

四、实施工资激励计划，提高技术工人收入水平

（一）完善符合技术工人特点的企业工资分配制度。指导企业深化工资分配制度改革，建立基于岗位价值、能力素质、业绩贡献的工资分配机制，强化工资收入分配的技能价值激励导向。鼓励企业在工资结构中设置体现技术技能价值的工资单元，或对关键技术岗位、关键工序和紧缺急需的技术工人实行协议工资、项目工资、年薪制等分配形式，提高技术工人工资待遇。鼓励企业建立针对技术工人的补助性津贴制度，提高技术工人津贴水平。

（二）建立企业技术工人工资正常增长机制。推动企业建立健全反映劳动力市场供求关系和企业经济效益的工资决定及正常增长机制，积极推进工资集体协商，引导企业科学确定技术工人工资水平并实现合理增长。国有企业工资

总额分配要向高技能人才倾斜,高技能人才人均工资增幅应不低于本单位管理人员人均工资增幅。

(三)探索技术工人长效激励机制。制定企业技术工人技能要素和创新成果按贡献参与分配的办法,推动技术工人享受促进科技成果转化的有关政策。鼓励企业对高技能人才实行技术创新成果入股、岗位分红等激励方式,促进长期稳定提高技术工人收入水平。

五、构建技能形成与提升体系,支持技术工人凭技能提高待遇

(一)加强终身职业技能培训。适应产业结构转型升级趋势,大力弘扬劳模精神和工匠精神,根据劳动者不同就业阶段特点,加强职业素质培养,开展就业技能培训、岗位技能提升培训、创业创新培训,着力缓解就业结构性矛盾。充分发挥企业在技术工人培训中的主体作用,引导企业结合生产经营和技术创新需要,制定技术工人培养规划和培训制度,发挥工会支持、监督和共青团动员、组织作用,确保企业职工教育培训资金落实到位,并向一线技术工人倾斜。加大政府支持力度,按规定对参加职业培训的技术工人提供职业培训补贴和职业技能鉴定补贴。发挥失业保险基金支持参保职工提升职业技能作用,按规定为参保职工提供技能提升补贴。探索"互联网+"远程职业培训新模式。

(二)深入实施高技能人才振兴计划。紧密结合先进制造业、战略性新兴产业、现代服务业发展需要,重点实施高技能人才培训基地、技师培训等项目,推动具备条件的行业企业建立首席技师制度,加大技能大师工作室、劳模和工匠人才创新工作室、职工创新工作室、青创先锋工作室等建设力度。企业可从职工教育经费中列支相关工作室专项经费,支持高技能人才"师带徒"。

(三)加大校企合作培养技术工人力度。充分发挥国民教育对技术工人成长发展的支撑作用,促进职业院校(含技工院校)、本科高校与企业充分合作,改革人才培养模式,提高应用型和技术技能型人才培养培训能力。积极发展职工培训和学历继续教育。提高职业教育质量,促进产教融合。完善职业教育"文化素质+职业技能"的考试招生方式。支持职业院校(含技工院校)、本科高校与企业共同开发教学资源和培训项目。统筹规范现代学徒制和企业新型学徒制。逐步扩大高等职业院校招收有实践经历人员的比例。鼓励企业、职业院校(含技工院校)、本科高校、职业培训机构合作建设现代化产业人才培养培训基

地(中心),健全企业参与校企合作的成本补偿等政策,培养符合企业岗位需求的技术工人。鼓励各地根据实际打造具备实践经验的高素质职业教育师资队伍。

六、强化评价使用激励工作,畅通技术工人成长成才通道

(一)完善技术工人评价工作。健全技术工人评价选拔制度,突破年龄、学历、资历、身份等限制,促进优秀技术工人脱颖而出。完善职业技能等级认定政策,引导和支持企业自主开展技能评价并落实待遇。鼓励企业增加技术工人的技能等级层次,拓宽技术工人晋升通道,探索设立技能专家、首席技师、特级技师等岗位。

(二)加大劳动和技能竞赛培养选拔技术工人工作力度。制定出台全国职业技能竞赛管理办法,围绕重大战略、重大工程、重大项目、重点产业,组织开展劳动和技能竞赛。建立以企业岗位练兵和技术比武为基础、以国家和行业竞赛为主体、国内竞赛与国际竞赛相衔接的职业技能竞赛体系。积极参与世界技能大赛,对优秀选手给予奖励和荣誉激励。支持工会、共青团、妇联等群团组织、行业协会在职业技能竞赛工作中积极发挥作用。

(三)完善技术工人平等享受待遇政策。建立职业资格、职业技能等级与相应职称比照认定制度,制定高技能人才参加工程技术人才职称评审或认定的政策。鼓励企业对在聘的高级工、技师、高级技师在学习进修、岗位聘任、职务职级晋升等方面,比照相应层级工程技术人员享受同等待遇。

(四)落实好技术工人休息休假权利。落实《职工带薪年休假条例》和《企业职工带薪年休假实施办法》,加强劳动执法监察,确保技术工人休息休假权利。建立优秀技术工人休疗养制度,定期组织、分级实施休疗养活动。

(五)广泛宣传技术工人劳动成果和创造价值。大力弘扬工匠精神,组织形式多样的宣传活动,展示优秀技术工人风采。鼓励各地区各部门大力开展技术工人表彰活动。做好"五一"国际劳动节、世界青年技能日、职业教育活动周、高技能人才评选表彰等集中宣传工作,继续办好"技能中国行""中国大能手"等品牌活动和"大国工匠"系列专题宣传,引导社会各界创作更多反映技术工人时代风貌的优秀文艺作品,营造劳动光荣、技能宝贵、创造伟大的社会氛围,使技术工人获得更多职业荣誉感,不断提高技术工人社会地位。

七、加强组织领导

各地区各部门要充分认识提高技术工人待遇的重大意义,列入重要议事日程,持续推动技术工人待遇水平的提高,对成熟有效的做法要及时上升为法规政策。建立多方协调机制,人力资源社会保障部门要加强统筹协调,发展改革、教育、科技、工业和信息化、公安、财政、住房城乡建设、文化、国资、税务、外专等有关部门和工会、共青团、妇联、科协等群团组织要各尽其职、紧密配合。各有关部门要深入调查研究,加强工作指导和对技术工人的教育管理,广泛听取各类企业、行业协会、技术工人、社会公众的意见,密切跟踪技术工人待遇政策落实情况,加强督查检查,认真总结经验,推动各项政策措施落到实处。国有企业要带头落实本意见明确的各项政策措施。推动非国有企业结合实际,进一步完善提高技术工人待遇水平的措施。

(资料来源:中国政府网,2018 年 3 月 22 日)

第四章　塑造劳动品格

品格是一个人的品性、品行，它是个人素质的核心部分。品格通过一个人的外在行为反映这个人的综合素质，一个成功的人，通常是一个具有较高素养、品格高尚的人。品格既为个人带来积极、乐观的影响，也会悄无声息地渗透到整个社会，它是个人、家庭、民族成功的关键，个人品格直接关系民族整体素质。

第一节　尊重劳动与诚实劳动

社会分工需要各种劳动，劳动不分高低贵贱。各行各业的劳动者都是为人民服务的，都值得尊重。好逸恶劳、好吃懒做是我们所反对的劳动观，而在劳动中投机取巧、偷奸耍滑同样与我们的主流价值观相违背。劳动是财富的源泉，也是幸福的源泉。人世间的美好梦想，只有通过诚实劳动才能实现；发展中的各种难题，只有通过诚实劳动才能破解；生命里的一切辉煌，只有通过诚实劳动才能铸就。我们崇尚劳动、尊重劳动，更要正确地付出劳动、从事劳动。以诚为先、以诚为重、以诚为美，这才是劳动应有之义。

一、尊重劳动

尊重劳动就是要尊重劳动者、珍惜劳动成果。近年来，一些腐朽、落后的思想文化沉渣泛起，片面、肤浅的成功论甚嚣尘上；个别人鄙视劳动，不尊重普通劳动者；个别岗位、区域劳动者的工作权利和人格尊严没有得到全面的保护，劳动地位没有得到充分认可。

对劳动没有高低贵贱之分的认识程度，是检验一个人思想道德、意志品质水平的有效标准。而社会普通劳动者,尤其是那些脏苦累岗位上的劳动者也能得到社会成员的普遍尊重,是衡量一个社会的文明程度和道德水准的重要标准之一。我们要始终坚信劳动创造幸福、劳动创造一切,让每一位劳动者都能深深感受到“被尊重”。无论是脑力劳动还是体力劳动,无论是复杂劳动还是简单劳动,只要为社会创造价值,服务于人民,劳动者就该得到尊重。

尊重劳动就是坚持劳动至上,让劳动者创造伟大。在我们社会主义国家,一切劳动,无论是体力劳动还是脑力劳动,都值得尊重和鼓励;一切创造,无论是个人创造还是集体创造,也都值得尊重和鼓励。尊重劳动的价值取向在历史发展中不断被强化,从古代“重民本、倡勤劳”,到近代“劳工神圣”,再到当代“劳动光荣、创造伟大”的价值导向,彰显了我国人民群众尊重劳动的历史逻辑与实践形态。

当前,我国物质文明成果和精神文明成果不断丰盈,一大批“国之重器”、高新技术、“硬核”产品竞相涌现,其背后凝结的无不是劳动者的辛勤汗水和聪明才智。如果缺失对劳动者的应有尊重、对劳动地位的应有认可,人民群众对美好生活的追求将无从谈起,中华民族的伟大复兴也难以实现。全社会都要贯彻尊重劳动、尊重知识、尊重人才、尊重创造的重大方针,全社会都要以辛勤劳动为荣、以好逸恶劳为耻,任何时候任何人都不能看不起普通劳动者,都不能贪图不劳而获的生活。显然,每一种劳动形态都有其存在的价值和意义;每一个劳动者的付出,都能助力实现梦想。只有充分尊重劳动,才能激发劳动者的奋斗热情和创造活力,助推他们创造幸福生活、实现远大理想。广大人民群众也唯有投身劳动,坚定信念,在工作岗位上各司其职、各尽其责,不断发光发热,才能成为民族复兴的合格见证者、优秀参与者和伟大奉献者。

二、诚实劳动

在中国的传统道德要求中,无论是孔子提出的“人而无信,不知其可也”,还是荀子的“言无常信,行无常贞,惟利所在,无所不倾,若是则可谓小人矣”,抑或是墨子倡导的“言不信者行不果”,都体现了古人对诚信的道德要求。我们的日常生活中,俗语“一言既出,驷马难追”,也体现了普通百姓对于诚信的认同和接受,以及对诚信的道德约束。

诚实是每个人应该具备的品质,孟子认为,“诚者,天之道也;思诚者,人之道也。至诚而不动者,未之有也;不诚,未有能动者也”。诚实,是做人的根本原则。在文明社会中,最重要、最基本的品质就是诚实、守信。只有坚持原则,不弄虚作假,不搞形式主义、走过场、摆样子,才能成为一个真正诚实的人,进入社会以后才能成为一个有益于社会发展的人。

诚实劳动作为对劳动者在生产生活中的一种工作要求,体现为遵从工作标准、遵循职业要求、遵守法律法规等,是维护社会公平正义、彰显劳动价值、闪烁人性光辉的必然要求;强调在合法劳动的基础上,不偷懒耍滑,不投机钻营。无论是扎根平凡岗位的一线劳动者,还是身处高精尖技术岗位或管理岗位的高素质高技能型人才,不论投身哪个行业、从事什么职业,都应该以诚实劳动为基本准则。

对于广大劳动者而言,要牢牢守住诚信做人的底线,把守法诚信作为安身立命之本,始终以诚为先、以诚为重、以诚为美,让诚实劳动成为价值自觉、道德品行和行动操守。对于国家而言,要完善劳动者诚实劳动的制度保障。唯有如此,才能厚植诚实劳动的土壤,净化诚实劳动的环境,在全社会形成诚实劳动的良好风尚,才能传承好中华文化中“诚实”这一优秀基因和宝贵品质。

【案例品读】守护逝者生命的尊严

辛沙沙被人们称作“生命摆渡人”,30 岁的她已经在济南殡仪馆当了 8 年入殓师。辛沙沙的老家在山东省济宁市汶上县的农村,2010 年,她在填报高考志愿时主动选择了“现代殡葬技术与管理专业”,背负着一众亲友的反对和不理解,她来到北京开始了专业学习。“学校的这个专业当时一个级部才 80 多名学生。很多男生毕业后都改了行。干了这份工作后,我在租房时好几次都被房东婉拒了。”辛沙沙回忆说。

“婴儿来到世界上,护士会给他洗干净,让他开始新生活。我们也希望逝者能以最自然、最安详的状态离开,给人生画上一个圆满的句号。”辛沙沙说,自己第一次单独为死者“善后”,是处理一位与她年纪相仿、罹难于车祸的姑娘的遗体。当她经过两个多小时的努力,把宛如生前的遗体交给逝者家属时,“他们当时那种难以言说的感激、发自内心深处的感恩,到现在我还记得清清楚楚。”“那一刻,我清晰地感到这份职业、这种劳动不仅受到人们尊重,而且很有意义。”深刻感受到了自己的价值和劳动的光荣，辛沙沙更加坚定了从事这份职业的决心。

“入殓师努力将逝者的面容画得安详，让逝者可以更优雅和有尊严地离去。对生者来说，那一面，也是逝者留在生者心中最后的样子，是告别，更是努力接受和放下的开始。”辛沙沙这样理解自己的职业。在过去的 8 年间，辛沙沙每天至少会为 6 位逝者整容修复。截至目前，经她手整容的遗体已达 1 万多具。

时至今日，尽管还是要面对外界或多或少的不理解，但辛沙沙不后悔当初的选择。2020 年当选全国先进工作者后，辛沙沙倍受鼓舞。“用自己的微光，凝聚正能量，点亮生命之路。”辛沙沙说，这就是她的毕生所愿。

（资料来源：中工网，2020 年 12 月 7 日。文章作者：丛民、李兴正。有删改）

第二节　勤于劳动　甘于奉献

勤奋和奉献是社会主义劳动的首位的、本质的要求，是社会进步和时代发展的客观要求，体现了我们始终坚持把人民的利益放在首位，把自己的个人追求融入社会主义建设的伟大事业中，为人民服务的决心。

一、勤于劳动

从古至今，中国人都非常注重勤奋这一品质。“勤能补拙”，“业精于勤，荒于嬉”，“黑发不知勤学早，白首方悔读书迟”，说的都是勤奋的重要性。勤奋是劳动者可贵的品质。劳动者无论从事何种职业或事业，都须从勤奋起步。中国人自古就以勤奋著称于世，改革开放以来，我国劳动人民的生活发生了翻天覆地的变化，城市人均住宅建筑面积和农村人均住房面积成倍增加，家庭财产普遍增多，吃穿住用行水平明显提高。这些成绩无一不是勤奋劳动创造的，勤奋劳动不仅加快了我国经济社会的发展，而且也为世界经济发展做出了重大贡献。

劳动必须具备勤奋的品质，它需要劳动者的身体力行、勤勉刻苦。从某种意义上说，劳动者的劳动成效，取决于其劳动的量和质。“几分耕耘、几分收获”，付出与幸福总是同向同行的。马克思主义伦理学讲求权利与义务的一致性。作为社会成员，一个人有权分享该社会的劳动成果，但同时他也有为社会付出劳动、做出贡献的义务。一定形式的劳动成了他分享社会成果的前提条件。

勤于劳动强调的是劳动者勤奋而肯于吃苦的劳动状态，勤奋是保持高效率的前提，只有勤勤恳恳、扎扎实实地工作，才能把自己的才能和潜力全部发挥出来，在短时间内创造更多的价值。一个缺乏勤奋精神的人，只能观望他人在事业上不断取得成就，而自己却只能在懒惰中消耗生命，甚至因为工作效率低下而失去谋生之本。

我们党和国家呼吁要在全社会大力弘扬真抓实干、埋头苦干的良好风尚。实干不仅是一种坚忍不拔、披荆斩棘的工作作风，还是一种实事求是、去伪存真的工作方法，折射出的是艰苦奋斗、足履实地、知行合一的道德品质。习近平总书记指出："任何一名劳动者，要想在百舸争流、千帆竞发的洪流中勇立潮头，在不进则退、不强则弱的竞争中赢得优势，在报效祖国、服务人民的人生中有所作为，就要孜孜不倦学习、勤勉奋发干事。"①由此可见，无论人民群众从事劳动的外在环境如何变化，勤奋劳动都是个人追求美好生活、实现人生价值的内在要求和可靠抓手。

二、甘于奉献

奉献，历来为人所尊崇，在时间长河中历久弥新。越是面临艰巨任务、严峻挑战之时，越需要无私奉献之人，越呼唤无私奉献之精神。2020 年，新冠肺炎疫情防控期间，84 岁的钟南山院士无惧病魔，挺身而出。在重大疫情的考验面前，无数人迎难而上、担当尽责，让无私奉献的传统美德在新时代有了更加鲜亮的底色。奉献是一种纯洁高尚的精神境界，从"拼上老命大干一场，决心改变兰考面貌"的焦裕禄，到"为了独龙族群众早日脱贫，再苦再累都值得"的高德荣，再到"誓干惊天动地事，甘做隐姓埋名人"的黄旭华……无数劳动者的奉献写就了国家的强大。今天，奉献的内涵没有改变，奉献的意义更为凸显。无论是抗击疫情的战场，还是经济社会发展的现场，都需要不计得失的真诚付出，都呼唤赤诚奉献的高尚品质。

---

① 习近平:《在庆祝"五一"国际劳动节暨表彰全国劳动模范和先进工作者大会上的讲话》,中国政府网,2015 年 4 月 28 日。

奉献是具有鲜明社会主义特征的劳动品质。共产主义信仰和中国特色社会主义信念,是新时代社会主义建设者和接班人在劳动中培养奉献品质的理想支撑。马克思在中学毕业论文中写道:“如果我们选择了最能为人类福利而劳动的职业,那么,重担就不能把我们压倒,因为这是为大家而献身;那时我们所感到的就不是可怜的、有限的、自私的乐趣,我们的幸福将属于千百万人,我们的事业将默默地、但是永恒发挥作用地存在下去,而面对我们的骨灰,高尚的人们将洒下热泪。”

奉献是社会主义劳动的本质要求。资本主义劳动追逐的是利益,资本家追求尽可能多的利润,工人追求更高的工资。资本主义社会围绕利益,形成了崇尚私有财产的自私自利的个人主义。而社会主义劳动追求实现个人及人类的解放,无产阶级创造财富是为了解放全人类。这就必然形成了集体主义,个人利益服从国家和集体的利益,也才有了全心全意为人民服务的无产阶级政党。奉献有大有小,只要真心奉献,都是高尚的、可贵的。有一分热,发一分光,矢志奋斗、甘于奉献,我们就一定能在全社会传递更多的正能量,为中华民族伟大复兴汇聚起磅礴力量。

【案例品读】守岛英雄 32 年的无私奉献

2018 年 7 月 27 日晚上,连云港市灌云县开山岛民兵哨所所长王继才,在执勤时突发疾病,经抢救无效去世,年仅 58 岁。

开山岛位于我国黄海前哨,面积只有两个足球场大,战略位置十分重要。1986 年,26 岁的王继才接受了守岛任务,从此与妻子以海岛为家,与孤独相伴,在没水没电、植物都难以存活的孤岛上默默坚守,把青春年华全部献给了祖国的海防事业。2014 年,中宣部授予王继才夫妇“时代楷模”荣誉称号。电影《守岛人》就取材于王继才同志的先进事迹。

一、一座岛、两个人,捍卫着祖国的神圣尊严

开山岛位于我国黄海前哨,距离最近的陆地燕尾港 12 海里,面积只有 0.013 平方公里,战略位置十分重要。1986 年 7 月,作为民兵营长,王继才面对组织挑选,毫不犹豫接受了守岛任务。48 天后,妻子王仕花来到岛上,看到“野

人”般的丈夫，眼泪夺眶而出，拉着王继才要回去，他平静却坚定地说：“你回去吧，我决定留下！你不守我不守，谁守？”20多天后，妻子辞去了村小学教师的工作，将两岁大的女儿托付给了婆婆，毅然上岛与丈夫并肩值守。从那以后，王继才夫妻每天做的第一件事就是升国旗。有一次，海上刮起12级台风，王继才为了把山顶国旗降下来，一脚踩空，摔断了两根肋骨。王继才经常讲：“人与外界隔离了，心要时刻与祖国连在一起。”32年来，他们听坏的收音机就有20多台。每次听到海防形势有微妙变化，他们都会提高警惕，自觉加强巡逻。

二、一座塔、几排房，肩负着卫国戍海的崇高使命

开山岛环境恶劣，生活异常艰苦。32年来，他俩以孤岛为家，与海水为邻，和孤独做伴，战胜了常人难以承受的风雨和艰险。王继才第一次上岛时，岛上无电无淡水无居民，只有肆虐的海风，以及到处窜来窜去的蛇、老鼠。岛上夏天特别湿热，冬天异常阴冷。长期生活在这样的环境中，夫妻俩都患上了风湿性关节炎和严重的湿疹。医生告诉他们，只有离岛才能根治。但为了守岛，他们放弃了治疗。有时台风来袭，小岛与世隔绝，断粮断水的日子经常遇到，有时柴火没了，他们只能啃生米。环境的恶劣、生活的艰苦从没磨灭过王继才夫妻坚守孤岛的决心。每天升旗、巡岛、观天象、护航标、写日志……32年来，夫妻俩从没中断过。守岛不仅要面临单调枯燥的工作，有时还要与违法犯罪分子做斗争，甚至用生命守护着海岛安全。32年来，在与违法犯罪分子的斗争中，王继才夫妻练就了一双“火眼金睛”，发现并协助公安边防部门破获了6起走私、偷渡案件。在渔民们眼里，他们却是“亲人”和“恩人”。渔民们晚上出海时，他们会亮起信号灯；过往渔民缺粮少药，他们就拿出自己备用的粮食、药品赠送；如果有船只遇险，他们必定想方设法施救。32年来，王继才夫妻俩上报了许多重要海防信息，出色完成了战备值勤任务。

三、一家人、32年，诠释着爱国奉献的深刻内涵

32年来，王继才夫妻都始终不辱使命、不负重托，忠于职守、履职尽责，在平凡的岗位上奉献着自己对国家的挚爱和忠诚。从上岛开始，王继才夫妻离岛过春节的次数屈指可数，更多的时候，两个人在岛上守着收音机和看不清画面的电视机，“听”着“春晚”迎新年，守着国旗过春节。2003年10月，80岁的老父亲

病重住院直至离世，王继才夫妇仍在一线战备执勤。女儿出嫁时，王继才隔着海，只能在心里为女儿祝福，照样升旗巡逻。20世纪90年代初，同村许多人做生意，跑运输，陆续富了起来。王继才上要赡养父母、下要供养孩子，经济更加拮据。家人、朋友都纷纷劝说他们离开小岛，发家致富，最后他还是决定留在了岛上。

四、一辈子、一面旗，高擎起矢志报国的坚定信仰

一朝上岛，一生报国。王继才用32年如一日的执着坚守，让守岛报国的坚定信仰始终在心中闪光，让五星红旗在岛上高高飘扬。王继才始终记得，他上岛之前县人武部政委找他的那次谈话："四批民兵都从开山岛走了，这座岛，看来只有你能守得住！"面对组织的重托，他常对妻子讲："父亲、舅舅都是老革命，我要向他们学习。打江山没有我，但守江山我必须上。"32年来，王继才初心不改，誓守国土，始终坚定"守岛是我们的本职，我们一定守好开山岛的每一天，直到守不动为止"的理想信念和价值追求，把青春年华全部献给了祖国的海防事业。

（资料来源：连云港史志网，2021年11月12日。有删改）

第三节　科学劳动　勇于创新

科学劳动、勇于创新是社会主义劳动观的核心要求。科学劳动是与蛮干、硬干相对立的，蛮干是不顾客观条件盲目地干，硬干则是不管主观条件硬撑着干，刻舟求剑、缘木求鱼、揠苗助长讲的就是这个道理。无论蛮干还是硬干都是脱离客观实际、不尊重客观规律的表现，都是缺失方法、缺少思考的表现。在劳动过程中，方法和技巧非常重要，使用好的方法巧干既可以减少劳动量，又可以达到事半功倍的效果。

创新是社会主义劳动观的核心和关键所在。创新主要是思路的创新，也是最艰苦、最直接的创新。创新之要在于敢为人先，但是敢为人先不是空想、幻想，而是在具备一定的理论思维基础上，以先进的理论为指导，对事物进行全面的、深刻的、合理的分析、判断、推理及综合。

一、科学劳动

一种精神理念确定之后，将其内化于心就尤为重要。要使劳动精神在劳动者心中落地生根并在全社会大力弘扬，关键是要引导劳动者把劳动精神中科学劳动、辛勤劳动和诚实劳动的理念转化为德行操守，积淀对劳动的真挚情感，进而使劳动精神成为推动社会发展的动力。

中华民族伟大复兴的事业在继往开来中前进，要实现我们确立的奋斗目标，归根到底要靠辛勤劳动、诚实劳动、科学劳动。科学劳动具有两重含义。一方面，从价值理性角度，科学劳动指的是将科学当作从事劳动实践的正确理念和方法。当代世界科技迅猛发展，深刻影响社会发展进程和人民生活水平。这就客观要求人民群众在生产生活和社会活动中，充分尊重劳动实践的客观规律，全方位激发劳动积极性，深化对科学劳动的理性认识。"干"必须"实"，而实干又绝非蛮干、盲目地干，需要有持之以恒的耐力，需要有善谋善成的方法。显然，让劳动者对自身身体条件、劳动能力、科学素养等方面进行正确认识和评估，合理选择劳动职业，精准制定劳动方案，做到劳逸结合，是确保科学劳动的基本要求。另一方面，从工具理性角度，科学劳动强调的是从事与科学相关的技术劳动，即通过创造创新劳动器具、劳动工艺和劳动方法，使劳动者掌握相应的劳动知识和劳动技能，能够胜任某项具体的工作。2016 年 5 月 30 日，习近平总书记在全国科技创新大会、两院院士大会、中国科协第九次全国代表大会上强调，"要大兴识才爱才敬才用才之风，为科技人才发展提供良好环境"。科学劳动将成为全社会的实践风尚和工作要求，成为新时代劳动者的工作理念和职业素养。

二、勇于创新

社会主义劳动观的核心和关键在于创新。创新体现为发明创造，强调劳动过程中的变革性和创新性。创造性劳动与重复性劳动不同，创造性劳动是劳动者通过脑力活动使知识转化为生产力的劳动形态，劳动者通过创新提升劳动效率、创造劳动价值、扩大劳动产出，表现为敢闯敢试、勇于突破。

探究人类文明演进历程，自猿人学会打磨第一块石器开始，社会形态从原始社会、农业社会、工业社会发展到今天的信息社会，创造性劳动贯穿始终。

聚焦中华人民共和国成立以来的劳动发展脉络，从手提肩扛到机械数控的劳动方式变革，从“能造桌子椅子、能造茶碗茶壶”到“蛟龙下海、嫦娥探月”的劳动成果飞跃，这些都充分说明人民美好生活、经济社会发展和民族伟大复兴的实现都离不开创造性劳动，它已经成为推动人类文明进步的动力源泉。正如习近平总书记所总结的，“中华民族是勤于劳动、善于创造的民族。正是因为劳动创造，我们拥有了历史的辉煌；也正是因为劳动创造，我们拥有了今天的成就”①。

在激烈的国际竞争中，惟创新者进，惟创新者强，惟创新者胜。创新作为劳动过程的高级阶段，对国家和民族具有十分重要的影响。特别是当前我国正处于创新驱动发展的关键时期，要实现经济高质量发展、应对经济下行压力、抢占全球科技革命和产业革命的制高点，都离不开创造性劳动。这就需要大学生除了诚实劳动、勤奋劳动、科学劳动外，还要积极创新、自觉创新，敢于打破传统，敢为人先，积极投身到劳动实践中去，用创新思维和吃苦耐劳的毅力，塑造勇于创新的品格。

创新是具有鲜明新时代特征的劳动品格。在新时代的历史坐标上，社会及科技的发展日新月异，智能化、电子化、机械化、高科技化成为时代的鲜明特征，与此同时，劳动形态也发生了巨大变化。在不同形态的劳动中培养勇于创新的品格，实现创造性劳动及劳动成果的创造性转化，通过创新科技、创新方法、创新思路等实现高效、节能、环保、利民等价值目标，通过创新劳动创造财富、创造辉煌，不仅能够跟上而且能够引领新时代飞速前进的步伐，从而实现自我价值。

【案例品读】在300米“长路”上坚守的“一微米大师”

江苏省无锡市是我国的工业重镇，若论面积，无锡在江苏省13市中仅排第11位，但它却拥有着江苏省最高的人均GDP。这座被誉为“太湖明珠”的地级市，是我国民营企业孕育和发展的摇篮之一。在太湖之滨，一个个工厂拔地而

① 习近平：《在庆祝“五一”国际劳动节暨表彰全国劳动模范和先进工作者大会上的讲话》，中国政府网，2015年4月28日。

起，书写着中国精密工业制造的故事。

在这里，有这样一位80后工匠，他个子不高，长相普通，却拥有一双神奇的手。经他手研发出的工业模具，精度可以控制在1微米之间，相等于一根头发丝粗细的1/60。他就是陈亮，无锡微研股份有限公司加工中心班组副班长。从业18年来，陈亮不断淬炼技艺，从学徒工一路成长为技能大师、国家级工匠，参与国家863重点项目，攻克了一系列的技术难题。陈亮带队研发的新生产技艺甚至填补国内空白，获得国家发明专利和实用新型专利28项，荣获省部级科技奖项5项。2019年陈亮获全国五一劳动奖章，并当选全国“最美职工”。2020年，陈亮成为全国劳动模范和先进工作者拟表彰人选。

1984年，陈亮出生于江苏省宿迁一个普通的农民家庭。1998年，陈亮来到无锡，就读于江苏信息职业技术学院，四年后毕业进入到无锡微研股份有限公司（下文简称：微研）成为一名学徒工。

陈亮来到微研时，微研在行业中已有一定的名气。1998年微研攻克了空调翅片模具的研发，在和国外大公司同等精度的情况下，成本仅有对方的三分之一，奠定了微研在行业中的地位。

工业模具的加工是非常精细的工作，分毫之差决定着产品的品质，甚至是产品的成败。一款模具的打造需要经历多道工序，从粗加工到细加工，工序逐一精细，对师傅们技艺的要求很高。

想要成长为技艺大师并不容易，每一个新员工都要从学徒做起。做到对生产流水线整个过程了然于胸，大部分人需要3年时间才能完成，而陈亮只用了一年半的时间。

走得比别人快，意味着在相同的时间里，要付出更多甚至成倍的努力。陈亮是从铣工做起的，这也是粗加工的第一步，是最脏最累的活，要面对着四下飞溅的铁屑，沉重的材料……

在300米车间长廊的另一头是精细加工车间。每每路过，陈亮都会盯着里面的老师傅看，看到他们在操作精密仪器就觉得眼馋，“我要是能在这里工作该多好啊”，他心里想。

但他知道想要成为技术能手，不能急于求成，稳扎稳打是必经之路。学习过程无法缩短，但时间可以重新分配。

每天下班后陈亮会主动留下来多干一些活。到了晚上回到出租屋的陈亮，也没有闲下来,他拿起桌上省吃俭用买来的数控机床专业的书籍,继续学习。就这样,陈亮在微研一干就是 18 年。300 米长的车间长廊,见证了陈亮茂密头发逐渐稀疏,也见证了陈亮从青葱少年成长为技能大师。

进入 21 世纪,信息技术快速发展,数控机床也开始和电脑软件有了衔接。想要掌握最先进的模具制造技术,就必须先掌握信息技术。

2004 年,陈亮砸下“重金”9000 元买了一台电脑,配备了当时最好的组件,为此他省吃俭用了一整年。在他看来,买电脑这件事是“磨刀不误砍柴工”。

这台电脑陪陈亮一起度过了十多年时光,现在这台旧电脑依然在他家的桌子上,被陈亮擦拭得锃亮,仍可正常工作。

干一行就要爱一行。工友们评价陈亮对机器比对老婆都好,每次做完工,陈亮都会把机器擦得干干净净。

从业 18 年,陈亮和机器相伴,对机器有着和常人不一样的感情。“机器和人一样,如果用心相处,你和机器的感情会越来越深。它今天表现怎么样,和湿度、温度都有关系。只有熟悉、了解机器的‘脾气’,才能和它相处好,它才能帮你。”

对机器像对家人一样的陈亮,也收获了机器对他的“爱”与“奖励”。

工艺流程的熟稔给陈亮打下坚实的技艺基础,也给了他追求和淬炼更精密技艺的十足底气。

有准备的人才能接得住机会。在陈亮干粗加工的第五年,微研接到了电视机定位销订单,要求精度控制在 2 微米。当时,国内企业多使用传统刀具加工,精度一般只能达到 4 微米,无法达到产品要求。

燃眉之际,公司高层突然想起陈亮,觉得他平时就爱钻研,点子多,决定让他试一试。刻苦钻研了不到一个星期,陈亮就找到了解决的办法。

打破常规思维,才能寻找到出路。“铣”和“磨”本是模具制造中的两道工序,陈亮不拘泥于固有思维限制,创新大胆地通过“移植工序”,在刀具上加入精密砂轮,将二者组合使用,实现了铣和磨的双重功能。

然而,方案有了,在工艺中该如何实现?砂轮怎样装到加工中心机床上去?装上去后,如何解决几万转砂轮高速旋转动平衡的问题?国内外没有经验可循,一切要靠陈亮和团队摸索。

在艰难的研发过程中,失败总是如影随形,陈亮将试验破损的砂轮挂在脖子上,时刻激励自己:“失败时,这是鞭策我的警钟;成功了,这便是一块无名的奖牌。”精益求精,是陈亮对技艺的基本要求,从未有过动摇。陈亮给自己制定了一条工作准则:“再仔细一点点,离一微米的精度就能更近一点点!”

功夫不负有心人,在不断尝试中,陈亮和团队终于成功了！陈亮也因此“一战成名”,被同事和客户们称为“一微米大师”。

(资料来源:人民网,2020 年 10 月 20 日。有删改)

第五章　提升劳动技能

在劳动实践中、在校园生活中培养和提升大学生的劳动技能，塑造了尊重劳动、诚实劳动、勤于劳动、甘于奉献、科学劳动、勇于创新的劳动品格以后，更为关键的是要落实到具体行动上。大学生应该扎实地学好专业理论，用理论指导实践，应该主动参加实验实习、科学研究等实践教学环节，提高实践动手能力，为职业生涯打下坚实基础。要积极投身义务劳动、志愿服务、社会实践、勤工俭学、实习实训、创新创业等劳动实践中，通过各类劳动活动，丰富劳动体验、职业体验，提升劳动技能、专业素养，为未来进入职场做好充分的准备。

第一节　义务劳动与志愿服务

一、义务劳动

义务劳动一般是指不计定额，不要报酬，出于自己的自由意志而进行的劳动行为。义务劳动的形式较为丰富，比如公共场所卫生保洁、植树造林护林、服务老弱病残人员，等等。

大学生经常参加的义务劳动是在校园内开展的日常性劳动，主要包括打扫宿舍卫生、教学区卫生，校园保洁和绿化美化等。同时，宿舍、教室和校园是大学生主要的生活空间，“学校是我家，爱护靠大家”，这句话大家耳熟能详。学生是学校的主人，对于学校卫生和环境的维护一方面能够为自己创设一个整洁舒适的环境，另一方面也强化了自己的责任意识和担当意识。在劳动过程中，同学们看到自己辛勤劳动的成果，从中感受到自己被集体所需要。在集体劳动中锻炼协调能力和人与人之间的基本社交能力，有助于大学生更好地适应快节奏的职场生活。在集体中贡献力量的同时，通过集体成员之间相互协作、取长补短、各司其职，还能在观察和合作中学习别人的优点和长处，使自己不断成长。

义务劳动可以培养大学生乐于奉献、热心公益的快乐人格。慈善家之所以乐于慈善，是因为施者比受者更快乐、更坦荡，内在心理调节机制更为和谐、有序。当大学生在义务劳动中懂得了"施"比"受" 更为美好，就会改变以自我为中心的偏颇认知。大学生通过参加义务劳动，培养了动手能力、规划能力、解决问题的能力和执行力，有助于提升大学生的就业竞争力。

某职业学院举办了"劳动实践周"活动，参加活动的同学在接受采访时普遍认为：劳动的过程是辛苦的，但是劳动的成果是丰硕的，劳动的心情是喜悦的；义务劳动有助于学生树立正确的劳动观点和劳动态度，也增强了学生维护环境卫生的意识；真正参与劳动，才发现打扫卫生这些劳动看起来不起眼，但是想做好需要一丝不苟的精神和劳动技巧，不是那么轻松和容易的。高等职业教育尤其注重理论与实践相结合，专门开辟建设劳动基地，积极打造具有职业教育特色的劳动教育课程体系与实践课堂，在完善体制机制、健全课程体系、拓展实践场所等方面持续发力，探索构建新时代大学生劳动教育新模式，努力培养德智体美劳全面发展的社会主义建设者和接班人。

二、志愿服务

（一）我国志愿服务的发展历程

1. 雷锋精神——我国志愿服务的萌芽

新中国成立以后，为了解决当时粮食短缺的问题和青年的就业问题，北京市组织了青年志愿垦荒队，这是我国最早的有组织的志愿服务活动。活动一经发起，得到了全国各地的热烈响应，20 多万名青年积极报名，自愿参加开荒种田，为解决国家粮食紧缺问题做出了突出贡献。这是新中国成立以后最早的公益活动，也是当代青年志愿服务活动的萌芽。

1963 年 3 月 5 日，毛泽东主席发出了"向雷锋同志学习"的号召，"学雷锋活动"在全国迅速发展壮大，并鼓舞了一代又一代的青年人，雷锋精神的内涵也在实践中不断丰富和发展，此后涌现了徐虎、郭明义等一批新时代的雷锋，雷锋精神成为志愿精神的一面旗帜。

2013年3月6日，中共中央总书记、中共中央军委主席习近平参加十二届全国人大一次会议辽宁代表团的审议，“习近平强调，要大力加强思想道德建设。雷锋、郭明义、罗阳身上所具有的信念的能量、大爱的胸怀、忘我的精神、进取的锐气，正是我们民族精神的最好写照，他们都是我们‘民族的脊梁’”①。

“2014年3月11日，习近平总书记出席十二届全国人大二次会议解放军代表团全体会议，接见部分基层代表。他对某连队的‘雷锋连’指导员谢正谊说：‘雷锋精神是永恒的，是社会主义核心价值观的生动体现。你们要做雷锋精神的种子，把雷锋精神广播在祖国大地上。’”②2021年9月，党中央批准了中央宣传部梳理的第一批纳入中国共产党人精神谱系的伟大精神，雷锋精神被纳入其中。

2. 政府主导——我国志愿服务的初建

20世纪80年代后期，我国开始组建正式的志愿服务机构，当代志愿服务真正兴起。三十多年来，志愿服务的组织不断健全，朝着制度化、专业化、科学化、常态化的方向发展。民政部组织的社区志愿者和团中央组织的青年志愿者成为我国志愿服务的主要力量。

1987年，广州市诞生全国第一条志愿者服务热线电话——中学生心声热线，拉开了我国志愿服务事业的序幕；1989年，天津市和平区新兴街道积极响应民政部的号召，正式成立了全国第一个“社区服务志愿者协会”，这是我国最早的志愿组织；1990年，深圳市建立的“深圳市义务工作者联合会”成为全国第一个正式注册的志愿者社团；1993年，两万余名铁道青年在团中央的指导下率先举起“青年志愿者”的旗帜，开展“为旅客送温暖”志愿服务。

3. 自上而下——我国志愿服务的组织推动

1994年，共青团中央成立了由志愿从事社会公益事业与社会保障事业的各界青年组成的全国性社会团体——中国青年志愿者协会。这一组织机构的建立标志着我国志愿服务得到进一步发展。随后，我国志愿服务法制化建设启

---

① 《习近平李克强俞正声分别参加全国两会一些团组审议讨论》，人民网，2013年3月7日。

② 《让“雷锋精神”在道德模范身上延续》，新华网，2015年10月29日。

动，广东省发布国内第一部青年志愿服务条例，标志着我国志愿服务朝着组织化和法制化的进程迈进。同时，团中央开展了“大学生青年志愿者社区援助活动”，实施了“中国青年志愿者扶贫接力计划”“大学生志愿服务西部计划”“保护母亲河行动”等活动，这些志愿服务活动为志愿服务在全国的普及奠定了坚实的基础。

2000 年，团中央将每年的 3 月 5 日“学雷锋日”确定为“中国青年志愿者服务日”。

4. 全面发展——我国志愿服务的蓬勃发展

进入 21 世纪后，中国志愿服务事业呈现着百花齐放的局面，相继出现北京奥运会志愿者、“5·12”汶川大地震志愿者、上海世博会志愿者等。这一阶段的志愿文化已经开始走向普及，一批批志愿者不仅产生了强烈的社会影响，也赢得了国际社会的广泛赞誉。同一时期，志愿服务的制度化建设也在积极推进，《关于深入推进学生志愿服务活动的意见》《关于推进志愿服务制度化的意见》《学生志愿服务管理暂行办法》《关于支持和发展志愿服务组织的意见》《志愿服务条例》等先后出台，这些制度对志愿服务的管理体制、权益保护、激励措施等做了全面的规定，标志着我国志愿服务进一步迈向制度化、专业化、国际化。

5. 长远发展——志愿服务进入国家战略

近几年来，在顶层设计层面明确了新时代志愿服务发展的定位、方向、使命乃至愿景，志愿服务被提升到“社会文明进步重要标志”的高度，2021 年 5 月 21 日首个志愿服务组织国家标准《志愿服务组织基本规范》(GB/T 40143—2021)发布并实施，有关志愿服务管理的政策举措加速出台。

在组织方面，改组中国志愿服务联合会，落实《志愿服务条例》，将志愿服务纳入中央文明办统筹协调管理，与中国志愿服务基金会以及新设的中国志愿服务研究中心形成社会层面的组织框架；在基层，通过扩大新时代文明实践中心的试点范围至全国，将志愿服务作为文明实践的重要主体进行推广，逐步形成志愿服务到县、镇、村的分层次风格化布局。

在管理方面，承接《中华人民共和国慈善法》《志愿服务条例》，通过更加细化的《志愿服务基本术语》《志愿服务组织基本规范》以及《志愿服务记录与证明出具办法(试行)》，进一步加强了对志愿服务组织的注册和服务规范管理。

据《慈善蓝皮书:中国慈善发展报告(2022)》显示,2021 年,我国实名注册志愿者总数为 2.22 亿人,全国志愿服务组织(队伍)总数为 123 万家,超过 1 亿名活跃志愿者贡献服务时间 42.07 亿小时。

(二)我国志愿服务精神的形成

我国志愿服务精神的内核中蕴含着优秀的中华传统文化,中华传统文化中仁爱、奉献、博爱、互助等思想为我国志愿服务的发展奠定了深厚的思想基础。

新中国成立后,雷锋精神代表着我国的志愿服务精神,全社会大力弘扬崇高的道德风尚和全心全意为人民服务的精神。中国青年志愿者协会把"奉献、友爱、互助、进步"作为中国青年志愿者精神,将每年的"学雷锋日"确定为"中国青年志愿者服务日",学雷锋活动在新的实践载体中得以传承。"奉献、友爱、互助、进步"的志愿精神体现了中国的传统文化、革命文化和社会主义先进文化的深刻内涵,更反映了志愿者对人文精神的彰显和对社会和谐的追求。

(三)我国高校青年志愿的服务内容和组织

2013 年 11 月修订的《中国注册志愿者管理办法》中,界定志愿服务的主要领域包括:扶贫济困、助老助残、社区服务、生态建设、大型活动、抢险救灾、社会管理、文化建设、西部开发、海外服务等。《高校共青团青年志愿服务工作指引》是为突出高校青年志愿服务的政治属性和育人功能,完善实践育人长效机制,提升高校青年志愿服务整体活力和育人成效提供专业的指引。

随着志愿者群体的扩大、志愿服务频次的增多,志愿服务组织和志愿者的服务内容已经拓展至关爱残疾儿童、文明交通执勤、生活区环境治理、服务空巢老人等众多领域,对推进精神文明建设、推动社会治理创新、维护社会和谐稳定、增进民生福祉发挥了重要作用,并产生出巨大的社会效益和经济效益。尤其是 2020 年疫情突袭,无数志愿者挺身而出、勇敢逆行,坚守在社区、医院、车站、路口、街巷……哪里有需要,哪里有志愿者的身影。志愿者们走进社区、走进乡村、走进基层,充分彰显了理想信念、爱心善意和责任担当。

高校的青年志愿者服务组织一般是"青年志愿者联合会"或"青年志愿者协会",是直属校团委的学生组织。例如,某职业技术学院青年志愿者联合会下辖校级部门及院级分会,下设学院的青年志愿者协会,每个学院负责一项主要活动,活动包括:爱心义诊、火车站志愿活动、爱心助老、爱心福利院、爱心支教、爱心宿舍、爱心助老、高铁站志愿活动等。

（四）高校青年志愿服务示范

1. 志愿服务有利于激发劳动情怀

某建筑职业学院青年志愿者协会开展了“关爱空巢老人”志愿服务活动。活动前期,志愿者针对千余家住户进行了走访,共排查出空巢老人 61 人。志愿者挨家挨户为空巢老人送去大米、食用油等生活必需品,围坐在老人身边嘘寒问暖,给老人打扫屋子,询问老人们的饮食、健康状况,叮嘱他们要合理膳食,平时适当地散步锻炼身体,有什么困难可以及时联系志愿者,大家会尽力为他们排忧解难。在对空巢老人进行志愿服务的同时,志愿者们还将进一步聚焦残障人士、留守儿童,动员社会各界力量参与,开展多种形式的志愿服务活动。

中华民族是重视孝道的民族,“百善孝为先”是中国传统文化的显著特征。新时代的大学生志愿者们关爱空巢老人,在帮助老人、陪伴老人的过程中,参与日常生活劳动并代替空巢老人的子女尽孝道,在潜移默化中可以不断激发劳动情怀,激发大学生的孝心、引领大学生的孝行、培养大学生的孝力。

2. 志愿服务有利于培育责任意识

王万奇,中共党员,中央财经大学马克思主义学院博士生服务团骨干成员,央苗计划、瑶篮计划公益项目发起人。2014—2015 年,他带队到国家级贫困县富川瑶族自治县志愿服务近 2 万小时,累计募集资金及爱心物资超 40 万元,帮助留守儿童 3200 余名。2008 年汶川地震发生时,身为班长的他先和老师组织同学们撤离,自己最后撤离时还帮助了一位几近晕倒的老师,从晃动的楼道中成功撤离。想到灾民的疾苦,当天夜里他奋笔写下《告全体师生书》,呼吁全校师生一起奉献爱心,共筹得善款 6 万余元,后来他还积极参与家乡的灾后重建工作。

王万奇的事迹展现了当代大学生的责任担当意识。大学生通过参加志愿服务活动,能够坚定助人为乐的信念,用自己的实际行动诠释志愿服务精神,播撒志愿服务的精神种子,从而号召和引领更多的青年自觉地承担起社会责任。

3. 志愿服务有利于增强奉献精神

《中国注册志愿者管理办法》规定："团组织、志愿者组织根据服务对象的需求，向注册志愿者发布服务信息、提供服务岗位，志愿者按照相关要求开展志愿服务。注册志愿者也可按照相关规定自行开展志愿服务。提倡具有相同服务意向和志趣爱好的注册志愿者在团组织、志愿者组织指导下结成志愿服务团队开展服务。"

杜诚诚是一位 85 后独腿女孩。多年来，她义务为盲人讲了 200 多场电影，为 80 多部电影写下近百万字的讲解稿，服务盲人一万余人次。新冠疫情期间，她投身社区防疫工作，收集居民团购信息，在微信群里解答居民询问、科普防疫知识，时常从早上 7 点半一直忙碌到凌晨 2 点；晚上别人休息的时候，她还在为网友提供线上心理咨询，用耐心陪伴了 300 多个网友度过一个个夜晚。

在疫情严峻的关键时刻，有无数像杜诚诚这样进行志愿服务的大学生，他们都在用实际行动为国家、社会和人民贡献着自己的力量；他们从不计较个人得失，只要是有利于别人的事，他们都会尽自己最大的努力去做，总是先天下之忧而忧，后天下之乐而乐。

【案例品读】依靠义务劳动完成的植树奇迹

2022 年，全国各地、各部门认真贯彻习近平新时代中国特色社会主义思想和党的二十大精神，深入践行习近平生态文明思想，统筹推进山水林田湖草沙系统治理，科学开展大规模国土绿化行动，取得明显成效。全年完成造林 383 万公顷、种草改良 321. 4 万公顷、治理沙化石漠化土地 184. 73 万公顷。目前，我国森林面积 2. 31 亿公顷，森林覆盖率达 24. 02%，草地面积 2. 65 亿公顷，草原综合植被盖度达 50. 32%。

一、全民义务植树广泛开展

3 月 30 日，习近平总书记等中央领导连续第 10 年参加首都义务植树活动。习近平总书记强调，森林是水库、钱库、粮库，现在应该再加上一个"碳库"。森林和草原对国家生态安全具有基础性、战略性作用，林草兴则生态兴。要弘扬塞罕坝精神，继续推进全民义务植树工作，创新方式方法，加强宣传教育，科学、节俭、务实组织开展义务植树活动。各级领导干部要抓好国土绿化和生态文明建设各项工作，让锦绣河山造福人民。

全国 31 个省(区、市)和新疆生产建设兵团领导以不同方式参加义务植树，起到很好的示范带动作用。北京市优化提升五级“互联网+全民义务植树”基地建设。吉林省线上公布 121 个“互联网+全民义务植树”基地。上海市打造绿化认建认养捐赠平台并纳入市政府“一网通办”。浙江省开发推广“浙里种树”应用程序，实现义务植树网上预约、落地上图。福建省推出“霞浦古树名木认养”等捐资项目。全国多地开展了形式多样的主题植树活动，营建了一批纪念林。

二、科学绿化持续深入推进

开展造林绿化空间适宜性评估，初步掌握全国造林空间底数。全面实行造林绿化任务带位置上报、带图斑下达，推进造林、种草改良、防沙治沙等任务落地上图。启动辽宁等 7 省区科学绿化试点示范省建设。全年完成造林 383 万公顷，其中人工造林 120 万公顷，飞播造林 17 万公顷，封山育林 104 万公顷，退化林修复 142 万公顷。山西、甘肃、内蒙古、湖南、广东、广西、江西等地区人工造林超过 6.67 万公顷。完成种草改良 321.4 万公顷，其中人工种草 120.4 万公顷，草原改良 201 万公顷。内蒙古、甘肃、青海、西藏等地区人工种草超过 6.67 万公顷。

三、系统治理迈出新步伐

按照山水林田湖草沙系统治理的要求，深入推进重点生态工程建设。在“三区四带”等重点区域组织开展 72 个生态保护和修复工程项目建设。组织实施“十四五”前两批 19 个山水林田湖草沙一体化保护和修复工程项目，“山水工程”入选世界十大生态恢复旗舰项目。组织实施 20 个国土绿化试点示范项目。印发《“十四五”历史遗留废弃矿山生态修复行动计划》，持续推进青藏高原等重点区域历史遗留矿山生态修复项目，启动 11 个历史遗留矿山生态修复示范工程。三北工程完成造林 84.79 万公顷。国务院批准延长第二轮退耕还林还草补助期限。新增水土流失治理面积 6.3 万平方公里，打造生态清洁小流域

496个。

四、城乡绿化美化同步推进

印发《国家森林城市管理办法》,授予26个城市"国家森林城市"称号,全国国家森林城市数量达218个。全国工会系统建设"工会林""劳模林"1300余个,面积近1.13万公顷,种植树木2300万余株。共青团系统发起全国青少年"绿植领养"活动,发放绿植1400多万份。全国妇联系统动员广大妇女开展种植"母亲公益林"等绿色志愿服务活动,累计创建"美丽庭院"635万户。中国石油发起"我为碳中和种棵树"公益活动,完成义务植树423万株,新建绿地1370公顷。中国石化深入开展绿色企业行动,完成义务植树194万株,新建绿地186.9公顷。全国冶金系统开展矿山复垦行动,新建绿地415公顷,新增复垦造林面积287.5公顷。中国邮政开展绿色邮政建设行动,着力减少碳排放,完成义务植树21万株。

召开弘扬塞罕坝精神座谈会,表彰298个"全国绿化先进集体"、147名"全国绿化劳动模范"和146名"全国绿化先进工作者"。持续加强中小学国土绿化教育工作,将生态文明教育有机融入课堂教学。鼓励造林绿化题材作品参展参演重大节庆、展演、展览活动,支持国土绿化题材的文艺作品创作。组织制作理论节目《思想耀江山·绿色篇》,推出纪录片《最美中国,四季如歌》和电视剧《春风又绿江南岸》等一批生态建设相关题材优秀作品。

2023年是全面贯彻落实党的二十大精神的开局之年,是实施"十四五"规划承前启后的关键一年。国土绿化工作要坚持稳字当头、稳中求进,牢固树立和践行绿水青山就是金山银山的理念,坚持山水林田湖草沙一体化保护和系统治理,大力弘扬塞罕坝精神,持续用力,埋头苦干,为建设生态文明和美丽中国,实现人与自然和谐共生的现代化做出新贡献。

(资料来源:《人民日报》,2023年3月16日。
文章作者:全国绿化委员会办公室。有删改)

【拓展知识】志愿服务基本术语
（MZ/T　148—2020）

《志愿服务基本术语》标准由民政部慈善事业促进和社会工作司提出，由全国社会工作标准化技术委员会归口并解释，北京志愿服务发展研究会、北京市志愿服务指导中心、中国青年政治学院社会工作学院、湖北省标准化与质量研究院起草。

1　范围

本标准界定了志愿服务、志愿者、志愿服务组织的基本术语及定义。

本标准适用于在中华人民共和国境内开展的志愿服务。

2　志愿服务

2.1　志愿服务 volunteer service

志愿者、志愿服务组织和其他组织自愿、无偿向社会或者他人提供的公益服务。

2.2　志愿服务精神 spirit of volunteerism

奉献、友爱、互助、进步。

2.3　志愿服务文化 culture of volunteerism

志愿者、志愿服务组织和社会所认同的志愿服务使命、愿景、宗旨、理念、价值观等精神要素，以及体现这些精神要素的物化载体和制度设计。

2.4　志愿服务制度 institution of volunteer service

为促进志愿服务发展所制定的要求志愿者、志愿服务组织和志愿服务工作者遵守的法律、法规、规章、政策以及准则。

2.5　志愿服务活动 volunteer activity

志愿者、志愿服务组织和其他组织开展或参与的志愿服务行为。

2.6　志愿服务项目 volunteer project

在一定的周期内，面向特定服务对象或领域开展的，具有明确的服务目标、服务时间、服务内容和服务保障的志愿服务活动。

2.7　志愿服务品牌 volunteer service brand

服务成效显著，具有广泛社会影响力、公信力和美誉度的志愿服务。

2.8　志愿服务需求 need for volunteer service

个人、群体、组织、社会希望通过志愿服务予以解决的事项。

2.9　志愿服务管理 volunteer service management

对志愿服务进行组织、协调、指导、规范、监督的过程。

2.10　志愿服务运营管理 volunteer service operation and management

对志愿服务组织及其开展的志愿服务活动进行计划、实施、监控和持续改进的过程。

2.11　志愿服务对象 volunteer service recipient

获得志愿服务的人、组织、事物以及环境。

2.12　志愿服务岗位 volunteer assignment

为满足志愿服务需求设立，由志愿者承担的具有相应职责、要求和规范的工作任务。

2.13　志愿服务时间 volunteer hours

志愿者实际提供的以小时为计量单位的服务时长。

2.14　志愿服务记录 volunteer service records

志愿服务组织和其他依法开展志愿服务活动的组织记录志愿者参加志愿服务的信息。

注：记录信息一般包括志愿者的身份信息、服务技能、服务时间、联系方式以及志愿服务情况、培训情况、表彰奖励情况、评价情况等。

2.15　志愿服务记录证明 volunteer certificate

依据志愿服务记录信息，无偿、如实出具的证明志愿者参加志愿服务有关情况的制式材料。

2.16　志愿服务协议 volunteer service agreement

志愿者、志愿服务组织、志愿服务对象以及其他相关方之间达成的，明确各方在志愿服务中的权利义务关系、服务事项等内容的共同约定。

2.17　志愿服务风险 risk in volunteer service

在志愿服务中，志愿者、志愿服务组织、志愿服务对象或其他相关方发生危险、伤害、损失的不确定性。

2.18　志愿服务保障 volunteer service assurance

为确保志愿服务正常开展和利益相关方权益而采取的制度设计和具体

举措。

注:具体形式有志愿服务政策法规及志愿者补贴、志愿者保险、志愿服务场地、志愿服务培训等。

2.19　志愿服务评估 volunteer service evaluation

用科学和系统的方法对志愿服务管理、活动、项目以及服务成效进行动态监测与静态总结考评。

2.20　志愿服务“时间银行” volunteer service “time bank”

为促进志愿服务可持续发展,建立的志愿服务时间存取机制。

2.21　志愿服务供需对接 matching supply and demand for volunteer service

将志愿服务资源与志愿服务需求进行有效匹配的过程。

2.22　专业志愿服务 professional volunteer service

运用专业技能提供的符合职业或行业标准和规程的志愿服务。

3　志愿者

3.1　志愿者 volunteer

以自己的时间、知识、技能、体力等从事志愿服务的自然人。

3.2　志愿者管理 volunteer management

通过计划、组织、指挥、协调等手段,开展志愿者招募、培训、使用、评价、激励等工作,以期达到既定目标的过程。

3.3　志愿者招募 volunteer recruitment

为征召具备相应条件的志愿者而开展的动员、遴选等活动。

3.4　志愿者注册 volunteer registration

志愿者将个人真实、准确、完整的基本信息,通过国务院民政部门指定的志愿服务信息系统或志愿服务组织进行注册登记的过程。

3.5　志愿者培训 volunteer training

以提高志愿服务水平为目的,向志愿者传授参与志愿服务所需理念、知识和技能等的活动。

注:志愿者培训一般分为志愿者通用培训、专业培训、岗位培训。

3.6　志愿者通用培训 general volunteer training

针对志愿者开展的志愿服务理念、权利与义务等基础知识培训。

3.7　志愿者专业培训 professional volunteer training

针对志愿者开展的职业技能、技术规范等专业知识和技能培训。

3.8　志愿者岗位培训 volunteer assignment training

针对志愿者开展的工作任务、业务流程、服务规范等岗位职责培训。

3.9　志愿者激励 volunteer incentives

激发和鼓励志愿者参与志愿服务的措施。

3.10　志愿者保险 volunteer insurance

为应对志愿服务风险,志愿者在参加志愿服务期间获得的保险。

3.11　志愿者补贴 volunteer allowance

志愿服务组织或其他组织、单位对志愿者在志愿服务中支出的交通、通讯、食宿等费用给予的补助。

3.12　志愿者证 volunteer card

证明持有者具有志愿者身份的证件。

3.13　星级志愿者 star volunteer

根据志愿服务时间、服务质量等考核标准,获得星级认定的志愿者。

3.14　志愿者权益保护 volunteer rights and interests protection

为确保志愿者参与权、知情权以及人格尊严、人身安全、个人隐私等方面的合法权益,所提供的保护举措。

3.15　志愿者伦理守则 volunteer code of ethics

志愿者在参与志愿服务时应遵守的道德规范和行为准则。

4　志愿服务组织

4.1　志愿服务组织 volunteer organization

依法成立,以开展志愿服务为宗旨的非营利性组织。

注:志愿服务组织可以采取社会团体、社会服务机构、基金会等组织形式。

4.2　志愿服务团体 volunteer group

经社区或单位同意成立的,以开展志愿服务为宗旨,尚未依法登记的团体,大多采取志愿服务队等形式组建,一般也称为志愿服务团队。

4.3　志愿服务站 volunteer service station

国家机关、企事业单位、人民团体、基层群众自治性组织及其他组织设立的用于开展志愿服务的相对固定场所。

（资料来源：民政部网站）

第二节　社会实践与勤工俭学

一、社会实践

（一）社会实践的含义

大学生社会实践是指在校学生利用假期或课余时间，有计划、有组织地到校外接触社会、了解社会（主要包括公益活动、社会服务、社会调查等），并利用所学专业知识为社会发展服务的实践活动。

（二）社会实践的活动形式

1. 大学生“三下乡”社会实践活动

大学生“三下乡”社会实践活动指“文化、科技、卫生”下乡，是各高校在寒假暑假开展的一项旨在提高大学生综合素质的社会实践活动，1996 年由中央宣传部、中央文明办、教育部、科技部、司法部、农业部、文化部、卫生部、国家人口计生委、广播电影电视总局、新闻出版总署、共青团中央、全国妇联和中国科协 14 部委联合开展。

大学生“三下乡”社会实践活动使大学生能够将自己在校所学的先进科学的生活观念在广大农村传播，紧密结合他们所学的专业技术知识，在农村开展多种形式的先进科技文化知识和生活观念的宣讲活动。大学生参与新农村建设的进程为大学生了解中国国情开启了一扇窗口，密切了高等教育与新农村建设的关系，同时提高了大学生的社会实践能力和综合素质。

某职业学院组织学生利用寒暑假以社会实践的形式，走访全国“12 个重点红色基地区域，30 条红色精品线路，300 个红色教育基地”。寻访活动以“参观一个革命教育基地，寻访一位老革命、老党员，采访一位典型人物”为主要内容，同学们通过资料查找、实地调研、人物采访、参观学习等方式，在实践中亲身感受革命老区的变化。学校开通“寻访红色记忆”专题网站、“红色寻访”官方微博，通过举办网络图片展、“青春赞颂 90 华诞”红色微博创作大赛、制作红色

Flash 等活动,吸引同学们积极参与和广泛传播。至今该校已举办专题报告会近百场。

大学生“三下乡”社会实践有利于教育与生产劳动相结合,有利于大学生在服务农民群众的实践中接触社会,了解国情,增强社会责任感和历史使命感,从而进一步改造自己的世界观、价值观,把农村建设的需要和青年学生的成长很好地结合起来,走正确的成长成才道路。

2. 社会调查活动

社会调查是社会“调查”和“研究”的简称,是指人们为达到一定目的,有意识地通过对社会现象的考察、了解和分析、研究,来了解社会真实情况的一种自觉认识活动。调查是研究的前提和基础,研究是调查的发展和深化。

社会调查依据其所要分析的样本的不同,分为宏观调查(如人口普查、经济普查等大规模的调查或大范围的调查)和微观调查(一般包括两三人或数人的小群体的调查)。依据其调查内容和功能的不同,又可以分为研究性调查(为解决理论性或政策性的问题而进行)和工作性调查(为解决当前实际工作中的问题而进行)。

社会调查的程序一般包括:选题阶段;准备阶段(准备调查内容、准备调查工具、准备调查对象);调查阶段(收集资料,实施调查);分析阶段(审核、整理、统计、分析);总结阶段(调查报告)。开展社会调查,有利于培养学生的学习意识,增强社会责任感;有利于培养学生的实践精神,增强动手能力;有助于学生积极开展理论学习、实践学习、社会学习,养成良好的学习习惯,提高观察能力、分析能力、决策能力等。

某高校面向全校所有选修“中国近现代史纲要”的学生,开展“家乡历史调研”活动,让学生利用课外时间进行实地或者文献调查,其调研报告是“中国近现代史纲要”期末综合成绩的组成部分。调研活动结束后,产生了一批优秀的调研报告,如《人工天河——红旗渠调研报告》《与祖国共荣辱——我的家乡长春市》《两代人口述的家乡历史》《大时代下的小城变迁——“家乡历史变迁”考察调研》等。通过开展家乡历史调研,同学们从身边微观的家乡历史视角出发,对家乡产生了新的认识,增强了对家乡、对社会、对国家、对党的感情,从而明确了自己对民族与社会的责任。

在社会调查活动中,大学生将课堂理论知识与调查研究方法进行有机结合,通过调查走访、收集素材、查阅资料、分析研究,缩短了理论与实践的距离,深化了课堂所学。社会调查有助于学生培养专业兴趣,拓展课外知识,训练和提升逻辑思维能力和理性思辨能力。社会调查让学生走向社会、深入社会、服务社会,在为社会发展尽力的同时增强自身的本领。

二、勤工俭学

(一)勤工俭学的含义

勤工俭学是指利用课余时间参加劳动,把劳动所得作为学习、生活费用(同勤工助学)。

越来越多的学生意识到进入大学后,学习不再是唯一的目标,很多学生加入勤工俭学的队伍,希望通过这样的锻炼形式提升自我。勤工俭学时,应该选择适合自己的、真正能提升自身能力的工作,或者与自己所学专业相近、自己感兴趣的工作,这样才能缩小能力与社会需求之间的差距,才能促使自己不断努力进取,增加专业知识,提高自身技能。

(二)大学生勤工俭学的途径

1. 通过学校家教中心的帮助,获得家教信息。经过家长考核,获得家教资格,辅导小学、初中、高中学生文化知识,进而获得相应的劳动报酬。

2. 通过用人单位招聘海报,直接与用人单位联系,从事小时工、短期促销、产品宣传等兼职工作。

3. 通过参与企业与学校合作开展的公益活动,如一些义卖助学活动、基金活动等,获得基金的经济资助,并通过基金提供的勤工助学岗位,获得工作经验。

4. 通过学校勤工助学中心获得一个校内或校外的勤工助学岗位。勤工助学中心是统一组织、管理、协调全校大学生勤工俭学的组织机构,通过相应选拔、考核机制,每年安排一定数量的贫困大学生参加勤工助学。勤工助学岗位分固定岗位和临时岗位。固定岗位是指持续一个学期以上的长期性岗位和寒暑假期间的连续性岗位;临时岗位是指不具有长期性,通过一次或几次勤工助学活动即完成任务的工作岗位。校内勤工助学岗位的设置以校内教学助理、科研助理、行政管理助理和后勤服务等为主。

(三)大学生勤工俭学的意义

1. 培养学生品格和价值观

勤工俭学有助于培养学生吃苦耐劳、自力更生的品质,激发大学生积极向上的人生信念和自强不息的精神;能够提高学生的道德修养,培养学生热爱集体、关心集体并为集体贡献力量的思想;对学生形成正确的人生观、世界观、价值观有促进作用,是学生自我教育、自我提高的过程。

2. 提升学生个人能力

勤工俭学形成了“受助—自助—助人”的助学模式,在为家庭经济困难学生提供经济帮助的同时,也帮助他们融入校园。学生在实际劳动中增强了动手能力和踏实的工作作风,通过在不同岗位的锻炼,获得各种业务技能,逐渐提升了自己的实践能力和综合素质。在帮助学生树立个人和家庭责任观、培养自信方面,勤工俭学活动发挥了重要的作用。

3. 加强对学生的职业教育和创业教育

作为一种实践类活动,勤工俭学为学生发挥专业特长和兴趣爱好提供了平台;助力学生形成职业概念,使其人际交往能力、组织管理能力等职业能力得以提升,职业规划能力、就业能力得到了锻炼。同时,勤工俭学与学生创新创业政策的结合,可以为学生提供资金和技术上的支持,成为大学生创新创业的孵化器。

勤工俭学是一种准工作状态,学生通过付出时间和精力获得劳动报酬,与进入社会中的职业状态相似,这种准工作状态帮助学生更好地认识自己,启发学生对职业选择的思考。大学生职业定位的萌芽是在实践尝试基础上的一种感受力,这种感受力可以通过在学校的实践活动和课程学习中同时获得。

从职业基本素养的角度看,一些职业中共通的能力可以通过学业、锻炼思维、提升认知方式等途径获得。例如,良好的沟通能力、书面和口头表达能力,将一个项目或活动通过合理的规划呈现、在实施过程中向目标不断靠近调整的执行能力,通过与同学互动获得的团队合作和求同存异能力,通过扩大视野认识到自身局限性的能力,持续认识自己、发现自己的底层思考的能力等。以上这些方面的能力，不仅可以通过专业学习获得，也可以通过勤工俭学获得。

第三节　实习实训与创新创业

一、实习实训

职业教育的培育目标是培养适应生产、服务、建设、管理第一线岗位需要的技术应用型专门人才。实习作为检验和考查职业院校学生岗前理论水平与实践能力的重要手段，为职业院校学生成功踏上工作岗位奠定了基础。实训是职业技能实际训练的简称，是指在学校控制状态下，按照人才培养规律与目标，对学生进行职业技术应用能力训练的教学过程。

（一）实习实训的形式

1. 社会实践

在校期间参与社会实践是我国职业院校人才培养中的重要环节。它既是人才培养中巩固理论知识的有效途径，也是提高动手能力的重要平台。从广义上来说，社会实践一般包括学校教学环节中的实践教学（专业实习）和专业实训等活动。

2. 顶岗实习

顶岗实习主要是指用人单位有计划、有目的地安置即将毕业的学生，为其提供顶岗实习工作、尝试工作的机会。这是一种用人单位和实习生都受益的人力资源制度，管理体系完善的企业都会实施此项制度。对企业而言，顶岗实习制度可以让企业低成本、大范围地选择人才；通过顶岗实习，可以培养和选择那些真正有能力、有热情的毕业生进入企业，为企业的发展储备人力资源。同时，它还可以作为企业的宣传手段，让更多的毕业生了解企业的文化和理念，从而增强社会对企业的认同感并为企业赢得声誉。

3. 初次就业

初次就业一般是指高校学生走出校园后的第一份正式工作，是近年来我国职业教育培养面向职业或行业、掌握从事某种职业或行业所需的技能和知识的应用型人才的重要形式。初次就业环节不但能使学生的操作技能得到培养,而且能够培养学生的职业道德和人际交往的能力;同时,也可以降低就业的成本和风险,增加实践经验和就业机会,从而达到全面提高学生的职业素质,让学生满意就业、企业满意用人的目的。初次就业实践是基于学生很少接触社会、对社会需求知之甚少、就业意愿与市场需求差距较大而进行的与专业相关的就业体验。目前,初次就业实践活动在许多高校还没有被正式列入人才培养方案,大多由就业部门、团委、学生会等组织实施,就业实践也多安排在假期,学生自愿参加,形式多样。

由于学校师资和场地设备所限,初次就业实训课程不可能全部在校内进行。因此,初次就业实训基地往往由校内实验实训基地和校外实训基地两个部分组成。为了更好地培养学生的实践能力,充分利用校外实训基地的资源,一些实践性强的实训课程往往是聘请企业技术专家到校授课或者直接在企业内部开设的。

(二)实习实训的意义

实习实训是职业院校人才"工学结合"培养计划中一个重要的环节,是培养学生职业素质和职业能力的重要载体。

1. 提高学生职业能力

实习实训使学生通过实习、实践,理论联系实际,真正认识工作环境,体验社会的需求与自身能力的差距,树立正确的择业观、就业观,为顺利踏入社会、走上工作岗位提供良好的缓冲期和适应期,使他们在心理、知识、能力等方面都做好充分的准备,以更好的状态进入社会。

2. 学生进入名企——企业储备人才的捷径

近年来,国内外一些知名企业改变以成绩或面试选才的传统模式,更看重的是从实习中挑选人才。很多企业都有一套完善的实习生培养体系,招募实习生对很多企业来说,是寻找人才和培养人才的重要方式。这样做不仅为学生提供了不同职位、不同方式的实习机会,更重要的是为企业储备了人才,并且能够展现自身的优势,从而达到学生和企业双方受益的目的。

相对于过去早期发现人才的主要渠道是校园招聘来说,许多知名企业人力资源负责人发现,要在短短的几天甚至是几个小时里对毕业生做出细致、准确的评估比较难,而通过 3 个月甚至更长的时间来全面考查实习生各个方面的情况,则可以看出一个人是否具有潜力。传统的学生实习多停留在听讲、观看这一层面上,现在一些实习生项目侧重于帮助实习生制订远景职业规划,通过专业知识培训、实战营销、产品创新和营销调研,多渠道提升学生创新和适应社会的能力,为职业院校学生创造实习和工作机会。参与实习项目的学生中,表现优秀的学生将有机会进入企业工作。

3. 促进学生就业,实现企业、学生、学校共赢

企业是吸纳毕业生就业的主体,只有让企业了解学校、了解学生,才能真正打通就业渠道。而职业院校实习教学是实现校企相互了解的最佳环节。对企业来说,毕业生就业实习基地的建立,有助于在实践中观察挑选、优先储备人才,既减少了企业在就业市场选人、试用的经济成本,也节省了学生适应单位环境的时间成本。

对学校而言,通过学生的实践和对就业市场的认识,针对教学中的不足,可以结合市场需求,有针对性地为职业院校学生设置课程,进行教育教学改革,提升教育"产品"的市场竞争力,同时也加强了对人才市场的预测,克服了盲目招生、盲目设置专业、低水平重复等问题。

(三)实习信息的获取

对于学生而言,实习可以让自己有机会初步了解未来的工作内容、工作性质,也可以利用实习的机会去尝试,找到适合自己的位置。获取实习信息主要有以下几种途径和渠道。

1. 职业院校学生实习实践基地

近年来,职业院校纷纷同与学校办校定位相近、人才培养密切联系的企业等用人单位开展合作,共建毕业生就业实习基地。职业院校学生就业实习基地每年为在校学生及未就业的职业院校生提供实习岗位,选拔招聘部分在校学生进行就业实习活动。

2. 校园实习招聘会

职业院校每年定期举办毕业生就业实习双选招聘会,为与之合作的学生就业实习基地(企业用人单位)招聘实习储备生。学生可以利用假期实习,年级不

受限制,实习时间可以累加,只要实习时间之和达到专业实习要求即可。

3. 实习招聘网站和企业网站

目前提供大量实习信息的招聘传媒还不是很多,很多公司也不会公开招聘实习生,所以学生应当多管齐下,寻找实习机会,网站显然不应忽视。对于那些希望在大企业实习的学生来说,可以多留意目标企业的官方网站。实际上,一些知名企业都会第一时间在官方网站发布实习职位。

4. 学校就业指导中心

现在很多职业院校的就业网站有专门的实习兼职板块。由于学校官方刊登此类信息一般都有审核制度,因此所刊登的实习信息对本校同学来说针对性较强,可信度较高。

(四)避免实习认识误区

1. "实习就是打工"

很多学生会把实习与打工混淆起来,认为实习所得的津贴太少了,继而会产生种种抱怨和不快。其实实习与打工的最大区别在于实习赚的是经验而不是薪资。如果仅仅把实习当作一次赚钱的机会,那么久而久之就会影响到自己的就业观,这对自身发展极其不利。学生实习不应以取得报酬为前提条件,实习主要是为了检验所学知识,为将来的工作积累经验。实习作为一种入职前的职业探索,不是找工作或打工,而旨在强化技能。

2. "实习就是打杂"

实习之前,很多学生都对实习充满了种种美好幻想,但没多久他们就发现原来实习只是"最最简单工作的重复",如数据录入、资料整理、复印文件等。实习并非打杂,但又是从打杂开始的。对此实习生必须摆正自己的位置,学会从底层、从具体琐碎的小事做起。所谓"天下难事,必作于易;天下大事,必作于细"。任何经验都来自于量的积累,容易、基础的事才是成功的起点。

3. "经历就是经验"

在很多用人单位的招聘广告中,都能看到这样一句话——"具备一定的实践经验或工作经验者优先"。对此,很多同学想当然地认为:经验不就是兼职经历吗?于是,在校期间他们参加了很多社会实践活动,也打了不少工,可他们并不知晓，这样的“丰富”经历其实对求职并没有多少直接作用。

经历并非经验。用人单位所说的“经验”是指一个人在相关行业中的实际操作技能以及其对某项工作在深层次上的认识，而不是与申请职位无关的兼职经历。所以广大在校生在选择实习单位时一定要结合自己的专业、志向合理定位，把实习纳入自身的职业生涯发展过程中来考虑，实习内容应尽可能地与自己的职业方向相关联。

(五)充分做好实习准备

机会总是垂青那些时刻准备着的人。很多人似乎比我们拥有更多的机会、比我们更幸运，但这不是偶然的。幸运不会总跟随着某个人，之所以有些人一直很顺利地迎接和面对每一次挑战，并且总能够成功，是因为面对挑战之前，他们能够未雨绸缪，比别人做了更充分的准备。

1. 明确实习目标

就业实习的目的在于提高自身综合素质和职业能力，也就是对工作能力的提高。大学期间，通过学习大学生掌握了很多专业知识，但掌握知识和运用知识并不是一回事。同时，学校里所学的个别知识体系可能已经落后于时代的发展，需要通过实习快速地学习，更新知识内容。

学生要把实习当成自己的第一份工作，要把自己当成企业的一名正式员工来要求，想想自己该如何为企业带来更好的声誉和效益，甚至在一些细节上，比如着装、打卡等，都要按照企业的规章制度来。实习生要把自己当作企业的新员工，用企业的要求和职业人的标准严格要求自己。一般来说，企业不会把核心任务交给实习生，实习生只能学到一些基础性的工作经验，想通过实习留在企业的可能性不确定，只有在企业实习的优秀毕业生才有可能在公司就业。

2. 有针对性地选择实习单位和岗位

学生在选择岗位时，应尽量选择与自身专业相关的岗位和自己有兴趣的岗位，这样才能最大限度地发挥出自身的专业知识优势，为自己的转正增加砝码。但仅仅把实习当成找工作显然也是有失偏颇的。在实习过程中，有些学生发现实习结束无法留下后，就开始敷衍塞责，不愿花时间、精力做好工作，这就造成了不少用人单位对实习生的印象就是浮躁和功利的不良后果。

选择实习单位，要谨防误入实习“陷阱”。(现在的确有个别小公司以各种名义收取实习生的钱款,这实质上是一种非法收取押金的行为。还有非法企业利用学生社会经验的匮乏,大搞诈骗活动。)实习生应以下列因素作为实习单位是否正规的评判标准:有无合法资质;有无适当的工作量;有无专门人员辅导、教授实际工作经验。在决定去实习单位前,一定要对这家单位有一个系统的了解,利用网络资源或者联系在该企业工作的校友等询问具体情况,千万别盲目冲动。

3. 注意就业实习与就业求职的衔接

实习的过程绝不仅仅是接受企业考查的过程,事实上,实习的过程是学生和企业相互了解和考查的过程。在实习过程中,学生能够比较深入地融入企业,接触到其他的同事,感受到企业的文化。这时,要问问自己:是不是适应这里的工作环境?是不是喜欢这份工作?是不是可以和其他人很好地沟通合作?如果答案是否定的,那么就要考虑自己下一步的选择了。从企业的角度来说,也不希望学生在正式签约之后因为这些原因而离职,给企业带来损失。

在实习结束时要形成一份正式的《实习鉴定》。很多学生在求职简历上只是很简单地描述了某年某月在某单位实习过,这在求职过程中是很没有说服力的。假如你可以出示一份正式的《实习鉴定》,那就很不一样了。《实习鉴定》上可以写明实习的岗位、岗位描述、实习过程中完成的工作或项目、工作评价或项目评估等,最后让指导老师或企业负责人签字盖章。

二、创新创业

(一)创新的含义与类型

创新是以新思维、新发明和新描述为特征的一种概念化过程,原有三层含义:更新、创造新的东西、改变。

1. 知识创新

知识创新就是对现有知识构成要素进行新的组合或分解,是在现有知识基础上的进步或发展,是在现有知识基础上的发明或创造。

2. 技术创新

技术创新就是对现有技术构成要素进行新的组合或分解,是在现有技术基础上的进步或发展,是在现有技术基础上的发明或创造。“技术”一词一般有两层含义:第一层含义是指人们在探索、利用和改造自然界与社会的各种物质或现象的过程中积累并在生产劳动或社会实践中体现的经验和知识。第二层含义是泛指各种操作技巧。

3. 管理创新

管理创新就是对现有管理构成要素进行新的组合或分解,是在现有管理基础上的进步或发展,是在现有管理基础上的发明或创造。“管理”一词一般有三个方面的含义:负责某项工作,使其顺利进行;保管和料理;照管并约束。从本质上看,管理的主要构成要素是管理知识、管理方法。

4. 方法创新

方法是指人们在探索、利用或改造世界的实践中积累的观察问题、分析问题或解决问题的途径、程序或诀窍等。虽然人类已有的方法和未来的方法的种类是无穷无尽的,但是它们的本质却是相同或相似的。方法创新就是对现有方法构成要素进行新的组合或分解,是在现有方法基础上的进步或发展,是在现有方法基础上的发明或创造。方法创新就是人们观察问题、分析问题或解决问题的途径、程序或诀窍的创新的总称。方法创新是永无止境的,方法创新的种类也是无穷无尽的。

(二)创业的含义与类型

创业就是创业者对自己拥有的资源或通过努力能够拥有的资源进行优化整合,从而创造更大经济或社会价值的过程。创业有广义和狭义之分。广义的创业是指社会生活各个领域里人为地开创新的事业所从事的社会实践活动,其突出强调的是主体在能动性的社会实践中所体现的一种特定的精神、能力和行为方式。狭义的创业是一个经济学的范畴,是指主体以创造价值和就业机会为目的,通过组建一定的企业组织形式,为社会提供产品服务的经济活动。

1. 复制型创业

复制原有公司的经营模式,创新的成分很低。例如,某人原本在某餐厅担任厨师,后来离职自行创办了一家与原服务餐厅类似的新餐厅。新创公司中属于复制型创业的比例虽然很高,但由于这类创业的创新贡献率太低,缺乏创业精神的内涵,因此不是创业管理主要研究的对象,很少会被列入创业管理课程中学习。

2. 模仿型创业

这种形式的创业无法带来新价值的创造,创新的成分也很低,但与复制型创业的不同之处在于,此类创业过程对于创业者而言还有很大的冒险成分。例如,某纺织公司的经理辞掉工作,开设了一家当下流行的网络咖啡店。这种形式的创业具有较高不确定性,学习过程长,犯错机会多,代价也较大。这种创业者如果具有适合的创业人格特性,经过系统的创业管理培训,掌握正确的市场进入时机,还是有很大机会获得成功的。

3. 安定型创业

这种形式的创业虽然为市场创造了新的价值,但对创业者而言,本身并没有面临太大的改变,从事的也是比较熟悉的工作。这种创业类型强调的是创业精神的实现,也就是创新的活动,而不是新组织的创造,企业内部创业即属于这一类型。例如,研发单位的某小组在开发完成一项新产品后,继续在该企业部门开发另一项新品。

4. 冒险型创业

这种形式的创业,除了给创业者本身带来极大改变,个人前途的不确定性也很高;对新企业的产品创新活动而言,也将面临很高的失败风险。冒险型创业是一种难度很高的创业类型,有较高的失败率,但成功后所得的报酬也很惊人。这种形式的创业如果想要获得成功,必须在创业者能力、创业时机、创业精神发挥、创业策略研究拟订、经营模式设计、创业过程管理等各方面,都有很好的搭配。

(三)大学生常用的创业模式

1. 互联网创业

互联网的出现开启了一个崭新的信息时代,这个时代在深深地改变了人们的生活与行为方式的同时,也提供了一种全新的创业方式。目前的互联网创业主要有两种形式:①网上开店,即在网上注册成立网络商店;②网上加盟,以某个电子商务网站门店的形式经营,利用母体网站的货源和销售渠道。这种创业模式主要有以下优点:门槛低,成本少,风险低,方式灵活,特别适合初涉商海的创业者。知名商务网站拥有较为完善的交易系统、交易规则、支付方式以及成熟稳定的客户群,加盟这些网站,可谓近水楼台。此外,网络创业还会得到政府的重视和支持,在政策和服务上得到诸多的优惠和帮助。对初次尝试网络创业的大学生而言,互联网创业事先要进行多方调研,以选择既适合自己产品特点又具较高访问量的电子商务平台。

2. 加盟创业

加盟创业以其分享品牌、分享经营、分享资源等诸多优势,而逐渐成为备受青睐的创业新方式。目前,连锁加盟有直营、委托加盟、特许加盟等形式,根据商品种类、店铺要求、技术设备的不同,加盟费用不等,可满足不同需求的创业者。加盟创业的最大特点是利益共享,风险共担。创业者只需支付一定的加盟费,就能借用加盟商的品牌优势,利用现成的商品和市场资源,并能长期得到专业指导和配套服务,分享总部提供的支持、培训、管理、广告、促销等,而不必摸着石头过河,从而大大降低了创业风险。加盟创业要经过以下步骤:选准行业;找对品牌;查看直营店业绩;查看是否具有完善的加盟机制;查看是否具有健全的培训体系;对总部与加盟店进行实地考察;对合同文本仔细阅读。

3. 兼职创业

兼职创业可分为两个阶段:①大学期间通过兼职,获得创业经验甚至创业资金;②工作以后利用工作外的空余时间兼职创业。

4. 工作室创业

目前,一种新的创业形式——工作室创业,正在全国各地悄然兴起。“录音工作室”“形象设计室”“摄影工作室”“服装设计室”等如雨后春笋般不断涌现。工作室创业正在引发新一轮创业热潮,而大学生以其观念新、魄力大、技术强的优势,已经成为工作室创业的主力军。工作室创业要求个人拥有较新的创意或较强的专业技能,因为大部分工作室是以智力、技术为支撑的,性价比高是在市场上取胜的关键,但价格便宜也要以高质量产品为支撑才能维持经营。在创业初期要主动开展业务,积极联系有产品需求的客户。

（四）适合大学生的创业项目

1. 餐饮

餐饮服务是创业者创业最常用的项目之一，其发展潜力很大。目前我国饮食劳动社会化程度仍然较低，赶不上新的消费需求。随着我国人民收入水平的提高，居民外出就餐越来越频繁，对餐饮服务的要求也越来越高，不仅要追求食物的美味，而且也越来越看重就餐环境。开一家口味独特、环境优雅的餐馆，是许多创业者的创业理想。

2. 特种产品加工

特种产品加工即自己开发或创造特殊产品，以满足他人的某种特殊需要。个人特制产品主要包括各种定制字画、定制徽章、礼品篮、箱包、定制特种皮鞋和打制带有个人标记的首饰，以及一些小发明制品等。此类项目要求创业者具有一定的特殊技艺。由于特种产品的样式、面料都很考究，做工也要细之又细，所以非要内行人从业不可。

3. 传授知识技艺

传授知识技艺业是社会上较普遍存在的职业。从事这种行业要求从业人员有较高的专业和技术水平，因此从业人员也大多是知识分子、科技人员或特种技艺人员，而且主要是服务于那些社会急需的知识和技术广泛应用的领域，如外语、外贸、财会、商品、营销、法律、金融、计算机、生物化学和果树栽培、家禽饲养以及烹饪、裁剪、理发等。这类行业的最大特点是应用性较强，见效也快。所以从事传授知识技艺业的人虽然很多，但相对于服务行业和社会需求量来说还是不多的。

4. 信息服务

信息服务业是从事信息资源开发和利用的重要产业部门。从理论上说，凡对信息进行采集、传输、加工、存储、检索、显示和利用的社会活动，都是信息服务活动。现代信息服务业，如数据库业、软件业、预测业、系统集成（信息系统建设）业、网络服务业以及新型咨询业（以计算机应用为基础的咨询业）等，更是从无到有，不断壮大。大学生可以充分利用互联网和自己的搜集信息、处理信息的能力在这一领域大显身手。

【案例品读】陈熠舟：梦想一点点“花开”

“梦想是生命的灵魂，是心灵的灯塔，是引导人走向未来的信仰。”这是陈熠舟最喜欢的一句话。这位95后创业者，从大二开始组建创业团队，也亲眼见证梦想一点点“花开”。

陈熠舟的梦想起航于一段叫《七十三封信》的视频。这段视频讲述了留守儿童葵花写给外出父母的七十三封信的故事，故事里孩子无助的呼唤深深刺痛了她的心。由此，她开始投身教育公益活动。其间，她常常思考一个问题：如何既能节省时间又能给孩子更多陪伴？渐渐地，一个在线教育创业的想法在她脑海中萌生了。

陈熠舟创业的初衷是研发智慧教育平台，让更多的孩子享受到优质教育资源，这一想法也得到了学校老师的认可。从带头组建创业团队，到参与研发和引进平台技术，再到创业梦想落地，一步步走来，每一次遇到瓶颈时，她都告诉自己：再坚持一下，说不定就有希望。

2016年2月，在学校支持下她注册成立了学校首个教育创业公司，注册资金100万元，凭借自主研发的智慧教育双师技术3项国家专利，开始了教育创业。现在她已拥有两家教育创业公司，平台拥有2000多个学生用户，她也晋级2016年国际青年科技创业大赛全球总决赛，获得2016年中国教育信息化大学生创新创业大赛一等奖（全国第二名）、浙江省挑战杯创业计划竞赛银奖。与此同时，她还在校内建立在线勤工助学基地，为师大的贫困学子提供勤工助学岗位。

陈熠舟认为，教育公益，不是简单的物质资助，而是通过教育与精神的双重陪伴，用一个灵魂唤醒一个灵魂，让更多的孩子拥有更好的未来。

在原先专利平台基础上，她又主持研发了“智慧云”公益平台。2016年7月，她带领团队远赴广西中越边境的希望小学，开展为期1个月的支教；同年8月，又带领团队前往贵州遵义继续开拓，探索建立“智慧双师型”在线支教模式。2017年2月和3月，团队分别赴青海可可西里、青海果洛以及南海三沙的学校搭建在线支教基地。

为了到青海支教，他们辗转6次火车，跨越3000多公里，历经三天两夜到达海拔4500米的青藏高原。严重缺氧、强烈高原反应，她连续一周高烧不退，身体接近极限。当时很多人劝她放弃，但她咬牙坚持下来，最后在那边待了18天。从教不会说汉语的藏族孩子第一首汉语歌，到离开时，100多个孩子用不太标准的汉语喊着“老师，您别走”。一个个渴望的眼神让她看到了儿时的自己，因为这句话，她更加坚守初心：要为更多的孩子带去更优质的教育。

目前，团队已搭建了包括广西首个“在线希望小学”在内的4个实践基地，相隔几千公里的在线支教成为现实。她坚持每周都参与在线支教，已累计为边区孩子上课200余节。她还通过书信交流、电话沟通、社会实践等多种形式，帮助那里的孩子。

如今她已加入中国青少年儿童发展基金会专项行动，和社会公益团队合作搭建“中国乡村儿童联合公益平台”。此次公益行动已募集善款500余万元，致力于解决偏远山区孩子上学问题，通过在线授课形式，为路途遥远的中小学生提供可移动、智能化的教室。

截至2017年10月，他们已在贵州、新疆、湖北等共5个试点地区开展项目工作，其中湖北的基地初步落成，每个教室可容纳80—100人。接下来，她的公益行动将惠及四川大凉山、云南红河在内的11所中西部小学，帮扶偏远山区儿童免于异常遥远的上学路途奔波。

“学习+创业+公益”，让她的教育公益创业梦想一步步走进现实。她说，“创业是为了我的一份梦想，公益也是源于我的初心。凝心聚力，终成江河，我们的梦虽然遥远，但是脚踏实地，终有一天会到达梦想的彼岸。”

（资料来源：中国青年报，2018年5月8日）

【拓展知识】“挑战杯”全国大学生课外学术科技作品竞赛

挑战杯是“挑战杯”全国大学生系列科技学术竞赛的简称，是由共青团中央、中国科协、教育部和全国学联共同主办的全国性的大学生课外学术实践竞赛。“挑战杯”竞赛在中国共有两个并列项目，一个是“挑战杯”中国大学生创业计划竞赛，另一个则是“挑战杯”全国大学生课外学术科技作品竞赛。这两个项目的全国竞赛交叉轮流开展，每个项目每两年举办一届。

以下对“挑战杯”全国大学生课外学术科技作品竞赛做具体介绍。

“挑战杯”全国大学生课外学术科技作品竞赛（以下简称“‘挑战杯’竞赛”）是由共青团中央、中国科协、教育部、全国学联和地方政府共同主办，国内著名大学、新闻媒体联合发起的一项具有导向性、示范性和群众性的全国竞赛活动。自1989年首届竞赛举办以来，“挑战杯”竞赛始终坚持“崇尚科学、追求真知、勤奋学习、锐意创新、迎接挑战”的宗旨，在促进青年创新人才成长、深化高校素质教育、推动经济社会发展等方面发挥了积极作用，在广大高校乃至社会上产生了广泛而良好的影响，被誉为当代大学生科技创新的“奥林匹克”盛会。“挑战杯”竞赛已经成为：

——吸引广大高校学生共同参与的科技盛会。从最初的19所高校发起，发展到1000多所高校参与；从300多人的小擂台发展到200多万大学生的竞技场，“挑战杯”竞赛在广大青年学生中的影响力和号召力显著增强。

——促进优秀青年人才脱颖而出的创新摇篮。竞赛获奖者中已经产生了两位长江学者，6位国家重点实验室负责人，20多位教授和博士生导师，70%的学生获奖后继续攻读更高层次的学历，近30%的学生出国深造。

——引导高校学生推动现代化建设的重要渠道。成果展示、技术转让、科技创业，让“挑战杯”竞赛从象牙塔走向社会，推动了高校科技成果向现实生产力的转化，为经济社会发展做出了积极贡献。

——深化高校素质教育的实践课堂。“挑战杯”已经形成了国家、省、高校三级赛制，广大高校以“挑战杯”竞赛为龙头，不断丰富活动内容，拓展工作载体，把创新教育纳入教育规划，使“挑战杯”竞赛成为大学生参与科技创新活动的重要平台。

（资料来源：挑战杯全国大学生课外学术科技作品竞赛官网。有删改）

第六章　培养就业能力

就业能力主要包括通用能力、专业技能和求职技能三种能力。随着高校不断深化人才培养模式改革,教育教学逐步从重视毕业生就业率转变为重视毕业生就业能力培养上;同时,现代企业不会向员工提供“终身就业”的承诺,只能尽一切努力帮助员工成长,让员工拥有“终身就业”的能力。由此,就业能力的培养日益成为社会、高校、学生和家庭共同努力的方向。

“十四五”期间,我国每年高校毕业生总量将接近 900 万,大学生就业能力问题得到社会的广泛关注。随着高等教育结构的调整,职业教育已占据高等教育的半壁江山,高职学生就业能力的培养,不仅关系到高职学生自我价值的实现,也关系到高等教育的健康有序发展和社会的和谐稳定,关系到国家人才培养的综合竞争力。

第一节　通用能力培养

通用能力是指能够获得初次就业、保持就业以及在就业之后能够胜任本职工作的基本能力和素质。这里的通用能力,排除了专业领域知识和技能的差异,是指就业者所应具备的一般就业能力。通用能力是一个综合的概念,一般包括目标管理能力、心态调整能力、有效沟通能力和情绪管理能力 。

一、目标管理能力

一般而言,拥有自律性的人其完成任务的效率会优于其他人,这背后发挥关键作用的就是目标管理能力。

（一）目标管理的含义

目标管理是以目标的设置和分解、目标的实施及完成情况的检查、奖惩为手段，通过员工的自我管理来实现企业的经营目的的一种管理方法。目标管理概念由美国管理学家德鲁克于20世纪50年代提出，被称为“管理中的管理”。目标管理一方面强调完成目标，实现工作成果；另一方面重视人的作用，强调员工自主参与目标的制定、实施、控制、检查和评价。

目标管理起源于企业，发展于企业，大学生的目标管理是借助企业目标管理的工具和方法，通过科学规划自身的大学学习和生活，进行有效的职业生涯管理。

（二）目标管理的特征

目标管理的理想状态是，要有目标，有行动。设定的目标要具体，要通过“建立合作”来增强效能，要细化实现目标的步骤、阶段，更要随时总结，积累经验。目标管理具体表现为四个特征：一是规划目标清晰，就业目标明确，每一年的目标制定得非常详细，甚至具体到月目标、周目标；二是学习能力强；三是全方位发展，往往是多才多艺的“学霸”，大学生活过得非常充实；四是专业兴趣浓厚，喜欢并热爱专业，专心投入专业学习。总结起来看，这部分大学生能够认清自己、目标明确、善于行动，目标与兴趣相统一。

二、心态调整能力

当面临同样的矛盾问题时，不同的人表现出不同的状态。这反映了人们在心态调整能力上存在着显著的差异。

（一）心态的含义

心态，就是指对事物发展的反应和理解表现出不同的思想状态和观点。世间万事万物都可以用两种观念去对待，一种是正向的、积极的，另一种是负向的、消极的。就像硬币的两面，一正一反；怎么看这一正一反，就是心态，它完全取决于你自己的想法。良好的心态，就是指能够从正面去看待人或事。即使我们面前是阴影，我们也依然能够选择转身享受身后的阳光。

在面对问题、失败时，我们要从正面的角度进行思考，从而拥有好心态，更好地解决问题、超越失败、承担责任、自我成长和接纳他人。

（二）调整心态的方法

要超越失败，而非停滞不前。要找到属于我们自己的积极主动的心态，修正让自己变得消极的信念。在我们的学习生涯中，都有过这样的经历——当遇到不会的题时，多数人的想法是“这道题我不懂，我失败了”，“别人都懂了，我还不懂，我失败了”，“老师讲了好几次了，我还不懂，我失败了”，“老师对我的提问不耐烦了，我失败了”。

首先，要反驳“失败无价值”的观念。遇到不会的题，具有质疑精神的同学会这样想：“学习中有不懂的事，不是很正常吗？”“在一些事情上不如别人，不是很正常吗？”“一件事没有成功，我就再努力几次。”“别人看不起我，并不代表我真正的价值。”要大胆质疑你原有的有关“失败”的观念。

失败是有价值的，首先，失败是成功之母。失败是真实的，会让你警醒，它更能让你思考事物的原理到底是什么，而不是带来成功之后的飘飘然或自以为是。因此，当遇到失败时问问自己，你的失败到底告诉了你什么？

其次，要鼓励自己，失败是“天将降大任于斯人也”的开始。失败可以提升个人的能力极限或人生境界，凡是人生有杰出成就者，总是会遇到不止一次的失败。很大程度上可以说，你能接受多大的失败，就能成就多大的成功。

最后，失败是学习必经之路。想想我们孩童时经过无数次跌跌撞撞，才能学会走路。把所谓的失败看成一次学习，如果能学到东西，就不是失败。不是赚到，就是学到，要努力从不如意中获取经验和教训。把所谓失败看作成功的序曲，遇见失败，意味着靠近了成功。

真正的失败，只有一种，那就是放弃。

三、有效沟通能力

我们完成一件事，实现一个目标，很多时候都需要跟人打交道。沟通能力的强弱往往决定了你是否能办成这件事，是否能够实现这个目标。

（一）沟通的含义

沟通是双方通过听、说等方式，共享全面信息，从而取得承诺并行动，最终实现共同目标并强化彼此关系的合作过程。

（二）有效沟通的方法

1. “MYW”三赢法——我赢、你赢、我们赢

任何一场良好的沟通，都可以实现三赢——“我赢”是指我实现了我的沟通目标。“你赢”是指对方实现了他的沟通目标。“我们赢”是指双方在沟通中充分照顾了彼此的情绪，平等友好。

· Me——我赢：（这次沟通）要实现我的什么目标？

· You——你赢：要实现对方的什么目标？

· We——我们赢：要如何增进我们的关系？

沟通前最重要的一项工作是明确三赢目标。如果不知道对话的发展方向，我们很可能陷入对话的细节，失去方向感，导致沟通失败。而聪明的人，知道如何发现第三个选择。有这样一个事例：张同学为了进入某公司，接受了远低于期望薪资的工作。几个月过后，一些临时生活支出让他的家庭生活明显拮据起来。他觉得自己薪资太少，跟工作量不匹配，于是找经理商谈加薪。尴尬的是双方都不太了解彼此，而且他还没有明显的业绩表现。经理把他请到了办公室里，没有直接回应他的请求，而是说“多告诉我一些”。他有些惊讶的同时，述说了自己的家庭境况。接着，在经理的静静聆听下，他谈了很多为公司所做的工作、学到的东西，进而聊到他对公司、客户、产品的看法。

几天后，经理又邀请他去办公室，并邀请了三四个人一起讨论他对客户的想法。交流很成功，产生了很多成果，他也很兴奋。最终，他被授予了更大的工作职权，承担起了向重要客户提供更重要服务的职责，薪酬也更高了。最终，在公司的快速成长中，他成了合伙人。这位经理站在了公司赢、对方赢、己方赢的三赢目标上，从而实现了 1+1>2 的威力。既不是 1+1=0，经理指责张同学，导致不欢而散；也不是 1+1=1，经理随意打发搪塞，或妥协退让；也不是 1+1=2，经理让他多承担一些额外普通工作进而涨薪。

2. 3R 聚光法：聆听心声，从充耳不闻到感同身受

为了了解对方，使其打开心扉，我们可以运用 3R 聚光法。

· Receive——接收：我如何全身心地关注对方？

· Respond——反应：我如何与对方同步，让对方感受到我在仔细聆听？

· Repeat——确认：如何确认听到的信息确实是对方想表达的？

举个例子,你刚刚同你最好的朋友吵了一架,你期望听到一些安慰你的话,但是当你刚刚说了事情经过的一半,你的朋友就打断你:“不管这件事你做得正确与否,你都可以主动为发火道歉,毕竟她是你最好的朋友啊。”道理确实不错,但是你感到心里堵得慌。

在上面的场景中,如果述说者是你,而你感到很难受是再正常不过的了,因为“许多人之所以请医生,他们所要的只不过是一个静听者”。但是聆听又太难了,“他们更喜欢善于静听者而非善于谈话者,但能静静聆听的能力,好像比任何其他好性格都少见”。我们每个人都有太多的话想说,有太多的道理想要寻求别人认同,因此,我们总是夸夸其谈,却很少注意到我们只长了一张嘴巴,却有两只耳朵,我们应该多听才是。我们聆听时常犯的四种错误包括:①价值判断。对他人的表达进行评判只有对或错两个答案,抑或只有接受或反对两个选择,往往认为跟自己一致的才是对的并且接受。②追根究底。用自己的价值观探求他人隐私,往往将自己的好奇心凌驾于对方的意图之上。③好为人师。认为自己的经验是唯一正确的,总喜欢给他人忠告。④自以为是。用自己以往的情况揣测对方的做法或动机。

这些错误会让我们停留在聆听的低层次阶段,处于对他人的想法充耳不闻、假装聆听或者只选择聆听自己喜欢的部分这三种状态之中。当我们学会放下错误习惯,就能上升到聚精会神地聆听甚至感同身受地聆听的层次。

要成为一盏聚光灯,放下自己,全身心地将注意力向对方照射,听出对方的四个层次内容:事实、结论、情绪、需求。当这样做了之后,你甚至可以发现,看似与你格格不入的人与你其实并无不同。

3. SYP 三步沟通法

(1)Share——共享信息:对于某个话题,你与对方各自有哪些看法?

沟通时我们往往将对方置于我们的对立面,采取说服对方或使对方接受我们观点的姿态。其实更好的方式是与对方一起面对问题。在团队开会的时候,你想要将沟通做得更有趣一些,可以采用“双向辩论”法。首先,确定一个辩题,然后请团队成员站队,分成正反双方,接下来,双方逐一分享辩论理由;一轮辩论以后,双方互换角色,站在对方的立场上展开新一轮的辩论。结果,因为经历了换位思考,团队成员自然而然降低了对立思维,能够更好地理解对方观点,最终达成了对某些事实和观点的共识。辩论过程是收集信息的过程，主持人尽量不批判、不评论、不打断，让大家多角度地思考问题，让更多人参与进来，而不是单纯地判别对错，产生结论。

(2) Yes——求同存异：这些看法当中有哪些一致的内容，如何认同？有哪些理解不同的内容，如何交流？

善于有效沟通的人往往先认同双方的一致之处，然后做出补充。他们不会语气强烈地说："你错了，你没有说到……"他们会这样应对："我同意你的××观点，同时，我还注意到……"总之，我们要学会从对方的观点中找到与我们观点一致的部分，再对理解不同的部分进行补充，最后从沟通中找出一些共识。

(3) Plan——落地推进：为了推进共识的落地，我们需要明确计划和双方的责任。

很多人在沟通中得到了对方的回复或达成了一些共识，就认为沟通大功告成了。其实不然，沟通不是聊天，更重要的是对共识的推进与执行。如何明确双方的责任？我们可以在沟通的尾声对下一步计划的细节与对方进行一一核对，达成共识。这样就能确保计划推进不走样，避免出现反复沟通或出错返工的情况。

开始沟通时畅所欲言，沟通中优中选优，沟通尾声时雁过留声——通过这三个环节，你的沟通能力会大大增强。

四、情绪管理能力

一些原本可避免的事件之所以发生，根本原因在于双方当事人没有管控好各自的情绪。为了管理好自己的情绪，我们首先要使用前中后看见法。

1. 前中后看见法

· 事前建档：我经历过哪些情绪事件？

· 事中感知：深呼吸，感受问题出现在哪里。

· 事后反思：从更高层面思考，我有什么情绪产生呢？

在一些极端事件中，当事人往往失去了理智，情绪失控，最后酿成了悲剧。有人说是当事人缺乏公共道德，有人说当事人缺乏沟通技巧，其实他们本质上是缺乏情绪管理的能力。

如果我们想管理好自己的情绪,首先要做的是在情绪发生前、发生中、发生后看见它。看不见的敌人是最可怕的,看不见的缺点是最致命的。

(1)事前建档:在生活中,我们会经历哪些情绪事件呢?

可以拿出一张白纸,将我们知道的情绪词语都写下来,一行写一个,看看我们能写出多少行——像平和、喜悦、爱、明智、宽容、主动、淡定、勇气、骄傲、愤怒、欲望、恐惧、悲伤、冷淡、内疚、羞愧,等等。

然后,在词语右侧,写出曾使我们产生这些情绪的事件,事件中的画面、物品、声音、触觉、嗅觉与想法,等等。最后,给纸上标注的情绪从 1 分到 10 分进行打分,10 分是极其强烈,1 分是淡淡一点。这代表情绪深度。这张纸现在就成了我们的情绪档案袋。

这种训练将使我们的情绪世界更加广阔和深邃,我们也就更容易觉察到相应的情绪变化。日积月累,我们还能从中找出情绪按钮,更加深入地认识自己,对情绪进行更加理性和全面的利用或调整。有这样一个案例,一位积极心理学方面的专家在参加一场重要的面试时,既兴奋又紧张。如何缓解自己的紧张情绪呢?他翻出了自己的自豪档案袋。这个档案袋强化了他的自信形象:自己尽管年轻,却是一位有能力、受人尊重的学者。这为他面试时自信而平静地表现自己打下了坚实的基础。自豪档案袋就是他的正向的情绪档案袋。

有了情绪档案袋就够了吗?不是的,我们还需要具备灵敏的感知能力,能够感知当下发生了什么。

(2)事中感知:通过深呼吸,去感知问题出现在哪里。

首先,感知身体感觉。因为情绪会反映在身体上,两者相互影响。当我们情绪激动时,往往有肢体扩展的表现,如从坐姿到站立、挥舞双手;而当我们的情绪负面、低沉时,则会紧缩肢体,如双手抱臂、蜷缩一团等。

其次,感知语言表达。因为情绪也会反映在我们的语言中。你的口头禅是什么?“气死我了”“好无聊啊”“郁闷”“我太难了”……这些常用的口头禅的背后可能是愤怒、冷淡、抑郁、难受等情绪。

最后,深呼吸。要想在情绪产生时立即做到前两点,是有难度、需要练习的,在采取行动之前,暂停一会儿,深呼吸几次,随后你的理性思考就会启动。

(3)事后反思:从外部去发现自己的情绪。

以上就是前中后看见法,我们可以在冲突发生时,注意从“脸红脖子粗”等身体信息和“破口大骂”等语言中觉察自己在生气，在深呼吸后思考，除了攻击对方，我们还可以做什么，从而恢复理性，提醒自己不要冲动。事后我们还可以跟朋友和亲人交流，进一步提升对自己情绪的了解程度。

2. 美好事物对焦法

在同一时间，世界发生着无数的事情，有些事情我们注意到了，有些事情我们没有注意到。我们的大脑就像一台照相机，它只能拍到我们聚焦的画面。如果我们关注好的东西，我们就感觉良好，反之就会感觉消极。因此，我们可以通过重新聚焦事实，实现情绪的调整。

(1)关注好事：发生了什么好事？

今天有什么好事发生？今天有什么事情不如我意？仔细思考这两个问题，你会发现它们带给自己的心情是不一样的，即使是同样的一天。前者带给你的心情是好奇，甚至惊喜，后者带给你的心情是低落和郁闷。你可以通过写“小确幸”日记记录生活的美好。当你心情不佳的时候，你就可以翻出这些“小确幸”日记，通过回味过去的美好时光找回开心的自己。

(2)积极分心：我可以做哪些五星级的愉悦的事情？

如果说“关注好事”是被动的发现，那“积极分心”就是主动将自己的焦点调整到做有意义的事情上来，例如，做自己喜欢的事、参加社团、认识新朋友、运动、看一场精彩的电影、走出屋子享受明媚的阳光，等等。

(3)杜绝消极：屏蔽负能量信息源。

与众不同、罕见奇特的事情容易引起人们的兴趣、吸引人们的注意力，因此，带有震惊性标题的新闻常常能博眼球。但如果你一直受消极信息诱导的话，会变得忧心忡忡、怨天尤人，你会认为这个世界全是暴力、灾难和无知；而事实上，世界上同时存在着更多美好的事情。因此，无论如何，不要被动地让其他人决定你要看什么，而要主动寻找、确立符合当代大学生主流价值观的方向和定位。

第二节　专业技能培养

专业学习是大学生在校期间的首要任务，在专业学习过程中注重自身的技能培养,拥有一技之长,在未来的就业市场中就有了竞争的资本。随着我国制造业升级和产业结构调整,企业对技能型人才的需求量日益增长,各地政府为引进技能人才,频频推出人才引进优惠政策,对企业引进的技能类专门人才发放各类补贴,对技能大赛获奖选手给予奖励,智能+技能的"双能"型高新技能人才备受青睐。

一、专业与专业学习

职业教育的专业设置以服务为宗旨,以就业为导向,体现职业教育专业设置的特色,促进职业教育与就业、创业教育的紧密结合。

(一)专业设置的依据

职业教育设置专业的重要依据是职业分类,并且兼顾学科分类。按照"十四五"国家经济社会发展和2035年远景目标对职业教育的要求,在科学分析产业、职业、岗位、专业关系基础上,对接现代产业体系,服务产业基础高级化、产业链现代化,统一采用专业大类、专业类、专业三级分类,一体化设计中等职业教育、高等职业教育专科、高等职业教育本科不同层次专业,共设置19个专业大类、97个专业类、1349个专业,其中中职专业358个、高职专科专业744个、高职本科专业247个。高等职业教育专科的19个专业大类分别是:农林牧渔、资源环境与安全、能源动力与材料、土木建筑、水利、装备制造、生物与化工、轻工纺织、食品药品与粮食、交通运输、电子与信息、医药卫生、财经商贸、旅游、文化艺术、新闻传播、教育与体育、公安与司法、公共管理与服务。

(二)专业学习的重要性

在现代社会里,一个人不经过专业学习,不掌握一定的专业知识和技能,就很难就业,更谈不上实现职业理想。因此,对每个同学来说,抓住在校期间的学习机会,积极完成学业,对实现职业生涯规划具有重要的意义。

1. 学好专业是实现职业生涯目标的基础。只有完成学业,学好所学的专业,才能找到与专业相应的职业,并在职业舞台上灵活运用专业知识,充分发挥专业特长,出色完成工作任务,提高工作效率。这些正是一个人职业生涯发展的基础,也是实现职业生涯目标的基础。

2. 具备扎实的专业知识和技能是就业的必备条件。无论在什么岗位上,没有一定的专业知识和专业技能，都无法履行岗位职责，无法完成工作任务。例如，学习装备制造大类机械设计与制造专业的毕业生看不懂图纸，不会使用量具，学习电气自动化技术专业的毕业生不会使用仪器、仪表，看不懂电气设备图，又怎么能胜任工作呢？在就业竞争日趋激烈的形势下，只有具备扎实的专业知识和过硬的专业技能，才能在就业竞争中发挥优势，为顺利就业创造有利条件。

二、专业与职业岗位

职业是参与社会分工，利用专门的知识和技能，为社会创造物质财富和精神财富，获取合理报酬作为物质生活来源，并满足精神需求的工作。由于社会分工不同，人们才会从事不同的职业。在国民经济建设不同的产业、行业领域中，有成千上万种不同的职业。学校所设置的专业按学业分类，是从学科与技术的角度进行划分的。因此，专业与职业既有区别，又密切相连。

（一）岗位群

专业与职业的对应关系可以是一个专业对应一个职业岗位，但更多的情况是一个专业对应一个职业岗位群（也称职业领域）。职业岗位群一般由工作内容、社会作用、基本技能要求相近，从业者所应该具备的素质接近的若干个职业岗位构成的。例如，机械设计与制造专业的毕业生所对应的职业领域有机械设计、加工工艺制定、工艺装备设计、CAD/CAM 等工程软件应用、数控编程、数控机床操作及技术管理等；电气自动化技术专业的毕业生就业方向是电气自动化系统的安装、调试、改造及技术管理，变配电系统设备的运行、维修、安装、调试及部分设计工作，工业自动化系统营销等。学校在制订专业教学计划时都会明确该专业毕业生的就业方向（职业岗位群），因此，学生在校学习期间，应该主动了解与自己所学专业对应的职业群，关心这些职业或职业群的变化情况，了解与自己所学专业相关的职业资格证书。

（二）岗位类别

人们除了要根据自己的能力确定自己的工作类型外，还应该根据自己的能力，确定自己从事何种类别的岗位，以达到人尽其才。一般来说，按照所要求的能力和责任度高低可把岗位分为六类：非技能性岗位，岗位工作简单、普通，不要求独立的决策和创造能力；半技能性岗位，岗位要求在有限的工作范围里具有一些最低的技能和知识，或具备一定程度的操作能力；技能性岗位，岗位要求具备熟练的技术、专门的知识和判断力；半专业性和管理性岗位，岗位要求具备一定的专门知识和判断力，并对他人承担低程度的责任；专业性岗位，岗位要求具备大量的知识和判断力，且具有一定的责任和自主权；高级专业性和管理性岗位，岗位要求具有高水平的专业知识、智力和自主性，承担更多的决策和监督他人的责任。学校在制订专业教学计划时都会围绕其培养目标安排相应的教育教学活动，一般有理论教学、实践教学(工学结合)、课程设计、毕业设计、素质教育等。同学们应该积极完成每项教育教学内容和各项活动，努力提高自身的素质和能力，以适应相应的岗位要求。

三、职业教育 1+X 证书制度

2019 年 1 月，国务院印发了《国家职业教育改革实施方案》(简称"职教 20 条")。《方案》提出，要深化复合型技术技能人才培养培训模式改革，借鉴国际职业教育培训普遍做法，制定工作方案和具体管理办法，启动 1+X 证书制度试点工作。"1"为学历证书，"X"为若干职业技能等级证书。试点工作要进一步发挥好学历证书作用，夯实学生可持续发展基础，鼓励职业院校学生在获得学历证书的同时，积极取得多类职业技能等级证书，拓展就业创业本领，缓解结构性就业矛盾。国务院人力资源社会保障行政部门、教育行政部门在职责范围内，分别负责管理监督考核院校外、院校内职业技能等级证书的实施(技工院校内由人力资源社会保障行政部门负责)，国务院人力资源社会保障行政部门组织制定职业标准，国务院教育行政部门依照职业标准牵头组织判定教学等相关标准。院校内培训可面向社会人群，院校外培训也可面向在校学生。各类职业技能等级证书具有同等效力，持有证书人员享受同等待遇。院校内实施的职业技能等级证书分为初级、中级、高级，是职业技能水平的凭证，反映职业活动和个人职业生涯发展所需要的综合能力。

学历证书全面反映学校教育的人才培养质量，在国家人力资源开发中起着不可或缺的基础性作用。职业技能等级证书是毕业生、社会成员职业技能水平的凭证，反映职业活动和个人职业生涯发展所需要的综合能力。

（一）职业资格

职业资格包括从业资格和执业资格。从业资格是指从事某一职业的学识、技术和能力的起点标准；政府对某些责任较大、社会通用性强、关系公共利益的职业实行准入制度，执业资格是依法独立开业或从事某一特定职业的学识、技术和能力的必备标准。

从2020年1月起，国家规定除与公共安全、人身健康等密切相关的消防员、安检员等7个工种依法调整为准入类职业资格外，分步有序将其他水平评价类技能人员职业资格全部退出国家职业资格目录，不再由政府或其授权的单位认定发证；同时，推行职业技能等级制度，制定发布国家职业标准或评价规范，由相关社会组织或用人单位按标准依规范开展职业技能等级评价、颁发证书。根据人力资源和社会保障部的部署，我国下一步要建立覆盖城乡全体劳动者的终身职业技能培训体系，全力推行企业新型学徒制，建立职业技能等级制度，减少职业资格许可和认定。已经发放的水平评价类技能人员职业资格证书继续有效。

（二）职业标准

2019年8月，人力资源和社会保障部印发《关于改革完善技能人才评价制度的意见》，规定对准入类职业资格，继续保留在国家职业资格目录内。对关系公共利益或涉及国家安全、公共安全、人身健康、生命财产安全的水平评价类职业资格，要依法依规转为准入类职业资格。对与国家安全、公共安全、人身健康、生命财产安全关系不密切的水平评价类职业资格，要逐步调整退出目录，对其中社会通用性强、专业性强、技术技能要求高的职业（工种），可根据经济社会发展需要，实行职业技能等级认定。

建立并推行职业技能等级制度，由用人单位和社会培训评价组织按照有关规定开展职业技能等级认定。符合条件的用人单位可结合实际面向本单位职工自主开展，符合条件的用人单位按规定面向本单位以外人员提供职业技能等级认定服务。符合条件的社会培训评价组织可根据市场和就业需要，面向全体劳动者开展。职业技能等级认定要坚持客观、公正、科学、规范的原则，认定结果要经得起市场检验、为社会广泛认可。

国家确定职业分类，依据职业分类，建立由国家职业技能标准、行业企业评价规范、专项职业能力考核规范等构成的多层次、相互衔接的职业标准体系，作为开展技能人才评价的依据。职业资格评价要依据国家职业技能标准组织开展；职业技能等级认定要依据国家职业技能标准或行业企业评价规范组织开展；专项职业能力考核要依据经备案的考核规范组织开展。推动成熟的行业企业评价规范和专项职业能力考核规范上升为国家职业技能标准。

按照国家职业技能标准和行业企业评价规范设置的职业技能等级，一般分为初级工、中级工、高级工、技师和高级技师五个等级。企业可根据需要，在相应的职业技能等级内划分层次，或在高级技师之上设立特级技师、首席技师等，拓宽技能人才职业发展空间。建立技能人才评价工作目录管理制度并实行动态调整。动态发布新职业信息和国家职业技能标准。职业资格及实施机构由国家职业资格目录规定。职业技能等级认定工作实行目录管理，向社会公开。中央企业由人力资源和社会保障部进行遴选，纳入职业技能等级认定目录，所属子公司、分公司等分支机构由所在地省级人力资源和社会保障部门给予工作支持、兑现相应待遇并进行监管；其他用人单位由所在地省级人力资源和社会保障部门进行遴选，纳入属地管理。社会培训评价组织由人力资源和社会保障部进行遴选，纳入职业技能等级认定目录。

四、专业技能培养途径

（一）专业社团

专业社团是培养高职技能型人才的重要载体，有助于拓宽学生的专业知识面，提高学生的专业实践技能和创新创业能力。

1. 激发学生的专业学习兴趣

专业社团是依托学科、专业，结合自身兴趣爱好自愿组织的学生群体，学生本身的学习能动性较强。借助这个平台，学生可以参与社团组织的像参观学习校企合作企业、专业知识比赛、专业知识学习交流等系列活动。这些活动不但开阔了学生的视野，而且能够让他们真正了解所学专业，培养学习的兴趣，进而引导他们明确学习目标和方向，端正学习态度，创造良好的专业学习氛围。

2. 提高学生的专业技能水平

专业社团作为第一课堂教学的有效延伸，是第二课堂的重要组织形式，在进一步巩固课堂教学内容、提升专业技能水平方面有着重要影响。社团在专业教师有针对性的指导下，以学生自主形式开展与专业相关的研讨、讲座、实验、实训、竞赛等活动，学生相互探讨，相互学习，使得所学专业知识得到不断的提升和迁移。通过有计划、目标明确地参加一系列活动，学生不但拓宽了专业眼界，同时也能提升专业技能水平，启发专业创造力。

3. 培养学生的综合能力

专业社团是在专业老师的指导下，社团团长的统一安排协调下，由学生主动构思、计划、优化、实施各类活动项目的，每位社团成员积极参与其中。专业社团活动不但培养了学生的互帮互助、精诚合作的意识，也锻炼了他们自身的综合能力，如组织能力，团队合作能力，沟通、交流、协调的综合能力。

学生专业社团建设是课堂教学的延伸和拓展，是打造专业技能型人才的重要途径，主要着力于具有专业性、科技学术性的社团活动的开展。学生依托专业，通过组织、参与具有专业特色的技能实践活动，不但端正了学习态度，激发了专业学习的热情，同时也培养了动手实践能力、创新创业能力。

（二）职业技能大赛

职业技能大赛作为高职教育模式的一种创新，对于高校的改革与发展，学生的创新能力的培养，有着重大的意义和价值。职业技能大赛作为职业教育改革的风向标，是各职业院校展示其成果的一种重要形式。通过比赛各职业院校可以培养更多能熟练操控现代先进技术设备的高技术人才。

1. 激发学生学习专业技能的兴趣

职业技能大赛可以激发学生学习专业技能的兴趣，在学生中形成比学习、比技能的良好氛围，提高学生的专业技能水平和岗位实践能力，为学生实习和求职就业打下坚实的基础；可以锻炼当代职教学生的操作技能，培养学生的团队合作意识，激发学生学习专业知识的积极性。

2. 以大赛促进学生学习新技术

职业技能大赛强调实践，注重参赛者的动手操作能力。通过技能大赛，学生可以看到整个行业的发展情况和发展趋势，看到最先进的器材、设备，见识最先进的技能技术；学校可以向更高水平的标杆看齐，深化课程改革，以取得更好的成绩。

3. 以大赛促使学生提高创新能力

职业技能大赛点燃了现代高职学生的创新激情,推动了高职院校创新型人才培养。技能竞赛,不仅鼓舞了青年学生的斗志,唤起了他们的创新意识,培养了其创新精神和创新能力,而且也能创造出积极向上的校园文化。创新的基础是学习和思考,而学习和思考都离不开实践。创新始于实践,终于实践,实践贯穿于创新的始终。实践是创新的根本,也是检验创新的主要标准。

五、企业新型学徒制

2018 年 5 月,国务院印发《关于推行终身职业技能培训制度的意见》,对全面推行企业新型学徒制做出部署安排。同年 10 月,人社部与财政部共同制定印发了《关于全面推行企业新型学徒制的意见》,在全国普遍推行这一制度。《关于全面推行企业新型学徒制的意见》要求深化产教融合、校企合作,创新中国特色技能人才培养模式。企业可结合生产实际自主确定培养对象,采取“企校双制、工学一体”的培养模式,即由企业与技工院校、职业院校、职业培训机构、企业培训中心等教育培训机构采取企校双师带徒、工学交替培养等模式共同培养学徒。

师傅带徒弟的传承一直是我国技术工人培养的主要方式,新型学徒制在传统的企业师傅带徒弟这一模式基础上,引入了职业教育培训机构协同开展培训,并由政府进行激励推动,给予政策支持和财政补贴。这是政府推动校企合作、产教融合的行之有效的创新举措,具有强大的生机和活力。

【拓展知识 1】为制造大国注入技能动力——我国职业能力建设工作 70 年回眸

大潮奔涌,且看东方。1949 年到 2019 年,中国取得了举世瞩目的发展成就,留下了一个个中国印记。

从制造新中国第一辆汽车、第一炉铁水、第一架飞机,到如今“神舟”飞天,“蛟龙”入海,一代又一代技能人才努力奋斗,创造了一个又一个人间奇迹。

70年波澜壮阔，作为培养、发展、评价技能人才的重要工作，职业能力建设工作取得了一系列辉煌成就。

70年来，终身职业培训制度从无到有，技能人才队伍建设逐渐完善。职业能力建设工作在改善就业质量，化解就业结构性矛盾，实现经济社会可持续发展上发挥着重要作用。

新中国建设：在希望的田野上萌芽起步

1952年，34岁的陈富文来到沈阳第二机器厂，在铸钢车间干起了最苦最累的铸造工。凭借早年打下的技术底子，经过夜以继日的刻苦钻研，他带领的小组试制成功国产首台800千瓦水力发电机转轮。

新中国成立伊始，全国经济基础极为薄弱。为尽快改变工业落后面貌，1953年，我国实施第一个五年计划，主要任务就是集中力量进行工业化建设，优先发展重工业，全社会对技术工人的需求激增。

作为对大国工匠的认可，陈富文被定为最高的"八级工"，月薪128元。"'八级工'是镇厂之宝，月薪比工程师和大学讲师的工资还高。"现任鞍钢股份有限公司冷轧厂首席技师李超，对这段口口相传的历史了如指掌。从1956年正式开始施行的"八级工资制"，是"按劳分配"背景下的产物，也代表着当时顶尖技术工人卓然的社会地位。

以就业为引导，职业培训的起点初见端倪。为适应国民经济恢复的需要，新中国成立初期，以失业工人为主体的转业培训兴办起来。

1950年，政务院出台《救济失业工人暂行办法》，实行了以工代赈、转业训练等失业工人救济方案；

1951年，政务院出台《关于改革学制的决定》，规定在初、中、高等教育阶段都设立补习和训练机构；

1952年，政务院发布《关于劳动就业问题的决定》，规定了对各类失业人员登记之后，应有计划地分批分期予以训练，逐步解决就业问题。

"就业走到哪里，职业能力建设工作就跟到哪里。"人社部职业能力建设司司长张立新表示，加强职业能力建设工作，是加快经济发展方式转变、促进产业结构调整的重要基础。新中国成立后，职业能力建设工作的特点就极为鲜明：它聚焦于人，落实于人，始终为就业服务、为经济发展服务。

1950年到1953年四年间,全国参加转业训练的失业工人就达15万余人。从1953年开始,为适应大规模经济建设发展的需要,职业培训的重点开始转移到提高后备技术工人和在岗技术工人上。

在人人渴望成为技术工人的时代背景下,技工教育发展迅速。“一五”期间,国家相继出台《技工学校暂行办法草案》《工人技术学校标准章程(草案)》等,确立了我国技工教育的基本制度。“八级工资制”时代,能培养出“四级工”的技工学校成为热门学校。到1961年,全国技工学校由解放初期的3所发展到2021所,在校生54万人。

改革开放:吹响深化发展的号角

党的十一届三中全会之后,1979年,国家劳动总局颁布了《技工学校工作条例(试行)》和《关于进一步搞好技工培训工作的通知》,强调必须有计划地开办新的技工学校,调整、整顿已有技工学校。

技工学校的复兴,代表着职业能力建设工作的全面重启。党的十一届三中全会指出,把全党的工作重点转移到经济建设上来。伴随着城乡就业规模不断扩大,就业结构不断优化,适应改革开放和新型劳动关系的新需要,职业能力建设工作迈上一个新台阶。

——技工学校发展如火如荼。20世纪80年代中期至90年代初,劳动部相继出台了《关于技工学校深化改革的意见》和《关于深化技工学校教育改革的决定》,确立了技工学校按照劳动力市场的需求,拓展培训领域,服务社会的改革方针。1992年,技工学校招生由指令性计划改为指导性计划,使技工学校向多形式、多层次、灵活的办学方式转变,并同经济体制、劳动制度改革相配套。

——职业培训得到蓬勃发展。1983年,全国培训工作会议确立全面实行先培训后就业制度的总目标。此后的10余年内,劳动部先后发布就业训练、企业职工培训的规定。各地创办劳动服务公司,针对待业人员开展就业训练。1999年,创业培训工作启动,创业带动就业的成效更加显著。

——职业标准的体系逐渐完善。1994年3月,劳动部和人事部联合颁布《职业资格证书规定》,对职业资格证书制度的基本内容做了明确规定,标志着我国正式建立了职业资格证书制度,将各种考核鉴定和资格认证纳入国家职业资格证书制度的轨道。

——职业技能鉴定工作扎实开展。1999 年 5 月，劳动部会同有关部门颁布了《中华人民共和国职业分类大典》，第一次对我国社会职业进行了科学规范的划分和归类，填补了职业分类领域的空白。

1995 年《劳动法》和 1996 年《职业教育法》的实施，更明确了国家发展职业培训事业，政府机构、教育机构、企业和其他社会团体开展职业培训的义务和责任，为职业能力建设的深层次改革和发展提供了法律依据和保障。

“《劳动法》和《职业教育法》的实施，意味着我国的职业教育和职业能力建设进入依法治教和科学管理的轨道，是形成职业教育法律法规和制度体系的起点。”人社部职业能力建设司副司长王晓君说。

21 世纪：技能引领未来

大国工匠方文墨出生于 1984 年。那时，他的父母已经在沈飞公司工作了近 10 年，是各自岗位上的“技术大拿”，受到同事景仰。

那是“八级工”最后的辉煌时代。随着经济社会发展，科学技术水平不断提高，进入 21 世纪，“八级工”概念逐渐淡化。你方唱罢我登场，在世界技能的最高舞台——世界技能大赛上，自 2011 年第 41 届起，每届大赛的中国代表队都在刷新历史最好成绩。在 2019 年 8 月结束的第 45 届世界技能大赛上，中国代表队更是获得 16 枚金牌、14 枚银牌、5 枚铜牌和 17 个优胜奖，再次荣登金牌榜、奖牌榜、团体总分第一。

一支具有世界水平的技能团队，让技能人才重回大众视野。近年来，“大国工匠”“金牌技师”成了热搜词，“重奖技能冠军”被广泛认同。尤其是党的十八大确立了建设人才强国和人力资源强国的目标，让职业能力建设工作在新时代取得了突破性进展。

与职业能力建设相关的法规政策体系基本形成

2007 年颁布的《就业促进法》对各级人民政府在开展职业培训、促进就业和劳动者职业能力提升的责任做了明确规定。

《国家中长期人才发展规划纲要（2010—2020 年）》《国家中长期教育改革和发展规划纲要（2010—2020 年）》和《高技能人才队伍建设中长期规划（2010—2020 年）》提出建立现代职业教育体系、推动企业培训的战略规划，为全社会职业培训体系的健全和发展指明了战略方向和具体举措。

《新时期产业工人队伍建设改革方案》《关于提高技术工人待遇的意见》要求完善技术工人培养、评价、使用、激励、保障等措施，实现技高者多得、多劳者多得，增强技术工人获得感、自豪感、荣誉感，激发技术工人积极性、主动性、创造性，明确了今后职业能力建设工作的重点。

面向全体劳动者的终身职业培训制度逐渐确立

2010 年，国务院印发《关于加强职业培训促进就业的意见》，提出构建面向全体劳动者的职业培训制度。

2018 年，经国务院常务会议审议通过，国务院印发《关于推行终身职业技能培训制度的意见》，明确了当前职业技能工作的目标任务和政策措施，提出推行终身职业技能培训制度，大规模开展职业技能培训。

2019 年 5 月，国务院办公厅印发《职业技能提升行动方案（2019—2021 年）》，提出 2019 年到 2021 年持续开展职业技能提升行动，全面提升劳动者职业技能水平和就业创业能力。

技工院校的实力不断增强

2000 年，劳动和社会保障部印发《关于加快技工学校改革工作的通知》，提出对技工学校调整和重组，数年间逐步形成技工学校、高级技工学校和技师学院 3 个层次的培养体系。

2010 年，人社部印发《关于大力推进技工院校改革发展的意见》，明确了形成以技师学院为龙头、高级技工学校为骨干、普通技工学校为基础的覆盖城乡劳动者的技工教育培训网络。

党的十八大以来，人社部先后出台《关于推进技工院校改革创新的若干意见》《技工教育“十三五”规划》，对技工院校加大投入力度，优化人才培养结构，提高办学质量。

技能人才评价体系不断健全完善

2015 年 7 月，人社部会同国家质检总局、国家统计局组织 74 个国务院部门和行业组织，修订完成并颁布 2015 年版《中华人民共和国职业分类大典》，建立新职业信息发布制度。

2013 年，人社部先后分 7 批取消 434 项职业资格许可和认定事项。

2017 年 9 月，经国务院同意，人社部向社会公布实施《国家职业资格目录》，实行清单式管理。

2018 年 11 月，人社部印发《在工程技术领域实现高技能人才与工程技术人才职业发展贯通的意见(试行)》，建立高技能人才与职业技术人才职业发展通道；同时明确，技工院校中级工班、高级工班、预备技师班毕业，可分别按相当于中专、大专、本科学历申报评审相应专业职称。

2019 年 8 月，人社部印发《关于改革完善技能人才评价制度的意见》，深化技能人员职业资格制度改革，建立并推行职业技能等级制度，由用人单位和社会培训评价组织按照有关规定开展职业技能等级认定。

为保证重点群体充分就业，春潮行动、技能振兴专项行动、技能就业专项行动在全国开展；协助技能扶贫，技工院校开展技能扶贫千校行动，“两后生”受教育、就业有了着落；以世界技能大赛为龙头、国内技能竞赛为衔接，一大批优秀技能人才脱颖而出，晋升技师、高级技师职业资格……

“国家从各方面提高了技术工人的物质待遇和社会地位，现在的工人有精气神，有归属感。”方文墨说，新时代的技术工人焕发出了光彩。

截至 2018 年，全国技能人才总量近 1.7 亿人，全年共组织各类职业培训 1651 万人次。全国 8912 个职业鉴定机构，为 1135 万人提供职业技能鉴定服务。2379 所技工院校，在校学生 341.6 万人，每年的招生人数节节攀升。

70 载春华秋实，蓬勃发展的职业能力建设工作，以面向全民培养技能的“广度”，培育“高精尖”人才的“深度”，深刻诠释着习近平总书记提出的“发展是第一要务，人才是第一资源，创新是第一动力”的精辟论断。

“智能制造的发展，就业形态的变化，为新时代职业能力建设工作提出了新要求、新挑战。”张立新说，在实施中国制造 2025 战略、向制造强国迈进的过程中，需要更多技能人才。

站在新起点，我国将与时俱进，不断完善技能人才培养、选拔、评价、表彰体系，为高质量发展提供强劲人才动力。

(资料来源：中国劳动保障报，2019 年 9 月 28 日。文章作者：赵泽众)

【拓展知识2】技能报国正当时——新中国成立70周年高技能人才工作巡礼

“宁可少活二十年，拼命也要拿下大油田。”这是铁人王进喜的豪迈誓言。

“我们用事实证明：中国的码头工人不比别人差，别人能干的，我们也能干，别人不能干的，我们照样能干！”这是当代“金牌工人”许振超的自信宣告。

“拥有精湛的技能，一样可以让生命熠熠生辉。”这是斩获第44届世界技能大赛最高荣誉“阿尔伯特·维达”大奖的新时代技工宋彪的人生宣言。

国家发展靠人才，民族振兴靠人才。70年风雨兼程，70年沧桑巨变，技能劳动者始终是推动历史进步的动力。高技能人才是各行各业产业大军的优秀代表，是技术工人队伍的核心骨干。新中国成立以来特别是党的十八大以来，高技能人才队伍建设步入“快车道”，技能报国、匠心回归，劳动光荣、技能宝贵、创造伟大成为时代风尚。

夯实制度地基，吹响进军技能大国的嘹亮号角

人才造就伟业，时代呼唤人才。党中央对技能人才发展高度重视。习近平总书记指出：“作为一个制造业大国，我们的人才基础应该是技工。”“工业强国都是技师技工的大国，我们要有很强的技术工人队伍。”这些重要论述，为高技能人才事业发展指明了方向、提供了遵循。

“铁人式好工人”王为民、“油井女杰”束滨霞、“焊接巧匠”高凤林、“创新楷模”王洪军、“高空养路人”赵大坪、“机电大王”杨杰……一批批技能楷模和大师成长的背后，是技能人才建设政策制度的有力支撑。

1949年10月1日，新中国在废墟上站立起来。历经战乱，失业成为新生的人民政权面对的一个棘手问题。为破解这一问题，1950年5月，政务院通过《关于救济失业工人的指示》。随后，全国各地普遍开展了以工代赈和转业训练。从1950年到1953年，全国参加职业训练的失业人员达15万多人，众多人通过培训获得了工作。

1953年，我国实施第一个五年计划，对技术工人的需求激增，国家开始建立有计划培养后备技术工人的制度，“一五”期间，相继出台《技工学校暂行办法草

案》《工人技术学校标准章程(草案)》等,确立了我国技工教育的基本制度。从1949年到1959年,全国共培养技工20余万人,通过各类形式培训技术工人800多万人,奠定了新中国工业化建设的工人队伍主体。

1978年,国务院批准全国技工学校综合管理工作由教育部划归劳动总局,各级劳动部门开始恢复和建立职业培训管理机构,积极开展职工培训工作。

改革开放初期,把经济建设转到科技进步和提高劳动者素质的轨道上来,是经济建设实施的重要指导方针。1981年2月,《关于加强职工教育工作的决定》颁布,全国职工培训工作出现了蓬勃发展的新局面,到20世纪80年代末,对3000万职工进行了初中文化、初级技术补课和政治培训,累计培训职工达2亿人次。全国各类职工学校、培训中心,以及企业办学率达70%以上,许多大中型企业投资建起了工人技能训练基地,工人技术等级培训稳步发展。在工人中评聘技师、高级技师,调动了工人学习技术业务的积极性,累计培训中级工1200万人次、高级工350万人次,评聘技师20万人次,初步形成从初级工、中级工、高级工到技师、高级技师的工人技术等级和技术职务序列及培训体制。

长期以来,我国在人才培养方面推行单一的学历文凭制度,限制和妨碍了劳动者在不同层次、不同方向的发展,也造成职业培训工作重理论知识、轻操作技能,重学历文凭、轻工作经验,脱离经济实际、脱离生产劳动的倾向。为此,1993年7月,劳动部颁发了《职业技能鉴定规定》,对劳动者进行技术等级考核和技师、高级技师的考评。1994年2月,劳动部、人事部颁发了《职业资格证书规定》,将专业技术资格和职业技能鉴定纳入职业资格证书制度。1994年5月,劳动部对职业技能鉴定实行社会化管理。

“十一五”期间,我国经济发展和就业形势都对高技能人才队伍建设提出了新挑战。提升劳动者素质能力,加强对技能人才的培养,实现由数量就业向素质就业转变,成为根本出路。

2003年12月,全国人才工作会议明确提出,高技能人才是国家人才队伍的重要组成部分,将高技能人才提升到与高层次人才并列的高度。全面加强高技能人才工作由此发轫,一系列重大政策不断出炉,制度不断创新,与新中国成立以来的《劳动法》《职业教育法》《民办教育促进法》《就业促进法》等相关法律法规交相辉映,构筑起技能人才工作的法律政策框架,为新时期高技能人才工作提供了有力支撑。

2006年,《关于进一步加强高技能人才工作的意见》应运而生,意见明确提出,要建立起培养体系完善、评价和使用机制科学、激励和保障措施健全的高技能人才工作机制,使其成为我国高技能人才政策制度基础。

2010年,《国家中长期人才发展规划纲要(2010—2020年)》出台,首次将高级能人才队伍建设纳入国家人才队伍建设总体规划,提出了高技能人才未来十年发展的“硬”目标。2011年,作为纲要的配套规划,《高技能人才队伍建设中长期规划(2010—2020年)》发布,成为10年间我国高技能人才制度建设规范。这标志着我国国家层面对于高技能人才建设的目标、举措、载体、投入均已明确。

使命在肩,步履所达。近年来,从开展技能振兴专项活动到全面推行企业新型学徒制,从推动技工院校改革创新发展到对“十三五”技工教育绘出蓝图,从深入实施高技能人才振兴计划到组织实施职业技能提升行动,从建立职业资格证书制度到清理规范职业资格相关活动,再到减少职业资格许可认定工作……人社部门一路砥砺前行,高技能人才工作成就显著,一树繁花春似海。

技能人才总量大幅攀升,人才素质明显提升。2019年,全国技能劳动者总量近1.7亿人,高技能人才近4800万,占技能劳动者比例近29%。

一支门类齐全、结构合理、技艺精湛、素质优良的高技能人才队伍,正在民族伟大复兴的新征程上加快集结。

激活力添动力,技能人才在“大时代”振翮高翔

2018年全国“两会”上,一名95后砌筑工出现在全国人大代表的名单中,有媒体报道:“小泥工遇到了大时代。”中国经济迈向高质量发展,对知识型、技能型、创新型劳动者大军的渴求前所未有,这是高技能人才大有作为的“大时代”。

从新中国成立后五六十年代“工人老大哥”的荣光,到“下岗潮”后一代工人的失落,一段时间以来,经济待遇偏低、社会地位不高、发展通道狭窄,导致人们不愿从事技能工作。为了破解痼疾,各级部门直面问题,努力让技能人才有尊严、有出路、有奔头,开启了技能人才发展的春天。

解决发展瓶颈问题——

构建技能成长通道。从计划经济体制到社会主义市场经济体制，我国先后通过实行工人技术等级考核、推行职业资格证书制度等方式，对技术工人进行职业技能评价，初步建立起由初级、中级、高级工和技师、高级技师五个等级构成的国家职业资格体系。

为技能人才放权松绑。从2013年开始，人社部牵头清理职业资格许可认定工作，报经国务院同意共七批取消了434项部门设置的职业资格。放权松绑，让技能人才就业创业更为便捷，“才富”变为财富的通道更为通畅。公布140项国家职业资格目录，发布13个新职业，制定修订90个国家职业技能标准，带起一支队伍，兴起一方产业。

积极推进技能人才评价机制改革。进一步突破年龄、资历、身份和比例限制，健全以职业能力为导向、以工作业绩为重点、注重职业道德和职业素质的技能人才评价体系。打破职业技能评价与专业技术职称评审界限，贯通高技能人才与专业技术人才职业发展通道，有力打破技能人才职业发展的“天花板”。开展企业技能人才自主评价，引导和鼓励人才把“论文”写在车间里、写在流水线上。

解决待遇不高问题——

2018年，中办、国办印发《关于提高技术工人待遇的意见》，把提高技术工人待遇上升到全局高度，提出要实现技高者多得、多劳者多得。各地相继实施工资激励计划，提高技术工人收入水平，在人才落户、职称评审、学历认定等方面，给予技能人才和专业技术人才同等重视。

解决荣誉感不强问题——

开展评选表彰活动。1995年，劳动部会同46个行业主管部门及各省、自治区、直辖市建立了中华技能大奖和全国技术能手评选表彰制度。到2019年，高技能人才表彰活动共举办14届，表彰“中华技能大奖”获得者260名、“全国技术能手”3028名（不含竞赛授予），2729名高技能人才享受国务院政府特殊津贴。

技能竞赛如火如荼。我国职业技能竞赛始自20世纪50年代的企业工人技术比赛、技术比武等活动。从2014年开始,我国每年举办国家级一类大赛近10项、国家级二类竞赛50余项,参与竞赛人数达到1000多万人,涉及的竞赛职业工种有上百个。同时,各地区也结合实际组织开展了各类省级竞赛活动。

世界技能大赛被誉为"世界技能奥林匹克"。我国2010年加入世界技能组织,2011年首次参加世界技能大赛,到2019年已参加五届大赛,累计获得36枚金牌、29枚银牌、20枚铜牌和58个优胜奖。第44届世界技能大赛上,中国荣登金牌、奖牌榜榜首,进入世界技能竞技领域"第一方阵"。在俄罗斯喀山的第45届世界技能大赛上,中国代表团蝉联金牌榜、奖牌榜、团体总分第一。

蓬勃开展的技能大赛,为优秀技能人才脱颖而出搭建了圆梦舞台,已有5000余人通过职业技能竞赛荣获"全国技术能手"荣誉,一大批优秀选手晋升了国家职业资格等级。各地竞相涌现的技能比赛与世赛形成"矩阵效应",点燃了年轻人学技能、钻研技能的热情,激发出全社会更加尊重技能人才、劳动光荣的社会风尚和精益求精的敬业风气。

增进感情交流,密切思想联系。实施高技能人才国情研修规划,帮助高技能人才了解国情,"用技能报国,不负历史赋予的光荣使命"成为技能大师的共同心声;开展高技能领军人才代表暑期、冬季休假活动,向社会传递清晰的崇技尚能信号;在政治舞台上,"技能面孔"数量大增,党的十九大上,一批大国工匠响亮发声。

通过一系列举措的实施,"知识改变命运、技能成就未来""崇尚一技之长、不唯学历唯能力"理念逐渐深入人心,技术工人职业荣誉感、自豪感、获得感不断增强,催生出技能人才价值得到体现、能力得到发挥、活力得到释放的可喜局面。

技工教育实力不断增强,职业培训大有作为

2012年,焦喜春大学毕业后到深圳一家化妆品公司工作,月薪不足3000元。半年后,他辞职回家乡的一所技校"进修"。经过一年学习,他成了上海大众长沙分公司的维修电工,月薪近8000元。

技能是立业之本。传承技术技能,技工教育使命在肩。焦喜春的经历并非个例,这是我国技工教育实力不断增强的反映,也是就业观念转变、"匠心重铸"

的缩影。

转型升级的鼓点激发着技工教育快马加鞭，培养高智、高技且独具匠心的“新蓝领”，成为技工教育的重要目标。《技工教育“十三五”规划》为技工教育事业发展描绘了新的蓝图，处在崭新历史方位，技工教育被赋予光荣使命，为推动中国制造“品质革命”奋力前行。

多方参与，塑造高技能人才培养新格局。技能人才培养，不是政府一家独唱，也不是院校独舞，需要根植于企业的土壤。目前，技工院校将校企合作上升为技工教育基本办学制度，校企共同招生招工、共商专业规划、共议课程开发、共组师资队伍、共创培养模式、共建实习基地、共搭管理平台、共评培养质量，“校企双制、工学一体”的高技能人才培养模式在神州大地处处生花。

紧盯就业和产业发展需求。2018 年，人社部颁布《全国技工院校专业目录》，共设置了 15 个大类 280 个专业，列举了 54 个专业方向，新增了无人机应用、3D 打印、物联网应用等一大批新专业和专业方向，新兴产业亟须的高技能人才正在加速培养。截至 2018 年底，全国共有技工院校 2379 所，在校生 341.6 万人，毕业生就业率保持在 97%以上。

解决人才结构性矛盾，最根本的举措就是广泛开展职业培训。从外来务工人员职业技能提升计划“春潮行动”到高校毕业生技能就业行动、从化解过剩产能企业职工特别培训计划到残疾人职业技能提升计划、从外来务工人员等人员返乡创业培训计划到新生代外来务工人员职业技能提升计划，一批技能培训计划给相关群体送去了技能，带来了实惠。随着国家重大人才工程之一——高技能人才振兴计划的持续实施，全国累计建设 698 个国家高技能人才培训基地、862 个国家技能大师工作室。目前，全国每年开展政府补贴职业培训 1600 多万人次。

与此同时，面向全体劳动者的职业培训体系逐步构建。2018 年，我国确立并推行面向全体劳动者的终身职业技能培训制度，“招工即招生、入企即入校、企校双师联合培养”的企业新型学徒制在我国全面推行，技能人才培养模式迎来重大创新。2019 年，我国开展职业技能提升行动，按照行动目标，3 年期间，国家将投入 1000 亿元完成培训 5000 万人次，随着大规模的职业技能培训的实施，我国劳动者职业技能水平和就业创业能力将得到全面提升。

存粮千斗，不如一技在手。从“授鱼”到“授渔”，职业技能培训是促进贫困劳动力转移就业脱贫的根本举措。2016 年 7 月，人社部、国务院扶贫办开展技能脱贫千校行动，这一行动被写进打赢脱贫攻坚战三年行动中。为实现应培尽培、能培尽培，技能扶贫政策供给力度不断加大。2018 年 9 月，人社部、国务院扶贫办在全国组织开展深度贫困地区技能扶贫行动。号令一发，全国响应，各地根据实际进一步释放政策红利。2018 年全年开展贫困劳动力培训 200 万人次，技工院校招收建档立卡贫困家庭子女 6.42 万人。2019 年，技能脱贫千校行动向纵深发展，技能扶贫冲刺之势蓄势待发。

涓涓细流，汇聚成河。一批具有精湛技艺、高超技能和较强创新能力的高技能领军人才成长成才，技能人才队伍结构不断优化，素质不断提高。

匠心回归，技能报国成为时代强音

没有一流的技工，就没有一流的产品。国际经验证明，技能人才是通向制造业强国的阶梯。

从新中国成立以来的一穷二白到经济总量跃居世界第二，我国经济实现了从温饱到共赴全面小康的历史性跨越。改革开放以来，中国经济融入世界的一个重要标志，就是“中国制造”走上世界舞台。党的十八大以来，更是用创新赋能，中国制造向全球价值链高端攀升。创造这一奇迹的，正是中国广大劳动者，特别是数亿技能劳动者一双双勤劳的双手。

他们是爱岗敬业的劳动者，是扎根炼钢生产一线的钢铁工人，是从最基层干起的“专家型”桥梁工人，是坚守“最苦”岗位、工作“零差错”的细纱挡车女工，是进行高压线路作业、守护万家灯火长明的电力检修工……他们在一线成就事业、施展才华，秉持“岗位可能平凡，人生不能平淡”的理念，把职业作为事业、把技能作为追求，用光辉业绩书写人生华章，用行动报效祖国。

他们是精益求精的坚守者，是在高空中拼接 40 多万块反射面板、吻合误差以毫米计算的吊装工人；是加工出精度为 0.003 毫米的航空产品零件、为国之重器打造最强“心脏”的航天钳工；是在软若豆腐般的岩层间精准爆破、误差控制远小于最小规定的隧道“爆破王”……他们追求完美、精益求精，认真对待每一次组装、每一道工序、每一次服务，于寻常中追求极致，用精准吸引世界的目光。

他们是勇于革新的创新者，是潜心研发几十项成果用于生产实践的“设备神医”;是提升企业机床产品加工精度的“研磨大师”;是采油绝技累计创造经济效益过亿元的石油工人;是独创“一枪三焊”法、让复兴号批量生产成为现实的焊接大师……创新是他们的闪亮名片,他们潜心钻研,不断攀登技能技术高峰。

航空航天、交通能源、加工制造、电子科技、社会服务……三百六十行,行行出状元。各条战线、各个领域的高技能人才奋战在生产和服务一线,在加快产业优化升级、推动技术创新和科技成果转化、提高企业竞争力等方面发挥了不可替代的重要作用。“做新时期知识型、技能型、创新型劳动者”,无数高技能人才用奋斗的汗水、精湛的技艺成就了中国速度、中国精度。

质量之魂,存于匠心。伴随着中国制造业升级的,还有“工匠精神”的回归。从“四大发明”、都江堰,到青花瓷、中式园林,从鲁班刻凤、庖丁解牛到《考工记》《天工开物》,中国自古就不缺少“工匠基因”。新中国成立后,石油工人们手提肩扛在荒原上竖起钻机,“两弹一星”、载人航天事业中技能大师把每次测试做到极致,一大批追求卓越、忘我奉献的模范人物,闪耀着“工匠精神”的光辉。近年来,中国高铁亮相巴西里约热内卢,中国核电设备进入南非核电站,华为、海尔等企业产品热销全球,都是新时期“匠人匠心”的代表。

从《大国工匠》《我在故宫修文物》等纪录片的“走红”带给人们感叹与感动,到国人在海外排队抢购奶粉、马桶盖带来自省与反思,再到“工匠精神”被写入《政府工作报告》带来欣喜与振奋,“工匠精神”如涓流入海,渐渐在各行业形成共鸣,在全社会汇成共识。

数据显示,在适龄生源减少的情况下,2016 年、2017 年全国技工院校在校生数量实现两连增。倾心技能的年轻人越来越多,技能成才、匠心回归的时代奔腾而来。

从“嫦娥”探月到“蛟龙”探海,从神舟飞天到高铁奔驰,从“墨子号”遨游太空到“中国天眼”落成启用,从解答“圆珠笔之问”到建设港珠澳大桥……一个个惊天骇地国之重器的背后,是一名名匠人默默无闻的奉献,一系列令国人自豪、让世界瞩目的自主创新成果的背后,是新时代中国能工巧匠规模壮大、活力迸发、技艺提升的璀璨景象。

历史交会处,技能人才工作立足民族复兴伟业,聚焦“中国制造 2025”和创新驱动发展战略,围绕“一带一路”建设、京津冀协同发展、长江经济带发展、东北振兴、中部崛起、西部大开发等国家和区域经济发展战略的需求,提供技能人才保障和支撑。数以万计的技能人才在平凡中坚守、在执着中超越，将无限忠诚转化为彰显中国的力量。

回顾既往，豪情满怀。展望未来，信心百倍。技能成才的大好时代已经到来，日益壮大的技能人才大军，必将助推中华民族伟大复兴中国梦顺利实现！

（资料来源：中国组织人事报，2019 年 9 月 23 日。有删改）

第三节 求职技能培养

一、处理就业信息的能力

大学生要顺利实现就业，就必须了解国家和相关主管部门有关高校毕业生就业的方针、政策和规定，掌握用人单位的招聘以及本人自身的择业程序，获取必要的、真实的、准确的就业信息。

就业信息是指经过加工整理，能被择业者接收并对其选择的职业或职位有价值的消息、资料和情报。就业信息可分为广义就业信息和狭义就业信息，或称为宏观信息和微观信息。

宏观信息是毕业生就业的总体形势、社会对人才需求、就业政策、就业活动等。微观信息是具体用人信息，如需求单位性质、单位的特色、专业要求、行业现状及发展前景、岗位描述、用人单位提供的条件。

收集就业信息是高校毕业生求职择业前的一项重要任务，就业信息越广泛，择业的视野就越宽阔；就业信息质量越高，择业的把握性就越大。而高质量的就业信息存在于广泛的信息之中，因此，必须利用各种渠道、手段，广泛、全面地收集与择业有关的各种信息，为就业做好充分的准备。

（一）就业信息的特点

1. 社会性

就业信息的社会性表现在与就业信息相联系的是人们的活动，并且它与很多部门及个人相关联。与个人就业相关的信息必然存在于个人所能认知的社会关系中，这就要求大学生利用一切可以利用的社会关系来获取就业信息。

2. 时效性

就业信息的效用是有一定期限的,过了期限,效用就会减少,甚至丧失。比如某企业近日欲招聘两名技术员,当日若有人去应聘并被录用,那么这条信息在次日就失去了效用。信息只能在得到并及时利用的情况下才会有理想的使用价值。

3. 可变动性

高等教育人才培养是周期性的,大学生入学时选择的是热门专业,就业需求量很大,并不意味着毕业时同样能有当初的就业需求量。例如,前些年金融、会计、财贸专业人才紧缺,就业需求量很大,而这几年这类人才相对饱和,用人需求量下降,获得职位的机会相对较少。反之,如食品、纺织专业人才供给量较少,需求量增加,就业机会也会相应增加,由此可见,就业信息总是随着人才的供需矛盾而变动的。就业信息在不同时期、不同环境下受国家政治、宏观经济形势的影响,一些符合国家产业政策的行业将得到大力发展,不在国家产业政策支持范围内的行业发展相对缓慢,与国家产业政策相背离,对环境、生态有危害性的行业将逐步被淘汰出局。所以,就业信息总是随国家政策支持的力度而变化的。

4. 承载传递性

就业信息总是处在一定的流动过程中的,大学生必须善于在信息变化过程中获取与自己相关的信息。就业信息总是通过一定的载体(媒介)来进行传递的,如网络、报纸、电话等。学校、学院(系)就业指导机构获得用人信息后,应及时公布给学生,使学生从中获得最新资料。

5. 共享性

就业信息可同时被众多的使用者看到或使用。用人单位会多途径发布就业信息,这就要求大学生在获得就业信息后必须快速做出决断。就业信息的共享性意味着择业的竞争对手并不局限于周围的同学,还有全国其他高校同一专业的学生。

6. 效用性

就业信息的效用性就是它的使用价值。毕业生根据就业信息找到了适合自己的工作岗位,满足了个人生存发展的需要;同时,企业找到了合适的人才,取得了社会效益,这是就业信息的正效用。当然,如果就业信息不准确或对就业信息认识不深,也会给个人和社会带来负效应。

7. 可积累性

就业信息具有可积累性,因而它更有收集和整理的价值。就业信息虽然会老化、过时,但就业信息积累越多,对就业的形势、特点认识就越清楚。

8. 价值的相对性(即信息的两面性)

就业信息的价值不是绝对的,从严格意义上讲,任何就业信息的价值都是相对的。同样一个信息,对一部分人来说是非常有价值的,对另一部分人来说可能会无价值。值得强调的是,人们所获取的就业信息并不是每一条都是有价值的,有时会由于传递过程中的失误,产生“伪信息”;有时个别招聘单位会出于某种目的,故意采用捏造、欺骗、夸大、假冒等手段制造人为的“伪信息”。这就提醒择业者在使用信息时要学会甄别,以免失误或者上当受骗。

(二)就业信息的内容

1. 政府部门的就业决策信息

政府是对社会进行统一管理的权力机构,如果个人能了解政府政策并遵循政策,充分利用政策提供的条件,那么就利于顺利就业。反之,对政策了解不够或违背政策,就会妨碍个人顺利就业,因此必须收集和研究各级相关政策、规定。

2. 国家颁布的有关就业的法律法规信息

国家通过法律法规来管理和规范组织和个人的活动,排除组织之间的纠纷,制裁违法行为。法律法规既赋予了组织和个人进行各项活动的权利,又赋予了组织和个人同一切侵犯自己合法权益的行为做斗争的有效手段。依法办事,不仅可以取得合法权益,还可以捍卫自己的正当权利,减少不必要的损失。作为大学毕业生,必须清楚地了解有关就业的法律法规,学会用法律手段来保护自己。目前已出台的相关法律有《中华人民共和国劳动法》《中华人民共和国劳动合同法》等。

3. 有关社会职业方面的信息

现代社会有许多行业、职业的划分,其中具有代表性的分类包括:第一,从行业上划分,可分为第一、第二和第三产业职业类别。从目前我国产业分布状况来看,第一产业(农、林、渔、畜、牧业)人数比重较大,而第三产业(商业、服务业、旅游业、信息业等)人数比重较小。第二,从所有制上划分,可分为全民所有制、集体所有制、劳动者个体所有制等职业类别。第三,从职业与各级各类学校的专业对应来分,可分为高等学校专业、中等学校专业和职业技术学校专业。第四,从工作特点上划分,可分为实务、社会服务、文教、科研、艺术及创造、计算及数学、自然界、户外、管理等类型职业。第五,按职业横向分类,可分为各类专业技术职业、国家机关、党群组织、企事业单位、商业工作、服务性工作、农林牧渔劳动、工业生产和运输及不便分类的其他职业。

4. 来自有关用人单位的就业信息

掌握招聘单位的信息,不仅指在招聘广告和职业信息中选择出最适合自己的求职机会,而且还包括在初步确定了自己想应聘的职业或岗位后,对该招聘单位及应聘岗位工作要求有所了解。对招聘信息多掌握一点,求职的选择机会就多一点;对招聘单位多了解一点,求职的成功率则会高一点。掌握和了解用人单位的信息量越大,判断的准确率就会越高,反之则越低。

(三)收集就业信息的渠道

1. 学校的主管部门

各高校就业指导中心是组织协调全校毕业生就业工作的职能部门,一般都设有“毕业生就业信息专栏”,及时发布就业信息。各院(系)就业指导办公室是组织协调本院(系)毕业生就业信息的职能部门,一般也都设立“毕业生就业信息发布专栏”。毕业生可以直接到校就业指导中心、院(系)就业指导办公室咨询就业信息。就目前状况来看,毕业生从学校得到的就业信息数量大,可信度高,其针对性、准确性均较强,是毕业生就业信息收集的主要渠道。校就业指导中心和各院(系)就业指导办公室通过组织招聘会,架起供需桥梁,可使大学生顺利就业。

2. 各级政府主管部门和就业指导机构

为了适应毕业生就业制度改革的需要,县级以上各级政府多数都成立了毕业生就业指导机构,这些机构的主要职责就是制定所辖区域的毕业生就业政策,交流毕业生和用人单位的供求信息,为毕业生提供各种咨询和服务。

3. 各级人才交流会

全国及各省、市举办的规模不等、形式多样、定期与不定期的“双向”活动或招聘会,具有时间集中、信息量大、针对性强、双方面对面接触的特点,是毕业生了解信息、成功择业的好机会。

4. 师长和校友

在高校中,有许多专业教师与校外的研究机构、企业等进行合作,共同开发科研项目,也有许多教师在行业协会中兼职,并参加各类行业年会与学术交流会,大学生可以通过有关教师获得用人单位的信息。同时,校友也是获取用人单位信息的有效途径,大学生可以利用学生干部经历,参加学校组织的学生活动的经历,或者其他社会关系,请他们帮忙收集其所在单位或行业内的就业信息。另外,也可以与已在自己感兴趣的单位供职的校友联系,请他们提供其单位的招聘信息。

5. 家长和亲友

大学生在收集就业信息时,动员家长、亲戚、朋友为自己收集就业信息,也是一个非常有效的途径。家长和亲友的社会交往广泛,社会经验丰富,对大学生的人品、学业、能力、个性等情况也相对比较了解,容易提供适合供需双方要求的信息。

6. 社会实践和毕业实习

按照学校的教学安排要求,在校学生要利用寒暑假进行社会实践。大学生可充分利用业余时间在校外兼职,了解单位对大学毕业生的需求情况;同时了解现有的职位、职业竞争机会和用人单位内部管理情况,为日后的择业增添竞争砝码。并且,最后一学期的毕业实习是大学生踏入社会的前奏,是参加工作的预演,所以每个人都必须充分重视这一难得的经历。实习经历一方面可使用人单位对大学生有所认识、了解,另一方面可使大学生自己对社会工作有深入的认识。如果大学生向单位证明他是一个有价值的职员,在实习过程中展现出其才华、能力与敬业精神,将会为大学生成功应聘该用人单位奠定良好的基础。

7. 有关新闻媒体发布的招聘信息

许多用人单位的招聘信息经常出现在当地的晚报、广播电视报及相关行业的专业性报纸等新闻媒体上,大学生应注意定期收集,并向他们索要有关资料。同时,也可以查阅电话簿的分类目录来获取有关企业的名称、地址及联系方式。

8. 网络平台

网络作为开放式的信息平台,正以日新月异的速度发展,并使人们生活中的各个领域发生着深刻变化,而网上求职正以其开放、全面、快捷的特点逐步形成规模。我国各地纷纷建立了人才信息网,方便了网上就业信息查询。大学生要学会利用网络进行就业信息的搜索。

9. 其他途径

通过参加各级各类"博览会""产品展销会"等了解企业情况,收集就业信息,如服装发布会、高新技术成果展、机械产品博览会等。

(四)就业信息的筛选整理

在广泛收集信息的基础上,结合国家有关的政策、法规及自己的实际情况,有目的、有针对性地对信息进行筛选、整理和分析是非常必要的。只有当信息具有准确性、全面性和有效性后,才能更好地为就业决策服务。

1. 就业政策信息筛选整理

就业政策信息筛选整理可分为国家就业政策信息与各地方政府就业政策信息两类。国家就业政策信息较为稳定,对其主要内容要记录下来,如有调整应及时更新;各地方政府就业政策是各不相同的,每年都有适度的"从宽"或"从紧"的调整,在初步确定求职地域后,应关心当地的人事政策,包括户口迁移、养老保险、应届大中专毕业生准入条件等相关内容,对比整理,以便于进一步使用。

2. 单位分布区域筛选整理

单位分布区域筛选整理一般可分为一线城市,新一线城市,二线、三线城市等。一线城市,包括北京、上海、广州、深圳;新一线城市,如青岛、南京、苏州等。同时,也可以分类整理目标单位是分布在市区、郊区还是开发区。

3. 企业品牌知名度分类整理

企业品牌知名度分类整理是在调查研究的基础上,对企业的知名度、资产规模、产品的市场占有率、发展潜力等进行综合排序,适度归类整理。

4. 网上就业信息筛选整理

将互联网上收集的就业信息进行及时的整理也会对就业有很大的帮助。除用笔记本记录外，也可以用文本文档或写字板，把网上有用的信息摘录下来。对填写过简历的网站和单位要重点记录。有的网站有个人信息登录密码，最好把密码写在本子上，以免遗忘。值得一提的是，在网上获取的就业信息必须经过反复筛选整理才有参考价值。

（五）就业信息的使用

在就业信息的使用中一定要注意以下几点。

1. 就业信息有很强的时效性，要及时使用，过期就成为无效信息，当收集到广泛的信息并加以分析处理后，应尽早决断并向用人单位反馈信息，因为条件较好的职业人人都会被吸引，而录用指标是有限的，所以犹豫不决可能会痛失良机。

2. 对于就业信息要善于拓展分析，许多信息的价值往往不是直观的，使用者必须深入思考，加以引证才能发现。当获得一定量的就业信息时就必须善加利用，否则将一无所获。

3. 就业信息的选择是一门集思想性、政治性、科学性、综合性于一体的学问，其中也包括方法论科学。要选择得好，就必须在较短的时间内查阅大量的信息，以便从中迅速发现最有用、最重要的信息；要学会鉴别、判断，善于识别信息的准确性、有效性和可行性。在传递过程中由于来源和人为的一些因素，部分信息的失真是在所难免的，这就必须通过查询、核实来加以修正、充实，使信息具有有效性。同时，必须依据各自的实际情况和有关方针政策找到最适合自己的信息，使信息具有可行性。择业的成败在很大程度上取决于对就业信息如何进行选择。

二、正确评价自我的能力

自我评价是自我认知的过程。大学生就业的自我评价的内容包括职业身体素质、自身的知识结构、自身的能力水平、职业个性特征等。通过合理地自我评价，扬长避短，充分发挥自己的主观能动性，科学地选择适合自己的就业岗位。

(一)职业身体素质评价

职业身体素质评价是通过择业者对自身身体能力的认识、分析、评价,以判断所能适应的职业的过程。身体是一切活动的基础,没有健康的体魄,就不能胜任相应职业活动的要求。职业身体素质主要指体力、身体动作的敏捷性和平衡性、言语、视、嗅觉器官的结构与功能及全身整体的协调控制能力。职业身体素质评价可通过某些专项测试、参照国家体育锻炼标准、与周围人比较、参照特定职业身体素质要求等进行,有些职业对身体素质要求较高,择业者应科学评价自身特点,做到"力所能及"。

(二)自身知识结构的评价

知识结构是指一个人经过专门学习培训后所拥有的知识体系的构成情况与结合方式。所谓合理的知识结构,是指既有精深的专门知识,又有广博的知识面,能够适应事业发展需要的最合理、最优化的知识体系。建立合理的知识结构是一个复杂长期的过程,要注重知识的整体性与层次性,树立终身学习的观念,积极主动地适应科技发展,不断更新知识,不断适应职业岗位变化与发展的要求。

(三)职业能力自我评价

能力直接影响活动效率,是顺利完成某种活动的主观条件,它总是和活动密切相连。人的职业能力,即从业人员胜任某种职业而必备的能力,既与一般能力有关,更与特殊能力密切相关,是各组成要素相互联系、影响、制约的动态综合系统。

职业能力的自我评价既有一般能力评价,也有职业所需的特殊能力评价。评价的方法主要有一般性评价和定量测验两类。一般性评价是指对自己的理论思维、逻辑推理、语言表达、动手操作、社会交往、创造性、组织管理能力等因素的评价。定量测验是在一定理论指导下,通过对能力各组成要素的标准化、数量化测验,评判其一般能力或某方面特殊能力的大小或与他人的差异。能力测验的方法很多,并各有各的使用条件、范围和局限性。

(四)职业个性评价

职业个性是指个体与职业活动有关的心理倾向和特征,主要指职业兴趣与职业性格。职业兴趣是个体被某种类型的职业或活动所吸引而关切、专心致志的倾向，是人集中和维持注意力，自觉进行实践活动的内在动力。职业兴趣评价是检验择业者对哪类职业有兴趣的过程。职业性格评价是根据择业者的性格选择所适应的职业类型的过程。性格作为个体较稳定的态度和行为方式，对职业活动有较大的影响。大学生择业时不仅要考虑自己的能力，而且要考虑自己的职业兴趣和职业性格，尽可能定位于适合自己兴趣和性格的职业，做到人尽其才。当然在兴趣、性格与所从事的职业不完全一致时，应在工作中努力培养新兴趣，塑造适应职业要求的性格。

三、职业选择的能力

所谓职业选择是指个体根据自己的能力、性格、气质、兴趣、知识结构、技能水平等内部条件以及家庭期望、社会环境、就业机会等外部条件来选择最适合自己的职业。职业选择包括两个方面的内容：一个是就业选择，另一个是升学选择。就业选择是指选择从事专门行业的特定职业，升学选择则是指选择特定学校或特定学校中的特定专业。对于个体而言，升学选择与未来的就业选择之间有着直接的联系，升学选择可以说是就业选择的前奏，各个学校的专业都是根据学科门类和技术门类而设置的，所针对的是某一职业或职业群。

（一）职业选择的标准

标准是指为了在一定范围内获得最佳秩序，共同使用或重复使用的一种规范，是客观事物所具有的何种意义的一种参照。职业选择是在多种因素的综合影响下进行的，如就业单位情况，自身的价值观、兴趣、气质、性格、能力、家庭社会关系等。我们在选择职业时要全方位考虑其标准的各方面因素，正确把握职业选择标准。

1. 个人志趣

能否发挥个人特长，是否符合个人兴趣、爱好和志向，是广大求职者关注的重要问题。求职者只有在职业选择与个人状况的结合匹配合理时，才能够发挥职业的最大效能。

2. 待遇水平

人们在择业时常把待遇水平作为重要的因素来考虑，待遇主要包括薪水、福利与保障、升职条件及时限、用工期限等。

3. 单位的地理位置

求职者择业考虑的一个主要因素是工作单位所处的区域。很多人首先考虑的是大城市，其次是沿海开放城市或经济发达地区。但求职者也应该意识到边远地区和中小城市的工作单位虽然条件相对没有那么优越，但由于缺乏人才，因此发展潜力可能更大。

4. 单位性质

很多人受社会舆论对职业评价等的影响，他们对用人单位的性质也有所考虑。据调查，目前部分高校毕业生选择不同性质的单位顺序依次为：金融机构、高等学校和科研院所、政府机关、国有企业、外资企业、民营企业、合资企业等。对不同性质单位的选择次序体现了当前社会的行业和职业热点，但毕业生确定工作单位时应考虑自身兴趣、志向、专业等个人特征与职业特点的匹配性。

5. 个人发展的机会

人们在做职业选择时，会把到用人单位工作后的个人发展机会作为选择的标准。在预期时间内可以取得什么样的业绩，如何获得晋升，晋升到什么职位，是否有足够的发展机会和更大的发展空间等，都是其考虑的重要因素。

(二)职业选择的原则

职业选择的原则是指求职者在进行职业选择的过程中应当遵循的基本准则。职业选择原则既关系到个人能否找到合适的工作岗位，也影响个人的成长、成才和职业理想的实现。因此，人们在选择职业时应该遵循一定的原则。

1. 符合社会需要的原则

人们在选择职业岗位时，应兼顾个人利益与社会利益，把社会需要作为出发点，进而确定自己的就业岗位，不能一味追求“自我设计”“自我实现”。人是现实的人，必须与社会协调发展才能有所作为，凭个人孤立奋斗可能一事无成。职业选择与历史条件、社会时代紧密相连，所以选择适应社会需求的职业是最基本的原则。

2. 发挥个人素质优势的原则

人们在选择职业岗位时，根据自身的特长和优势选择职业岗位，有利于在职业岗位上顺利、出色地完成本职工作。一方面,个人应该根据自己的优势和社会的要求,进行科学设计,选择最有利于发挥自己优势的职业岗位;另一方面,管理者也应根据求职者个人的优势和社会的需要,将希望得到职业的人安置到最有利于显现和发挥其优势的岗位上,以取得最大的管理效益。

3. 主动选择的原则

人们在择业中不能消极等待,应主动出击,积极参与。一方面,主动参与职业岗位竞争,凭借自己的才华、良好的专业素养去争取一份理想的职业。另一方面,主动了解用人单位对人才的需求信息,加强学习,不断完善自我,做好能力与知识的储备,积极为选择新岗位创造条件。

4. 分清主次的原则

在就业选择过程中,摆在求职者面前的选择是多方面的。比如工作地点、单位性质、工作条件、生活待遇、发展方向等诸多方面,不可能每项都如其所愿,重要的是在择业过程中如何权衡利弊。作为新时代的求职者,应从是否有利于自己才智的发挥,是否符合社会的需要出发,分清主次,做出抉择,切不可因一味求全、急功近利、好高骛远而失去良机。

5. 发展的原则

职业不仅是谋生的手段,也是发展自我、实现人生价值、服务社会的重要途径。发展是一个过程,任何事物的发展总是由初级向高级、由单一向全面发展的,不可能一蹴而就。选择职业时,要站得高,看得远,拓展视野,理清思路,把个人与集体和社会的利益联系起来,把个性发展与职业发展结合起来,找到自己的最佳位置,牢牢地把握职业选择的主动权,才能实现自己美好的愿望。

(三)职业选择应注意的问题

1. 认识自己,了解职业

认识自己,既包括认识自己的兴趣、气质、性格和能力,也包括认识自己的身心素质、知识结构和职业适应性,其目的在于真正了解自己最适合干什么工作。了解职业,包括了解职业活动内容、职业特点、职业环境、职业报酬以及职业对从业者素质的要求。了解职业的目的,在于求职时提高针对性,减少盲目性。在充分认识自己的同时全面了解职业,方能“知己知彼”,提高职业选择的质量和成功率。

2. 正确把握自己的择业期望值

在现代社会中,职业是多种多样的,人们的职业期望值也不尽相同,但并不是人们所有的职业期望都能变成现实。一个人的职业期望能否变成现实,主要看其是否建立在合理的基础上。任何一个职业的选择,都受到社会需求、自身素质以及社会因素的制约。人们在职业选择过程中,应实事求是地对自己的职业期望值有客观科学的分析,分清哪些是合理的,是能够实现的,对此应努力追求;哪些是不合理的,是实现不了的,对此应放弃。这就要求每一位求职者以自己的专业所长、个人素质优势以及客观的社会需求为基础,确立适合自己的合理的职业期望值。

3. 树立正确的就业观念

用人单位对人才需求的多样化,为人们的职业选择拓展了空间;但面对就业现实,大学生也要转变观念,树立正确的择业观。一方面,要树立就业的竞争意识,积极参与竞争,克服被动依靠、消极等待的思想,做好各种就业准备,勇敢地走向就业市场,积极主动地参与就业竞争;另一方面,要树立“先就业,再择业”“自主创业”“基层就业”等观念,不断修正和调整自己的就业期望值,通过个人努力,通过人才流动,获得满意的职业,切忌盲目、片面地追求不切实际的就业目标与期望,量力而行。

(四)大学生择业的基本原则

择业原则是一个人在认识和处理职业选择问题时的准绳。大学毕业生在择业时,由于受到社会诸多因素和自身素质条件的制约,必须遵循一定的原则。正确地认识和掌握这些原则,不仅有助于个人找到合适的职业岗位,而且有利于个人的成长、成才和职业理想的实现。

1. 服从社会需要的原则

所谓服从社会需要的原则,是指一个人要把社会需要作为出发点和归宿,以社会对自己的要求为尺度,去观察问题和认识问题,进而决定自己的职业岗位。社会需要永远是第一位的,是一切职业的来源,没有社会需要,就没有职业的出现,更没有选择职业的机会。离开社会需要来谈择业,只是空谈。国家培养大学生的目的,就是要求他们为社会主义建设事业服务。社会的发展,科技的进步,经济的繁荣,需要合格的大学生去为之奋斗。从另一方面看,社会是由人构成的,社会需要本质上就是人类的需要。在现实生活中,个人需要的内容无论怎样复杂,它总是受社会的要求所制约的。

在选择职业时,大学生首先要把社会需要作为出发点,把个人意愿和社会需要结合起来、统一起来,使自己所选择的职业岗位符合社会的需要,当个人利益与国家利益、集体利益发生矛盾时,要自觉地服从社会需要,到祖国最需要的地方去建功立业。

2. 发挥大学生素质优势原则

所谓发挥素质优势,是指大学生在面临职业岗位选择时,从客观出发,综合自己素质、能力情况,将个人的求职意愿与社会的客观需要结合起来,全面而充分地考虑,侧重某一特长或某一优势来选择职业岗位,以利于今后在职业岗位上出色地完成本职工作。这不仅体现了人尽其才、才尽其用的要求,而且也体现了对事业负责、对社会负责的精神。

择业的素质优势原则,还要求大学生客观地了解自己、评价自己。知己,谈起来容易,可实际上最不了解自己的往往就是自己。客观地认识和评价自己是选择职业的第一步,也是择业成功的关键一环。因此,为了更好地认识自己,除了自己主观努力外,还需要教师、家长、同学、朋友的帮助,多听听他们对自己兴趣、爱好、能力、性格、气质、志向、专业特点的分析,以及对自己择业的意见,以便准确、客观地评价自己,确定合适的职业。在确定分析了自身情况后,还需要考虑这样几个问题:兴趣、爱好与择业,身体条件与择业,自身能力与择业。了解自己在方方面面的能力或潜能也是重要的,去竞争超过自己素质能力要求的工作岗位很难获得成功,人的能力有大小,有不同的侧重与擅长,每个学生在择业时要扬长避短。

3. 有利于发展成才的原则

成才是大学生的渴望,但毕业生在选择职业时,往往被社会时尚、从众心理、利益因素等所干扰,为了某一条件的满足而忽视有利于成才的原则,会影响个人的发展。具备一定的基本素质,形成一定的潜力,这无疑是成才的基础条件。但是,要成为人才必须通过劳动创造,而劳动创造又与人的主观能动性和客观条件有着直接的关系。没有主观的渴望与追求,客观条件再好,也不能很好利用。摆正自我,树立正确的价值观,就可以摆脱环境对人的束缚,寻找有利于成才的环境,为成才创造良好的条件。

第七章　劳动与就业

随着我国经济的快速发展,职业分工日益细化、新兴行业职业不断涌现,各行各业对于优秀人才的需求也越发高涨。此外,随着高等教育进入普及化发展阶段,毕业生人数不断增加,就业客观现实使大学毕业生就业价值观呈现多元化发展趋势。自由择业既是我国劳动法律法规赋予劳动者的法定权利,也是社会主义市场经济背景下劳动力市场的应有之义和内在要求。同时,这也有助于鼓励大学生个性化发展,充分发挥聪明才智,实现“人尽其才,才尽其用”“三百六十行,行行出状元”。

第一节　劳动力市场

劳动力在各生产要素中是最活跃的,土地、资本只有通过劳动力才能激活与运转,提高劳动力市场化配置水平,对整体经济社会发展具有极其重要的意义。我国从计划经济体制下劳动力由国家统包统配,转变到用人单位有用人自主权、劳动者有择业自主权,通过劳动契约实现就业,就业方式发生了根本性转变,劳动力要素的市场化配置取得了巨大进展。这极大地调动了用人单位和劳动者的积极性,有力地促进了我国经济高速增长。

一、劳动力市场概述

(一)劳动力市场含义

在劳动经济学中,广义的劳动力市场是指以市场机制为基础性方式对劳动力资源进行配置和调节经济关系的体系,其内容主要有劳动契约、劳动就业、工资分配、社会保障、劳动立法、职业培训、职业咨询、职业安全卫生及特殊群体的劳动者保护等。狭义的劳动力市场是劳动力供求双方双向选择、进行劳动力交换的场所,以及运用市场机制调节劳动力供求关系的组织形式。一般情况下,我们所指的劳动力市场是指狭义的劳动力市场。

由劳动力市场的含义我们可知:第一,劳动力市场是劳动力要素的交换场所,既可以有形也可以无形。第二,劳动力市场的基本要素是劳动力的价格,即工资,工资水平的高低决定劳动力要素供求双方的市场行为。第三,劳动力市场的运行会受到多种因素的影响,比如政府、社会观念、人口、风俗习惯等。第四,劳动力的供求双方通过价格机制、竞争机制和供求机制发生作用,实现了劳动力资源的配置。

(二)劳动力市场的特征

劳动力市场区别于其他生产要素市场具有以下六个方面的重要特征。

1. 劳动者只能被雇佣,劳动者本身不能被买卖。因为劳动力不是商品,劳动者让渡的是他自身的劳动能力,因此,对劳动者本身的买卖是违法犯罪行为。

2. 劳动者对劳动力拥有不可动摇的所有权。劳动力的凭借、劳动能力的载体都是劳动者本身。劳动力不能像其他生产要素那样被储存或报废,劳动者在脱离生产时仍然要维持其生计,这一特征是其他生产要素市场所不具备的。

3. 劳动力的价格不只是提供劳动的报酬,还包括其他众多因素。比如,供求的状况、劳动者本身能力的差异、行业的差别。

4. 劳动力市场的活动不仅由劳动力和用人单位双方决定,还会受到政府、工会、舆论等社会力量的影响。

5. 劳动力在市场上往往处于不利地位,在劳动力市场中,劳动力处于卖方,用人单位处于买方,一般情况下,卖方数量远远多于买方,因此卖方议价能力、谈判能力等,远小于买方。

6. 劳动力供求双方的关系比其他生产要素市场供求双方的关系复杂。因为其他生产要素市场上供求双方只在市场交换过程中发生关系,而劳动力供求双方的关系在市场交换完成之后仍然存在。

(三)劳动力市场的要素

劳动力市场的构成要素可以分为有形的和无形的,有形的劳动力市场包括:主体——劳动者和企业组织,客体——劳动力资源以及劳动力中介和劳动市场的组织者。无形的劳动力市场包括:劳动力市场的过程,劳动力市场的价格,劳动力市场的规则。劳动力市场的交易是双向选择的过程,劳动力市场的价格体现在工资水平上,劳动力市场的规则体现在公平、等价、合法上。

一般来说,劳动力市场的制度结构要素主要包括最低社会保障、最低劳动标准和工会权利义务。最低社会保障制度,是以国家或政府为主体,依据法律规定,通过国民收入再分配,对劳动者在暂时或永久丧失劳动能力以及由于各种原因生活发生困难时给予物质帮助,保障其基本生活的制度;最低劳动标准,包括最低工资标准和最长劳动时间标准等;从历史上看,工会是由劳工及受雇者自发组成的,借团体交涉的力量,以维持及改善劳动条件与生活状况,保障劳工自身权益的社会性团体。

(四)劳动力市场的功能

劳动力市场具有三大基本功能。

1. 以劳动力成本的杠杆分配劳动力,实现人力资源的最优配置,这是劳动力市场的核心功能。

2. 调节劳动力的供需关系。当劳动力供大于求时,劳动力成本相对降低;当劳动力供不应求时,劳动力成本上升。在任何一个劳动力市场中,都存在着劳动者把自身拥有的劳动力交付给经营者分配的过程,在这个过程中劳动力的数量、质量以及报酬状况都受供求关系的影响。

3. 竞争机制是劳动力市场的又一个重要功能。劳动者素质与劳动力成本是决定劳务市场竞争市场的主要因素,劳动者为选择合适的企业而参与市场竞争,企业为选择合格的人才而参与市场竞争。

(五)劳动力市场的机制

包括供求机制、竞争机制、价格机制(工资机制)、劳动力资源的自由流动机制、劳动力可持续利用的社会保障机制等。

1. 供求机制

劳动力市场的供求关系,是指劳动力供给量和需求量之间的关系。劳动力供给量即劳动力资源量,是指进入劳动力市场可参与劳动力交换的劳动者数量。影响劳动力供给量的因素主要包括:人口规模及其增长速度、人口年龄构成及变化、劳动力参与率等。影响劳动力需求量的因素在宏观上主要是经济发展规模和水平、产业结构和产业政策等,在微观上主要是企业劳动生产率的高低、企业技术结构变化、劳动力价格水平等。

当劳动力供大于求时,价格下降、供给减少;当劳动力供小于求时,价格上升、供给增加。劳动力市场的供求关系在市场的调节下,不断由供求不平衡到平衡,由平衡到不平衡,再到新的平衡。为保持劳动力供求的总量平衡,依靠市场自我调节的同时,还需要对劳动力市场进行预测和监控,通过国家宏观调控手段进行有效干预,促成劳动力市场供求关系的动态平衡。

2. 竞争机制

劳动力市场中的竞争主要是指劳动者在与生产资料结合的过程中所产生的择业竞争、在业竞争和人才竞争。(1)择业竞争,是指劳动者之间为获得理想的工作岗位而展开的竞争。绝大多数劳动者都有实现自我的追求,都渴望进入理想的工作场所,但是由于受到岗位要求的限制,劳动者需要在择业竞争中凭借自己的知识、技能和品质取胜,才能在竞争中如愿以偿。(2)在业竞争,是指由于生产力和技术水平的提高,对劳动者提出新的要求,劳动者需要不断学习和努力工作,以更好适应工作要求。面对劳动力市场中求职者的挑战,如果不注重提高自身素质,就有可能失去现有的职业。(3)人才竞争。众所周知,人力资源是企业的无形资源,是一种可以不断开发并不断增值的资源,高新知识、高新技能人才可以为企业创造巨大的财富。企业不断改善工作环境、提高福利待遇、改进激励机制,为了吸引优秀人才而展开竞争。

3. 价格机制

价格机制是劳动力市场的核心机制。劳动力市场价格是评价劳动者素质、劳动能力以及劳动效果的测量指标,也是自发调节劳动力资源在不同地区、不同行业、不同岗位之间合理配置的经济杠杆。劳动力市场价格的基础是劳动力价值,它是由生产和再生产劳动力所必需的生产费用所决定的。劳动力市场中,劳动力的市场价格围绕劳动力价值上下波动,供求关系是影响和造成劳动力市场价格上下波动的主要原因。劳动力市场价格既是宏观经济中劳动力流向的风向标,也是劳动者选择职业的指示器;既是企业吸引人才的一种手段,也是激励劳动者提高技能的加速器。

综上所述,劳动力市场正是在供求机制、竞争机制、价格机制的共同作用下,形成有序的运动:价格上升、劳动力流入、供给量增加、竞争加剧,形成供过于求;价格下降、劳动力流出、供给量减少,形成供不应求,价格又开始上升。在市场机制的交互作用下,循环往复运动。

二、大学毕业生就业市场

(一)大学毕业生就业市场的形成

由于大学毕业生就业是集中就业,就业人数、就业时间都比较集中,而一般的劳动力市场不可能解决毕业生集中就业问题,因此形成了大学毕业生就业市场。在大学毕业生就业市场中,供给方是准备走向社会求职的应届大学毕业生,毕业生依据自己的专业知识、择业意向和工作能力等条件选择工作单位;需求方是企事业单位、机关团体等,用人单位依据岗位要求和毕业生的综合素质择优录用人才。双方的选择结果由供求关系决定。

大学毕业生就业市场是大学毕业生就业求职和用人单位招贤纳士、选录人才的场所,是大学毕业生就业所涉及的各种社会关系的总和。

(二)大学毕业生就业的特点

在当前大学毕业生就业市场上,毕业生的择业意识、择业观念、择业标准、择业渠道、择业办法及在择业中所呈现出的矛盾等都发生了明显的变化,具体表现出如下特点:

1. 择业意识增强

大学生的择业意识随着毕业生就业制度改革的深入和就业市场化的发展越来越强烈,从“等待分配”变成“主动出击”。双向选择的就业制度被社会和广大毕业生接受,毕业生自主择业意识、竞争意识不断增强。面对就业形势,他们摆脱被动依靠、消极等待的思想,树立竞争择业的思想,并主动出击,提早准备,勇敢地走向就业市场,积极主动地参与就业竞争。通过竞争,寻求理想的职业;通过竞争,实现个人的职业目标。例如,大学生在提高自身素质的基础上,通过多种渠道了解社会需求,主动“推销”自己。有的提早准备,了解“行情”,按照社会需要塑造自己;有的则主动学习求职知识和技巧,并灵活应用;还有的甚至在低年级时就关注就业市场的变化,并将学习、实习、社会实践与就业紧密地结合起来。

由注重“择业结果”变成注重“择业基础”。过去许多大学生只是一味地去追求如何去求职，如何找到理想的就业单位，即注重择业的结果，而忽视平时的就业准备，即择业的基础。如今，大学生对自身素质在求职择业中的作用比以往任何时候都要清楚。不少大学生意识到“学业”是“择业”的基础和前提，要想在就业竞争中获胜，就必须努力提高竞争的“实力”。因此，他们发奋学习，全面提高自身综合素质，注重各种能力的培养和提高。高校校园中出现的学习风气不断浓厚，学习自觉性日渐提高等现象，都体现了大学生为适应市场需要在积极努力。

2. 择业观念成熟

随着大学生就业的进一步市场化以及竞争的日益加剧，大学生的择业观念也发生了很大的变化，并且日渐成熟。许多大学生改变了“一步到位”的思想，走一条先融入社会、再寻求发展的道路。过去部分人片面认为，只有到国家机关、事业单位、国有企业才算就业，而到三资企业、民营企业等非国有单位不稳定、不可靠、不保险，因而不愿去这些单位就业。如今，广大毕业生已摒弃了这种狭隘的就业观念，树立了新的就业观。只要能发挥自己的能力和才干，又能服务社会，不管是国有单位还是非国有单位，甚至从事个体，都是就业。这是一种成熟的就业观，毕业生树立起了全方位、多渠道的就业意识。

随着人才培养的宽口径和社会对待学生综合素质及能力要求的不断提高，如今，愈来愈多的毕业生在求职择业时，已淡化“专业对口”的观念，而是在“学以致用”的原则下，发挥素质优势，在更加宽泛的就业范围和领域内，寻求理想的职业。

一些大学生在毕业时，不是向社会寻求工作，而是用自己所学的知识自主创业。例如，有的人自己或与其他人合作创办公司，尤其是发挥自己的专业特长、个人爱好和素质优势；有的则“另起炉灶”，从小事做起逐步发展。这不仅解决了自己的就业问题，而且也为他人创造了就业机会。

与此同时，大学生对“待业”也有了正确的认识。很多人意识到，待业不仅成为一种很正常的社会现象，而且暂时的待业不等于永久性失业。部分大学生经过短时期待业后，很可能会很快找到就业岗位。因此，他们积极争取即时就业机会的同时，对待业的心理承受能力日渐提高。

在传统“统包统分”的就业制度下，由于个人很少有择业选择的机会，因而“一次就业定终身”成了大学生普遍的就业心理；在当今“双向选择”的市场就业氛围下，职业流动不仅得到大学生们的认同和支持，而且现代社会的发展也加速了社会职业的流动。这些变化，打破了“从一而终”的就业观念，代之以职业流动和“适时跳槽”等观念的确立。正因为如此，许多大学生在工作岗位上能够发挥专长，大显身手。

现代职业变化的日新月异，人们职业岗位的迅速变化，以及职业对从业者要求的不断提高，使许多大学生意识到，要想不被职业淘汰，就必须树立终身教育的观念，不断地学习新知识，努力适应社会发展的需要。同时，大学生们已经意识到，大学教育固然重要，但它仅是终身教育的一个阶段；大学毕业以后的延伸教育和重新学习，对于选择和重新选择职业岗位、取得职业成就，具有非常重要的作用。

3. 择业标准务实

许多毕业生在择业时，选择标准更加务实，首先注意能否发挥个人的才能和施展特长。这与他们就业动机中突出自我发展、追求长远的人生发展目标相一致。大学生择业时虽然重视经济待遇因素，但并未将其作为唯一因素，选择有一定社会地位的职业，仍然是许多大学生的理想；许多毕业生在注重单位的地理位置、经济效益、福利待遇的同时，更加关注企业文化晋升培训等用人机制。

4. 择业渠道多元化

在毕业生日益适应“供需见面，双向选择”的就业制度、就业观念不断更新的背景下，毕业生择业的渠道也形成了多元化的趋势。他们不仅通过学校相关部门获得就业信息、参加本校组织的招聘会，而且充分利用外校、外地及社会上的人才中介机构去实现就业。有的则利用社会媒体、中介组织获得就业信息，一些人借助于家长、亲朋好友、校友及老师、同学的推荐获取就业信息、签订就业协议。有的继续复习考研，或出国深造；有的先参加短期培训，再慢慢寻找就业单位；有的选择自主创业；等等。

5. 择业方法多元化

在大学生就业市场上，毕业生越来越重视择业技巧，因为择业知识的学习和择业技巧的掌握，对毕业生成功求职择业具有重要的意义。因此，许多毕业生精心准备自荐材料，注重对自己的“包装”，力求通过面试给招聘单位留下良好的印象；讲究择业道德和文明礼貌；通过多种渠道收集就业信息等。许多毕业生还采取了“自荐”“他荐”和同学之间的相互推荐，或请院（系）领导、班主任、辅导员、老师推荐等方式，都收到了良好的结果。

6. 择业矛盾不同程度存在

总体来讲，当代大学生择业观的主流是好的，但也存在着一些择业矛盾：有的人酷爱自己的专业，然而又怕过艰苦的生活，择业时茫然无措；有的人趋向于大城市、高薪水、高层次的工作，不愿意去基层、条件艰苦的工作岗位；有的人意识到基层和艰苦行业需要人才，最能锻炼自己，但又怕基层条件差，埋没了自己的才能，择业时举棋不定；有的人不顾自己的专业特长，盲目攀比，把待遇高、福利好作为择业的目标，但同时又想实现自己的价值，在择业时犹豫不决。例如，有部分毕业生同时与多个用人单位联系，今天认为这个单位待遇不错，符合自己的理想，明天又觉得那个单位有利于自己的发展，在多个单位之间难以取舍。甚至还有极少数毕业生，到离校时才匆忙选定单位，可到单位报到后又后悔。还有一部分学生，已经和某个单位见过面，双方也都比较满意，但迟迟不肯签约，继续寻找新单位，总希望找到更好的，最后因拖延时间而失去机会。

上述毕业生择业中的矛盾，一方面对自己的就业不利，择业时或左顾右盼、摇摆不定、错失良机，或择业目标脱离实际而使自己要么“低就”，要么“高攀”，难以顺利择业；另一方面对用人单位也不利，毕业生择业时的反反复复、随意违约，延误了用人单位对人才的选择，同时也对学校的声誉造成了不良的影响。

（三）大学毕业生就业市场的分类

大学毕业生就业市场按照其外在表现形式可分为有形市场和无形市场两大类。

1. 有形市场

有形市场是指有固定的场所、具体的时间和地点、特定的参加对象等的市场。目前,有形的毕业生就业市场主要有以下几种形式。

(1)高等学校举办的毕业生就业市场。高等学校举办的毕业生就业市场是指高等学校为了方便学生和用人单位,提高学校的就业率和就业质量而组织的就业市场(或称"招聘会""洽谈会""供需见面会")。由学校负责组织,集中邀请与学校长期合作或密切相关的用人单位进校直接与学生见面。这种毕业生就业市场具有针对性强、专业对口率高、需求信息真实可靠、方便学生的特点。

(2)地方主管部门举办的毕业生就业市场。地方主管部门举办的毕业生就业市场是指由地方主管高校毕业生就业的政府职能部门组织,为用人单位和当地高校毕业生服务的就业市场。其特点主要是:需求信息量大、方便节约、现场签协议。

(3)企业举办的毕业生就业市场。由大型企业或企业集团设立的以招聘到本企业就业的毕业生为主的就业市场,其特点主要是:信息来源可靠、针对性强。

(4)高校合作联办的毕业生就业市场。由两所或两所以上高校联合组织的毕业生就业市场,主要是为克服就业市场规模小、单位少、效能差而实行的强弱联合或强强联合。

(5)行业性毕业生就业市场。行业性毕业生就业市场是指由中央部委主管毕业生就业部门组织的主要为本系统、本行业毕业生和用人单位服务的就业市场。

(6)分科类毕业生就业市场。地方毕业生就业主管部门从用人单位和学校两方面考虑,从市场细化的角度出发,把多学科专业的毕业生分别集中起来,与相应的用人单位进行双向选择。

2. 无形市场

无形市场主要是指不受时间、地点、场所限制而由毕业生和用人单位自行选择的就业市场。例如,高等学校毕业生就业信息管理和决策支持系统,毕业生生源信息库、用人信息库,全国就业信息网络等。毕业生培养单位、用人单位自己建立的网站,会提供丰富的资料信息供有关方面查询。毕业生也可以将个人的详细资料制作成个人主页上传到信息网络上供用人单位查询。目前,网络求职已经成为当代高校毕业生找工作的一个重要手段。同有形市场相比,网上求职获取信息更方便快捷,可使双向选择既省时又省力,从而提高就业效率。

(四)大学毕业生就业市场的特征

大学毕业生是一种特殊的劳动力资源,大学毕业生就业市场作为知识型人才市场,与一般意义上的劳动力市场有所不同。主要表现出以下几个特点:

1. 时间短

目前举办大学毕业生就业市场活动一般在最后一学年的一段时间内,毕业生一般都在短短的几个月内落实就业方向,并集中进行报到或办理相关手续,走向工作岗位。

2. 层次高

大学毕业生就业市场上的供给主体一方是大学毕业生,这是一个具有较高附加值的特殊群体。

3. 规模大

大学毕业生就业市场上,每年都有几百万的大学毕业生第一次进入社会,数量大、层次多、结构复杂。

4. 年轻化

应聘的毕业生都比较年轻,有蓬勃的朝气和锐气,是社会急需的新生力量。

5. 政策性

由于大学毕业生是国家有计划培养的高层次人才,国家根据经济建设和社会发展的需要,在宏观上对毕业生的就业方针、原则、政策以及就业方式、范围等都有明确要求。毕业生是初次就业,没有社会经验,需要学校进行思想教育与就业指导,帮助毕业生树立正确的择业观、就业观,把国家需要与个人的意愿结合起来。此外,大学毕业生作为学校培养出来的人才,应由学校审核其毕业资格,通过学校向用人单位推荐,确认"双向选择"的结果,从而保证毕业生就业的公平性与合理性,并体现出学校对国家、对用人单位和毕业生三方的重视。

6. 多样性

大学毕业生就业市场形式灵活、多样,既有有形的,也有无形的;既有规模大的,也有规模小的;既有综合的,也有分类的;既有区域的,也有部门的;等等。

(五)用人单位招聘的程序

1. 确定需求

用人单位根据自身的建设发展状况,确定当年需要招聘的岗位、人数、条件等。

2. 登记信息

用人单位确定了自身对毕业生的需求后,将需求信息及时传递出去,主要渠道有三:一是在政府教育主管部门所属高校毕业生就业指导中心登记;二是在学校就业工作部门登记;三是在自己的网站发布招聘信息,供学生上网浏览。当然,有的用人单位还通过电视、报纸、广播发布需求信息。

3. 举行单位说明会

为了进行广泛宣传,一些用人单位(主要是企业单位)进入学校举办单位说明会,介绍单位的发展状况、人才需求情况、用人制度及人才发展情况等,并回答大学生们提出的问题。单位说明会是大学生全面了解招聘人才单位的好机会。

4. 分析生源材料

对收集的学生信息进行分析处理,初步筛选出符合自己招聘要求的学生,是用人单位招聘过程中的一项重要工作。这项工作的具体内容是:分析学生的性别、专业、知识水平、能力等是否与单位的用人条件相吻合。分析生源材料是用人单位招聘人才的重要环节,条件基本符合招聘要求的求职学生被筛选出来,以便进行下一轮的筛选。有的用人单位对生源的专业有一定要求,比如某些岗位只招某个专业或某几个专业的毕业生;另外,不同用人单位对学生的能力、素质要求也不一样,在分析生源资料时,这种要求也得到了充分体现。

5. 组织笔试

为了考核学生是否具有在本单位工作所需的基本知识、能力和素质,一些用人单位会以笔试的形式选拔学生。笔试时间、地点、出题范围用人单位会提前通知。在制作自荐材料、与用人单位进行沟通交流时,要留下随时能与他们联系上的电话、通信地址,以免由于一时联系不上而失去机会。另外,在参加招聘会或去就业市场后,应该隔一段时间与用人单位人事部门联系一次,询问有关情况。

6. 进行面试

面试是用人单位考核学生综合素质的最后一关。一般而言,有经验的用人单位招聘负责人不会故意提出一些很难、很偏的问题,而是会创造一种较为宽松的氛围,与面试者进行双向的沟通和交流,从中发现面试者的兴趣、特长所在,以及面试者愿意从事什么样的工作等。在面试过程中,不必如临大敌,只要把真实的自我勇敢地展现出来即可。

7. 签订协议

面试合格的学生,用人单位便会与其签订就业协议。

8. 上岗培训

每一个用人单位对新员工都有一套培训计划,培训的内容因用人单位而异,但其目的却是相同的,即通过培训让新员工明确单位的企业文化、规章制度,使其掌握成为一名称职的工作人员的知识和技能,顺利走上工作岗位。

(六)用人单位招聘的渠道

1. 现场招聘

现场招聘是一种企业和人才通过第三方提供的场地,进行直接面对面对话,现场完成招聘面试的一种方式。现场招聘一般包括招聘会及人才市场两种方式。招聘会一般由各级政府及人才介绍机构发起和组织,较为正规,同时大部分招聘会具有特定的主题,如"应届毕业生专场""硕博专场""IT 类人才专场"等,通过这种毕业时间、学历层次、知识结构等的区分,企业可以很方便地选择适合的专场设置招聘摊位进行招聘。对于这种招聘会,组织机构一般会先对入会应聘者进行资格的审核,这种初步筛选节省了企业大量的时间,方便企业对应聘者进行更加深入的考核。但是目标人群的细分方便了企业的同时,也带来一定的局限性,如果企业需要同时招聘几种人才,那么就要参加几场不同的招聘会,这在另一方面也提高了企业的招聘成本。人才市场与招聘会相似,但是招聘会一般为短期集中式,且举办地点一般为临时选定的体育馆或者大型的广场,而人才市场则是长期分散式,同时地点也相对固定。因此,对于一些需要进行长期招聘的职位,企业可以选择人才市场这种招聘渠道。

现场招聘的方式不仅可以节省企业初次筛选简历的时间成本，而且简历的有效性也较高，相比其他方式所需的费用较少。但是现场招聘也存在一定的局限，首先是地域性，现场招聘一般只能吸引到所在城市及周边地区的应聘者；其次这种方式也会受到组织单位的宣传力度以及组织形式的影响。

2. 网络招聘

网络招聘一般包括企业在网上发布招聘信息及简历筛选、笔试、面试等环节。企业通常可以通过两种方式进行网络招聘，一是在企业官方网站上发布招聘信息，搭建招聘系统；二是与专业招聘网站合作。通过这些网站发布招聘信息，利用专业网站已有的系统进行招聘活动。

网络招聘没有地域限制，受众人数大，覆盖面广，而且时效较长，可以在较短时间内获取大量应聘者信息，但是随之而来的是许多虚假信息和无用信息，因此网络招聘对简历筛选的要求比较高。

3. 社交平台

社交平台一般有职业类和娱乐类两种，社交平台招聘与传统的网络招聘有着巨大的区别，这些区别体现在信息传播机制、互动性等方面。传统的招聘网络是典型的“记录性系统”，它记录雇主发布的招聘信息也就是职位描述，以及求职者的个人信息也就是简历，两个信息都以数据的形式存储在招聘网络中。原则上这两个信息依赖用户、求职者或者企业的招聘人员通过搜索或者检索行为，才可以匹配到一起。社交平台是典型的“参与性系统”，在这个系统中用户成为节点，也就是说，不管是企业的招聘人员还是求职者都是“节点”，这些节点既是信息传播者同时又是信息创造者。这也就意味着这个平台是人与人之间的互动，而不是“职位广告”与“简历”之间的关系。

4. 校园招聘

校园招聘是许多企业采用的一种招聘渠道，企业到学校张贴海报，进行宣讲，吸引即将毕业的学生前来应聘。对于部分优秀的学生，可以由学校推荐；对于一些较为特殊的职位也可通过学校委托培养后，企业直接录用。

通过校园招聘的学生可塑性较强，干劲充足。但是这些学生没有实际工作经验，需要进行一定的培训才能真正开始工作，且不少学生由于刚步入社会，对自己的定位还不清楚，工作的流动性也可能较大。

5. 传统媒体广告

在报纸杂志、电视或电台等载体上刊登、播放招聘信息受众面广，收效快，过程简单，一般会收到较多的应聘资料，同时也对企业起到了一定的宣传作用。通过这一渠道应聘的人员分布广泛，但高级人才很少采用这种求职方式，所以在招聘基层和技术职位的员工时比较适用。同时，该渠道的效果同样会受到广告载体的影响力、覆盖面、时效性的影响。

6. 人才介绍机构

这种机构一方面为企业寻找人才，另一方面也帮助人才找到合适的雇主。企业通过这种方式招聘是最为便捷的，因为企业只需把招聘需求提交给人才介绍机构，人才介绍机构就会根据自身掌握的资源和信息寻找和考核人才，并将合适的人员推荐给企业。但是这种方式所需的费用也相对较高。

7. 内部招聘

内部招聘是指用人单位将职位空缺情况向员工公布并鼓励员工竞争上岗，对于大型企业来说，进行内部招聘有助于增强员工的流动性，同时由于员工可以通过竞聘得到晋升或者换岗，因此这也是一种有效的激励手段，可以提高员工的满意度，留住人才。内部招聘的人才一般对公司和业务已经比较了解，因此可以较快进入新角色，不需要公司进行较长时间培训。但是这种方式也有一定的缺点，如果企业过多地使用内部招聘，企业将缺乏具有新观点、新视角的人员，员工存在一定的思维惯性，缺少活力。

8. 员工推荐

企业可以通过员工推荐其亲戚朋友来应聘公司的职位，这种招聘方式最大的优点是企业和应聘者双方掌握的信息较为对称。介绍人会将应聘者真实的情况向企业介绍，节省了企业对应聘者进行真实性的考察；同时应聘者也可以通过介绍人了解企业各方面的内部情况，从而做出理性选择。已经有许多企业采用了这种招聘方式，如果应聘者被录取，介绍人将会得到一定的奖金。但采用该渠道时也应注意一些负面影响，防止小利益群体的产生。

9. 人事外包

所谓外包，是指企业整合利用其外部最优秀的专业化资源，从而达到降低成本、提高效率、充分发挥自身核心竞争力和增强企业对环境的迅速应变能力的一种管理模式。在一个企业里，要健全人力资源部门就要设置配套的各种专业人力资源人员，如“薪资管理专员”“招聘专员”“培训专员”等。成本相对较高。在国内很多企业都没有这样的配备，尤其是一些中小型企业，从投入产出的角度来讲，他们没有必要在这样规模的企业中设置这样多的人员，于是就把这一块管理外包给专业的人力资源机构。而专业的人力资源机构相对来说比用人单位自身做得更加完备，用人单位借助更多专业的人事管理模式来完善自身人力资源不足的现象，从而节约自己的资源，创造最大的价值。

人事外包能规避风险，减少纠纷，降低营运成本，节省人事专员的时间，提高工作效率。除此之外，人事外包还客观地反映劳动力市场的普遍薪酬行情，为用人单位进行薪酬管理提供科学的依据，为用人单位吸引、留住和激励人才打下坚实的基础。根据用人单位的实际需求，提供专业人事服务，使用人单位不但可以及时引进先进的人事管理方式，规避政策风险，提高员工满意度，还可以节省大量事务性工作的人力、资金和时间。

10. 人才租赁

人才租赁是我国近年来出现的一种派生的人才服务项目，它指用人单位根据自己的工作实际需要，向人才中介组织提出所需人才的标准条件和工资、福利待遇；人才中介组织通过查询自己的人才库、向社会招聘等方式搜索符合条件的人才，经过严格挑选，把人才派往用人单位工作的服务方式。一般地说，人才租赁的主要形式有两种：一种是按一定期限租赁人员，另一种是以完成某个工作项目为目的租赁人员。

人才租赁实行管人与用人的分离，租赁单位与所租人才不发生人事隶属关系，由专门机构对各类人才实行社会化、集约化管理，使用人单位摆脱具体、琐碎的人事管理事务，集中精力于生产经营的主业，减轻了用人单位的管理负担。

第二节　科技与产业发展

以人工智能、大数据、机器人、区块链、5G 等为代表的新一轮科技革命，深刻影响着劳动力市场，对工作岗位形成冲击。一方面，新科技、新设备、新动力不同程度地替代了劳动力的某些功能，比如，机器对重复性体力和手工操作的替代会减少工作岗位，减少人们的就业机会；另一方面，技术革命提高生产率，促进经济增长，形成新的产业，从而创造出新的工作岗位，增加就业机会。

技术革命对工作岗位创造的速度是空前的，新职业层出不穷——2020 年 5 月，人力资源和社会保障部公布了 10 个新职业，像区块链工程技术人员、社区网格员、互联网营销师、信息安全测试员、区块链应用操作员等，这些我们闻所未闻的职业成为吸纳就业的重要渠道。

科技进步推动劳动力市场需求变化，劳动力需求逐步从体力经验型向科技智力型转变。生产力各要素的变化引发产业结构向多元化、知识密集化的方向变化，从而实现经济的增长、财富的增加、人类改造世界能力的提高。

一、新一轮科技革命的挑战

新技术在我国社会经济各部门的应用呈现爆发式增长：制造业部门的自动化程度大幅提升，工业机器人的密度从 2013 年制造业部门每万人使用工业机器人 2.66 台，猛增至 2018 年的 39.55 台；互联网技术与第三产业的多个行业深度融合，推动了现金支付业务、平台经济、现代物流业等，并成为新增就业的重要来源；得益于大数据的迅速积累以及算法、算力的大幅提升，加之无线通信技术的快速发展，人工智能技术未来将与多个产业部门实现深度融合。因此，在“十四五”时期要充分重视这些新技术对劳动力市场带来的挑战，在相关制度和政策上做好准备。

（一）新技术具有较强的劳动替代性

劳动替代性的技术近年来加速发展是资本和劳动两种生产要素相对价格不断变化的结果。我国劳动力成本的不断上升，在世界主要经济体中的增速已居于前列。在这种情况下，制造业部门要在全球化的竞争中保持竞争优势，就必然要以劳动节约型的技术替代劳动投入，以节约生产成本，提升经济效率。

（二）新技术对不同群体的就业冲击

技术进步的冲击在不同的群体之间产生的影响并不相同。一些国家的经验表明，从事不同类型工作任务的劳动者受到新一轮科技革命的影响也不一样。一般认为，如果工作任务是按照既定的设计方案程序化地解决，那么从事这种常规型任务的劳动者就更容易为自动化的机器所替代。无论这种任务是需要体力进行操作,还是需要更高的认知能力,劳动者被机器替代的可能性都很大;反之,如果工作任务具有不确定的属性,需要即时的解决方案或进行即时处理、决策,此情况即为非常规型任务,劳动者被替代的可能性小。自动化、人工智能等劳动替代性技术进步,首先冲击的是从事重复、规律性劳动的劳动者。

二、新兴产业竞争力的提升

战略性新兴产业是以重大前沿技术突破和重大发展需求为基础,对经济社会全局和长远发展具有重大引领带动作用的产业。像节能环保、新一代信息技术、生物、高端装备制造、新能源、新材料和新能源汽车等,都属于战略性新兴产业。

我国在新一代移动通信、核电、光伏、高铁、互联网应用、基因测序等领域,已经具备世界领先的研发水平和应用能力。战略性新兴产业具有知识密集度高、技术创新强等特点,国家发展战略性新兴产业需要大批高素质人才。相关研究表明,我国战略性新兴产业中行业产品销售收入每增加 1 个百分点将会带动行业城镇青年年末就业人数增长 0.709 个百分点,高于一般情况下经济增长 1 个百分点拉动就业增长 0.5 个百分点的平均水平。

我国要建设制造强国、质量强国、网络强国、数字中国,实现产业基础高级化、产业链现代化发展目标,要求有大量的技术工人和技能人才做保障。但是,从劳动力市场招聘调查的数据看,各地各产业都面临技术工人短缺和技能人才短缺;同时,技术工人、技能人才的能力和素质还不能完全满足用人单位的要求。技术工人和技能人才是中国制造、中国智造、中国创造的重要基础,加快培养、提高质量,增强其对劳动力市场的适应性,既是职业技术教育发展的难得机遇,也是职业技术教育发展的重要使命。

伴随产业结构的优化调整,不同行业竞争力呈现不同的变化趋势。总体上看,新兴产业、高新技术产业、能够代表新工业革命发展方向的产业竞争力水平不断提升;而部分传统产业、低技术含量产业、高耗能和高污染产业、不适应新工业革命发展趋势的产业出现竞争力回落的趋势。

(一)高技术含量、低劳动密集型和新兴产业竞争力提升

我国以金融服务业、信息服务业、教育服务业、旅游业等为代表的现代服务

业的国际竞争力均明显提高。2015—2018 年,金融服务业国际市场占有率提高了约 1 倍,贸易竞争力指数从负值转为正值,金融业实现顺差;教育服务业国际市场占有率提高了约 0.5 个百分点。

(二)传统产业、低技术含量和劳动密集型产业竞争力有所回落

传统产业领域的钢铁产业国际市场占有率排名虽继续保持世界第一,但占有率明显下降。电子信息制造业国际市场占有率有所下降,这主要是电子信息制造业中劳动密集程度较高、附加值水平较低的电子加工组装业的竞争力下降造成的。化工产业国际市场占有率有所提高。造船业依然保持国际市场占有率全球第一。

(三)利用数据创造和数据应用优势促进产业间深度融合

作为数据创造大国和数据应用强国,我国数字经济发展和产业数字化转型在全球领先。数据是数字经济时代最重要的投入要素,同时也是产业链中最关键的传播介质。作为一种新的关键投入要素,数据成本的大幅下降决定了产业进行数字化转型成本的降低和转型后效率的提升;在实物生产的基础上,越来越多产业的经营活动围绕数据要素价值的不断挖掘展开;数据创造和算力决定的数据要素成为专属资源,决定了不同国家和地区在数字经济时代的产业分工地位。

推进三次产业与数字经济的深度融合。工业与数字技术、业态的融合发展是数字经济未来发展的重要方向。在过去的 10 余年,信息革命的主战场是商业和服务业。工业相对于商业、服务业更加专业,不同工业部门,甚至同一产业不同环节、不同企业间的技术路线、技术特征存在巨大差异,这是工业与数字经济的深度融合的主要障碍。目前,信息技术对工业的改造主要还是办公自动化和流程再造。我国将积极推动数字技术在工业的应用场景创新,融合工业和互联网产业竞争优势,大力发展智能制造、工业物联网系统、工业大数据,成为全球领先的“智能+工业”应用国。开辟新的农业与数字技术融合领域,在电子商务之外积极创新服务业与数字技术融合创新的模式。

我国是全球人口最多的国家,也是全球产业体系最完备、制造业规模最大的国家,还是信息化基础设施全球领先的国家,是名副其实的数据资源大国和强国。我国还拥有全球最长的光缆网络,全球最大规模的网民数量、移动电话

用户数量,4G 基站数量占比超过全球一半,人均享受的信息基础设施水平远远高于世界平均水平。通信村村通、电信普遍服务等工程的实施使得中国成为全球信息通信服务覆盖最完善的国家,边远地区也能和大城市共享信息通信技术发展的成果。

推进制造业与服务业的深度融合。推进制造业与服务业的深度融合,是推动产业实现高质量发展的主动变革,对于积极应对当前制造业发展面临的挑战、促进服务业转型发展与优化升级,以及提高我国制造业和服务业的国际分工地位,都具有重要意义。我国将重点支持高端装备制造、电子信息制造、新能源汽车、生物医药等先进制造业与软件和信息服务业、金融业、科技研发和科技服务业等现代服务业间的深度融合。

三、成为科技智力型劳动者

人力资本发展是全球新的经济增长热点,更是实现可持续发展、包容性经济增长的先决条件。一方面,以技能偏向型科技进步为推动力的经济结构与生产方式的格局变化意味着高技能劳动力需求将不断扩大;另一方面,技能回报率不断上升,自动化生产对重复性工作的替代效应将导致高技能劳动者与低技能劳动者的收入出现较大差距。

劳动经济学中将人力资本要素划分为三大类:认知能力、非认知能力、岗位技能。具体而言,认知能力指的是运用逻辑思维理解复杂事物、通过实践积累经验、迅速适应环境的能力,这包括基本的知识学习能力、学术素养以及较高级的语言沟通、批判思维、解决问题等技巧;非认知能力指的是能够帮助个体应对复杂人际沟通和不同社会情境的行为和态度,包括责任感、开放心态、亲和力、决策能力等;岗位技能则专指那些能帮助劳动者在工作岗位上提高生产效率的技能,包括熟练使用工具、运用科技手段等。

新型劳动力技能需求要求劳动者不断提升岗位技能,为在工作岗位上持续性参与技能升级和再培训做好准备。这就需要大学生培养快速学习能力,为应对瞬息万变的社会环境做前瞻准备。科学的高度发展和应用、新技术革命的高涨,已使产业结构、劳动结构、工作方式等发生急剧变化,促使人不断从一种职业向另一种职业转移。因为新知识的不断涌现,社会对劳动者素质的要求也越来越高,个人就要从接受阶段性的教育转向接受终身教育,以持续广泛地接受知识,迎接竞争带来的挑战。

第三节　新就业形态

近年来,随着数字经济的发展,依托互联网平台产生的新就业形态发展迅速,从业人员规模迅速扩张,形态种类日益多样,推动劳动力市场发生深刻变革。新就业形态因为就业容量大、进出门槛低、灵活性和兼职性强,成为吸纳劳动者就业的重要渠道,提高劳动参与率、增强就业弹性、增加劳动者收入的作用日益凸显。国家信息中心发布的《中国共享经济发展报告(2020)》显示,2019年,以新就业形态出现的平台企业员工数已达 623 万人,比上年增长了 4.2%。互联网平台带动的新就业形态人数已达 7800 万人,同比增长 4%。

一、新就业形态是未来就业的新空间

新一轮科技革命和产业变革催生了新就业形态,互联网、大数据和人工智能等新一代信息技术,改变了建立在工业化生产和工厂化管理基础上的传统生产方式和企业形态,推动传统就业方式"去组织化",也同时改变了传统劳动关系的从属性。全球将迎来新一轮科技创新浪潮,加快推动产业数字化、智能化转型,并将构建新的产业生态和企业形态,重新定义就业方式。

新就业形态是什么?新就业形态与互联网等新科技息息相关,是有别于标准就业和传统灵活就业的平台化组织用工和劳动者就业新形态。

(一)新就业形态的特点

1. 造就新的就业形态。网络数字平台大量涌现,通过拆分工序将任务分包给不同劳动者,原本招用 1 个工作人员的工作,被拆分成 10 个、100 个甚至更多的工序和任务,让众多劳动者一起来承担这些任务,从而造就一批新的就业形态。

2. 增加新的就业岗位。例如,网约车平台催生了网约车司机、司机服务经理、自动驾驶路测安全管理员、自动驾驶测试驾驶员等新的就业岗位。

3. 工作时间和空间更加灵活多变。工业化时代的就业,每个劳动者与雇主签订合同,工作时间普遍"朝九晚五",工作空间也基本上是固定的;而新就业形

态的工作时间则相当灵活,完全取决于任务承包者自己的意愿,可以白天工作,也可以晚上工作,可以一天工作 8 个小时,也可以多于或少于 8 个小时。工作空间选择的余地也更大。这种工作时空的灵活多变性,能较好地满足劳动者多样化的需求。

4. 新就业形态劳动关系不确定。与传统就业形态相比,这种依托平台而产生的新就业形态,雇佣关系不确定。平台不是雇主,任务承包者不与平台签订劳动合同,二者是一种合作关系。任务承包者的收入也不是来自平台发放的工资,而是来自产品和服务的直接需求者,平台只是提供信息服务而已,是供需之间的匹配者。

5. 新就业形态具有兼职特性。可以帮助劳动者实现灵活就业与长期就业相结合,保障其个人收入的延续性。同时,新就业形态的灵活性,也吸引了大量有本职工作的人参与共享经济,获得额外收入。据某外卖平台数据显示,56%的骑手拥有第二职业,其中 26%是小微创业者,21%为技术工人。通过兼职送外卖,骑手平均每月增收超过 2900 元,16%的骑手每月多赚 4000—6000 元,这些收入平均占到家庭总收入的 40%。①

6. 进入门槛较低。人们的需求多种多样,因此,平台能提供的工作岗位也就千差万别,既有技能要求高的工作,也有技能要求低的工作,可以说,只要一个人想工作,不管技能高低,总能从各种平台获得一份或多份工作,因此,新就业形态的从业人员相当多元。

(二)新就业形态为毕业生提供发展新空间

依赖于平台的就业只是新就业形态的一种,除此之外,还有很多类型,比如,人力资源和社会保障部向社会发布的智能制造工程技术人员、虚拟现实工程技术人员、呼吸治疗师、无人机装调检修工等 16 个新职业也属于新就业形态,但这些与平台新就业形态不一样,是新技术、新经济、新产业直接催生的就业形态。

2020 年,国家出台支持 15 种新业态新模式发展的举措,按下我国数字经济发展的"快进键",为中国经济注入新动能。这些举措重点支持 15 种新业态新

① 《就业新形态 择业新舞台(倾听·关注新就业形态)》,人民网,2020 年 12 月 22 日。

模式——在线教育、互联网医疗、线上办公、数字化治理、产业平台化发展、传统企业数字化转型、虚拟产业园和产业集群、无人经济、培育新个体经济支持自主就业、发展微经济鼓励副业创新、探索多点执业、共享生活、共享生产、生产资料共享及数据要素流通等。

1. 政策新空间。国家发改委等 13 个部门联合发布的《关于支持新业态新模式健康发展 激活消费市场带动扩大就业的意见》提出，支持 15 种新业态新模式发展，为高校毕业生提供就业空间。例如，线上服务、个体经济、共享经济等。

2. 产业新空间。由于产业转型升级、科技水平提升，大数据、人工智能、物联网等新产业快速发展，人才需求不断增加。据测算，整个大数据产业需要 2000 万人，而毕业生供给远远不够。

3. 企业新空间。不同企业情况不一样。在经济转型升级的背景下，一部分企业面临去库存、去产能，吸纳就业人数不多；但是也有相当多的领域人才需求非常迫切。比如，2021 年教育部和中关村、深圳产业园曾共同举行专场招聘，中关村提供了 13 万个岗位，深圳提供了 14 万个岗位，但最终投递简历数量却小于岗位数量。

4. 技能新空间。目前很多技能领域人才非常缺乏。比如，物联网安装调试员、无人机驾驶员、电子竞技员等新技能人才紧缺，仅物联网安装调试员现在就有 500 万人缺口。此外，家政等传统服务业领域也面临人才缺口。

5. 区域新空间。长三角、珠三角等经济活跃区域的人力资源供给与当地经济发展需求不匹配。近几年，为了吸引更多人才就业，深圳在全世界征集高等教育优质资源。

6. 创业新空间。目前国家鼓励“双创”，年轻人干事创业的政策环境和制度环境十分有利。

二、国家促进新就业形态发展的政策

近年来，我国新就业形态劳动者数量大幅增长，数据显示，我国灵活就业人员已经达到 2 亿人，2020 年，共享经济提供服务人数约 8400 万人。但是由于灵活就业人员与从业单位之间属于非稳定劳动关系，按照现行规定，他们无法获得工伤保险、失业保险等制度保障。

1. 针对新就业形态劳动用工去雇主化、劳动关系灵活化等新情况，国家积极推动建立多种形式、有利于保障劳动者权益的劳动关系。对采取劳务派遣、外包等用工方式的,国家监管相关企业合理保障劳动者权益。

2. 我国将在部分重点行业开展灵活就业人员职业伤害保障试点,探索用工企业购买商业保险、保险公司适当让利、政府加大支持的机制,为外卖员、快递员、网约车司机等提供与工伤保险待遇接近的保障。

3. 针对劳动者最为关注的收入和违法超时加班问题,规定企业应当按时足额支付劳动报酬,不得制定损害劳动者安全健康的考核指标。同时,督促平台企业制定和完善订单分配、抽成比例等制度规则和算法,听取劳动者代表等意见,并将结果公示。

4. 建立适合新就业形态的职业技能培训模式,符合条件的按规定给予补贴。放开灵活就业人员在就业地参加基本养老、基本医疗保险的户籍限制。

未来随着一系列新举措出台落地,我国将逐渐建立起适应平台用工形式和劳动者就业特点的劳动权益保障新机制,进一步优化新就业形态劳动者获取的公共服务和社会保障。

【拓展知识】维护新就业形态劳动者劳动保障权益

人力资源社会保障部 国家发展改革委 交通运输部 应急部 市场监管总局 国家医保局 最高人民法院 全国总工会关于维护新就业形态劳动者劳动保障权益的指导意见

人社部发〔2021〕56 号

各省、自治区、直辖市人民政府、高级人民法院、总工会,新疆生产建设兵团,新疆维吾尔自治区高级人民法院生产建设兵团分院,新疆生产建设兵团总工会:

近年来,平台经济迅速发展,创造了大量就业机会,依托互联网平台就业的网约配送员、网约车驾驶员、货车司机、互联网营销师等新就业形态劳动者数量大幅增加,维护劳动者劳动保障权益面临新情况新问题。为深入贯彻落实党中央、国务院决策部署,支持和规范发展新就业形态,切实维护新就业形态劳动者劳动保障权益,促进平台经济规范健康持续发展,经国务院同意,现提出以下意见:

一、规范用工,明确劳动者权益保障责任

(一)指导和督促企业依法合规用工,积极履行用工责任,稳定劳动者队伍。主动关心关爱劳动者,努力改善劳动条件,拓展职业发展空间,逐步提高劳动者权益保障水平。培育健康向上的企业文化,推动劳动者共享企业发展成果。

(二)符合确立劳动关系情形的,企业应当依法与劳动者订立劳动合同。不完全符合确立劳动关系情形但企业对劳动者进行劳动管理(以下简称不完全符合确立劳动关系情形)的,指导企业与劳动者订立书面协议,合理确定企业与劳动者的权利义务。个人依托平台自主开展经营活动、从事自由职业等,按照民事法律调整双方的权利义务。

(三)平台企业采取劳务派遣等合作用工方式组织劳动者完成平台工作的,应选择具备合法经营资质的企业,并对其保障劳动者权益情况进行监督。平台企业采用劳务派遣方式用工的,依法履行劳务派遣用工单位责任。对采取外包等其他合作用工方式,劳动者权益受到损害的,平台企业依法承担相应责任。

二、健全制度,补齐劳动者权益保障短板

(四)落实公平就业制度,消除就业歧视。企业招用劳动者不得违法设置性别、民族、年龄等歧视性条件,不得以缴纳保证金、押金或者其他名义向劳动者收取财物,不得违法限制劳动者在多平台就业。

(五)健全最低工资和支付保障制度,推动将不完全符合确立劳动关系情形的新就业形态劳动者纳入制度保障范围。督促企业向提供正常劳动的劳动者支付不低于当地最低工资标准的劳动报酬,按时足额支付,不得克扣或者无故拖欠。引导企业建立劳动报酬合理增长机制,逐步提高劳动报酬水平。

(六)完善休息制度,推动行业明确劳动定员定额标准,科学确定劳动者工作量和劳动强度。督促企业按规定合理确定休息办法,在法定节假日支付高于正常工作时间劳动报酬的合理报酬。

(七)健全并落实劳动安全卫生责任制,严格执行国家劳动安全卫生保护标准。企业要牢固树立安全“红线”意识,不得制定损害劳动者安全健康的考核指标。要严格遵守安全生产相关法律法规,落实全员安全生产责任制,建立健全安全生产规章制度和操作规程,配备必要的劳动安全卫生设施和劳动防护用

品,及时对劳动工具的安全和合规状态进行检查,加强安全生产和职业卫生教育培训,重视劳动者身心健康,及时开展心理疏导。强化恶劣天气等特殊情形下的劳动保护,最大限度减少安全生产事故和职业病危害。

(八)完善基本养老保险、医疗保险相关政策,各地要放开灵活就业人员在就业地参加基本养老、基本医疗保险的户籍限制,个别超大型城市难以一步实现的,要结合本地实际,积极创造条件逐步放开。组织未参加职工基本养老、职工基本医疗保险的灵活就业人员,按规定参加城乡居民基本养老、城乡居民基本医疗保险,做到应保尽保。督促企业依法参加社会保险。企业要引导和支持不完全符合确立劳动关系情形的新就业形态劳动者根据自身情况参加相应的社会保险。

(九)强化职业伤害保障,以出行、外卖、即时配送、同城货运等行业的平台企业为重点,组织开展平台灵活就业人员职业伤害保障试点,平台企业应当按规定参加。采取政府主导、信息化引领和社会力量承办相结合的方式,建立健全职业伤害保障管理服务规范和运行机制。鼓励平台企业通过购买人身意外、雇主责任等商业保险,提升平台灵活就业人员保障水平。

(十)督促企业制定修订平台进入退出、订单分配、计件单价、抽成比例、报酬构成及支付、工作时间、奖惩等直接涉及劳动者权益的制度规则和平台算法,充分听取工会或劳动者代表的意见建议,将结果公示并告知劳动者。工会或劳动者代表提出协商要求的,企业应当积极响应,并提供必要的信息和资料。指导企业建立健全劳动者申诉机制,保障劳动者的申诉得到及时回应和客观公正处理。

三、提升效能,优化劳动者权益保障服务

(十一)创新方式方法,积极为各类新就业形态劳动者提供个性化职业介绍、职业指导、创业培训等服务,及时发布职业薪酬和行业人工成本信息等,为企业和劳动者提供便捷化的劳动保障、税收、市场监管等政策咨询服务,便利劳动者求职就业和企业招工用工。

(十二)优化社会保险经办,探索适合新就业形态的社会保险经办服务模式,在参保缴费、权益查询、待遇领取和结算等方面提供更加便捷的服务,做好社会保险关系转移接续工作,提高社会保险经办服务水平,更好保障参保人员

公平享受各项社会保险待遇。

（十三）建立适合新就业形态劳动者的职业技能培训模式，保障其平等享有培训的权利。对各类新就业形态劳动者在就业地参加职业技能培训的，优化职业技能培训补贴申领、发放流程，加大培训补贴资金直补企业工作力度，符合条件的按规定给予职业技能培训补贴。健全职业技能等级制度，支持符合条件的企业按规定开展职业技能等级认定。完善职称评审政策，畅通新就业形态劳动者职称申报评价渠道。

（十四）加快城市综合服务网点建设，推动在新就业形态劳动者集中居住区、商业区设置临时休息场所，解决停车、充电、饮水、如厕等难题，为新就业形态劳动者提供工作生活便利。

（十五）保障符合条件的新就业形态劳动者子女在常住地平等接受义务教育的权利。推动公共文体设施向劳动者免费或低收费开放，丰富公共文化产品和服务供给。

四、齐抓共管，完善劳动者权益保障工作机制

（十六）保障新就业形态劳动者权益是稳定就业、改善民生、加强社会治理的重要内容。各地区要加强组织领导，强化责任落实，切实做好新就业形态劳动者权益保障各项工作。人力资源社会保障部、国家发展改革委、交通运输部、应急部、市场监管总局、国家医保局、最高人民法院、全国总工会等部门和单位要认真履行职责，强化工作协同，将保障劳动者权益纳入数字经济协同治理体系，建立平台企业用工情况报告制度，健全劳动者权益保障联合激励惩戒机制，完善相关政策措施和司法解释。

（十七）各级工会组织要加强组织和工作有效覆盖，拓宽维权和服务范围，积极吸纳新就业形态劳动者加入工会。加强对劳动者的思想政治引领，引导劳动者理性合法维权。监督企业履行用工责任，维护好劳动者权益。积极与行业协会、头部企业或企业代表组织开展协商，签订行业集体合同或协议，推动制定行业劳动标准。

（十八）各级法院和劳动争议调解仲裁机构要加强劳动争议办案指导，畅通裁审衔接，根据用工事实认定企业和劳动者的关系，依法依规处理新就业形态劳动者劳动保障权益案件。各类调解组织、法律援助机构及其他专业化社会组

织要依法为新就业形态劳动者提供更加便捷、优质高效的纠纷调解、法律咨询、法律援助等服务。

（十九）各级人力资源社会保障行政部门要加大劳动保障监察力度，督促企业落实新就业形态劳动者权益保障责任，加强治理拖欠劳动报酬、违法超时加班等突出问题，依法维护劳动者权益。各级交通运输、应急、市场监管等职能部门和行业主管部门要规范企业经营行为，加大监管力度，及时约谈、警示、查处侵害劳动者权益的企业。

各地区各有关部门要认真落实本意见要求，出台具体实施办法，加强政策宣传，积极引导社会舆论，增强新就业形态劳动者职业荣誉感，努力营造良好环境，确保各项劳动保障权益落到实处。

（资料来源：人力资源和社会保障部网站，2021 年 7 月 16 日）

第八章　劳动与劳动保障

劳动者作为社会物质财富和精神财富的创造者,是国家的主人,是生产力诸要素中最主要、最活跃的要素。劳动者的安全和健康不仅关系到其自身与家庭的幸福,更关系到经济的可持续发展与社会的和谐稳定;保护劳动者在职业活动中的安全与健康,始终是我国的一项基本国策。我国是社会主义国家,社会主义国家的本质是解放生产力、发展生产力,消灭剥削,消除两极分化,最终实现共同富裕。国家建立社会保障体系,免除劳动者的后顾之忧,有利于缩小社会贫富差距,增进社会整体福利,是社会主义国家实现共同富裕的一项重要手段,也是人权保障的重要内容。

第一节　劳动安全与劳动保护

劳动保护是我国的一项基本国策,“加强劳动保护,改善劳动条件”,是写入宪法的神圣规定。新中国成立以来,党和政府十分重视劳动保护工作。早在1956年,国务院就发布了《工厂安全卫生规程》《建筑安装工程安全技术规程》和《工人职员伤亡事故报告规程》等,提出“改善劳动条件,保护劳动者在生产劳动中的安全健康,是我们国家的一项重要政策”。进入21世纪,我国通过健全劳动保护立法,强化劳动保护监察和安全生产管理,推行职业安全卫生设施和技术措施建设,极大地改善了劳动者的工作条件,劳动者的安全和健康得到了切实保障,促进了我国经济和社会的蓬勃发展。

一、防范劳动风险

(一)劳动风险的含义

劳动风险有广义和狭义之分,狭义的劳动风险是指劳动者在劳动过程中可能遭受的与职业岗位相关的人身伤害风险,例如,遭遇工伤、罹患职业病等;广义的劳动风险不仅包括狭义的劳动风险,还包括劳动者因为社会、自身生理心理原因或劳动技能等原因,失去劳动机会的风险,即失业风险。劳动者与用人单位确定劳动关系,签订劳动合同或续签劳动合同过程中面临的风险,即劳动合同风险。

(二)劳动风险的类型

1. 意外事故造成的劳动风险

在劳动生产过程中,劳动者可能受到突发意外事故的伤害,导致劳动者暂时或永久丧失劳动能力,这一般被称为安全生产事故。随着工业化进程的加速推进和社会生活的节奏加快,劳动者面临的劳动生产环境日益复杂,如果安全生产意识不强,疏忽大意,往往导致突发意外事故的发生,让劳动者面临重大的劳动风险。

2. 职业本身产生的劳动风险

这种劳动风险主要表现为职业病。由于各个行业的劳动条件和工作环境不同,职业病发生的情况也不相同。煤炭、化工、建材、水电、冶金等行业是职业病高发的行业,因为这些行业的生产一线员工接触粉尘、放射性物质或其他有毒有害物质的可能性高于其他行业。职业病不同于意外事故,职业病是可防的,"防"重于"治",职业病的防治很大程度上取决于劳动者本人的防范意识与企业管理者的重视和投入。

3. 生理心理原因导致的劳动风险

生理原因导致的劳动风险主要表现为劳动者身患疾病,由于疾病因素可能使劳动者暂时或永久丧失劳动能力。

心理原因导致的劳动风险主要是指劳动者出现精神健康问题,产生心理障碍,继而引发身体问题,暂时或永久丧失劳动能力。近几年,因为患上心理疾病，在操作生产设备时发生事故的案例也有出现。疾病和身体机能的退化是正常的生理现象，当然，我们可以通过定期体检来及时发现疾病，用健康的生活方式提升生命质量。同时，要科学认识心理疾病，树立战胜疾病的信心和勇气。

4. 市场变动引发的劳动风险

市场经济条件下，劳动者的就业状况与市场对劳动力的需求状况密切相关。受到技术创新、产业变革、经济结构调整、生产季节性增减和国际国内重大突发事件等因素的影响，劳动力市场可能会发生小幅或剧烈的波动，主要表现在劳动力的需求总量和需求结构上。因此，当需求总量减少到一定程度时，就有可能出现一部分劳动者丧失工作的机会。但是，要求劳动力的供给与需求在总量和结构上彼此完全协调是不现实的。劳动力市场中存在一定的待业人员是必然的社会现象，这也是劳动风险的一种表现。

5. 劳动关系引发的劳动风险

我国《劳动合同法》规定：建立劳动关系，应当订立书面劳动合同。劳动合同是明确劳动者与用人单位双方权利和义务最重要的体现。在现实中，有一些企业为了规避责任，与劳动者签订不符合法律规定的劳动合同，或不签劳动合同，或以协议代替劳动合同，给劳动者带来了劳动风险隐患。劳动者要掌握《劳动法》《劳动合同法》等相关法律规定，了解、规避劳动合同陷阱，具备自我保护的意识，从容应对可能出现的劳动风险。

(三) 劳动风险的防范

大学生在校期间参与的义务劳动、志愿服务、社会实践、勤工俭学、实习实训和创新创业活动，毕业以后的就业求职、实习试用、岗位工作等各环节，都有存在劳动风险的可能。提前做好防范是降低风险的最好途径。大学生应主要从以下两个方面做好劳动风险防范。

1. 增强劳动规则意识

不以规矩，无以成方圆。劳动领域的规则意识体现在劳动者对安全生产制度、劳动纪律的严格遵守，对用人单位规章制度的自觉履行，对生产过程中操作规程的不折不扣的执行，等等。大学生要养成遵守规则的好习惯，在生活中对规则保持敬畏并遵守,在劳动中对规则予以执行并坚守,这不仅仅是对规则的保护,更是自我保护。

2. 增强承担风险的能力

从劳动风险的类型可以看出,有些风险具有偶然性,是不可控的,有些风险通过劳动者的个人努力是可以降低甚至消除的。基于劳动风险的这种客观特性,增强自身承担风险的能力尤为重要。新时代的大学生,应该提升自身的劳动能力,过硬的劳动技能和劳动素质是应对各种劳动风险的法宝。大学生要保持青年应有的奋斗姿态,持续提升劳动能力,才能在竞争中立于不败之地,才能在风险挑战面前应对有方。

二、重视劳动安全

劳动安全是指为防止劳动者在劳动中发生伤亡事故,保障劳动者安全和防止生产设备遭到破坏而采取的措施和制度。一般包括为防止中毒、车祸、坠落、塌陷、爆炸、火灾等危及劳动者人身安全的事故的发生而采取的一系列防范措施和制度。

(一)注意安全隐患

隐患,是指隐藏的祸患,即隐藏不露、潜伏的危险性大的事情或灾害。

1. 事故隐患类别

事故隐患,是指生产系统中可导致事故发生的人的不安全行为、物的不安全状态和管理上的缺陷。事故隐患可归纳为 21 大类:火灾、爆炸、中毒和窒息、水害、坍塌、滑坡、泄漏、腐蚀、触电、坠落、机械伤害、煤与瓦斯突出、公路设施伤害、公路车辆伤害、铁路设施伤害、铁路车辆伤害、水上运输伤害、港口码头伤害、空中运输伤害、航空港伤害、其他类隐患等。按照导致事故发生的原因来分类,常见的事故隐患有以下三类:

(1)人的不安全行为。忽视安全,忽视警告,操作错误;人为造成安全装置失效;使用不安全设备;用手代替工具操作;物体存放不当;冒险进入危险场所;攀、坐不安全位置;有干扰和分散注意力的行为;忽视个体劳动防护用品、用具的使用或未能正确使用;不安全装束;对易燃、易爆等危险物品的接触和处理错误等。

(2)物的不安全状态。防护、保险、信号等装置缺乏或有缺陷;设备、设施、工具、附件有缺陷;劳动防护用品用具缺乏或有缺陷;生产(施工)场地作业环境不良。

(3)管理上的缺陷。技术和设计上缺陷;安全生产教育培训不够;劳动组织不合理;对现场工作缺乏检查或指导错误;没有安全生产管理规章制度和安全操作规程,或者不健全;没有事故防范和应急措施或者不健全;对事故隐患整改不力,经费不落实。

2. 危险、有害因素类别

危险因素,是指能对人造成伤亡或对物造成突发性损害的因素;有害因素,是指能影响人的身体健康、导致疾病或对物造成慢性损害的因素。通常情况下,二者统称为危险、有害因素。

(1)按照导致事故和职业危害的直接原因对危险、有害因素进行分类

①物理性危险、有害因素

设备、设施缺陷:强度不够、刚度不够、稳定性差、密封不良、应力集中、外形缺陷、外露运动件、制动器缺陷、设备设施其他缺陷。

防护缺陷:无防护、防护装置和设施缺陷、防护不当、支撑不当、防护距离不够、其他防护缺陷。

电:带电部位裸露、漏电、雷电、静电、电火花、其他电危害。

噪声:机械性噪声、电磁性噪声、流体动力性噪声、其他噪声。

振动:机械性振动、电磁性振动、流体动力性振动、其他振动。

电离辐射:X 射线、β 粒子、质子、中子、高能电子束等。

非电离辐射:紫外线、激光、射频辐射、超高压电场。

运动物:固体抛射物、液体飞溅物、反弹物、岩土滑动、料堆垛滑动、气流卷动、冲击地压、其他运动物危害。

明火。

能造成灼伤的高温物质:高温气体、高温固体、高温液体、其他高温物质。

能造成冻伤的低温物质:低温气体、低温固体、低温液体、其他低温物质。

粉尘与气溶胶。

作业环境不良:作业环境乱、基础下沉、安全过道缺陷、采光照明不良、有害

光照、通风不良、缺氧、空气质量不良、给排水不良、涌水、强迫体位、气温过高、气温过低、气压过高、气压过低、高温高湿、自然灾害、其他作业环境不良。

信号缺陷:无信号设施、信号选用不当、信号位置不当、信号不清、信号显示不准、其他信号缺陷。

标志缺陷:无标志、标志不清楚、标志不规范、标志选用不当、标志位置缺陷、其他标志缺陷。

②化学性危险、有害因素

易燃易爆性物质:易燃易爆性气体、易燃易爆性液体、易燃易爆性固体、易燃易爆性粉尘与气溶胶、其他易燃易爆性物质。

自燃性物质。

有毒物质:有毒气体、有毒液体、有毒固体、有毒粉尘与气溶胶、其他有毒物质。

腐蚀性物质:腐蚀性气体、腐蚀性液体、腐蚀性固体、其他腐蚀性物质。

③生物性危险、有害因素

致病微生物:细菌、病毒、其他致病微生物。

传染病媒介物。

致害动物。

致害植物。

④心理、生理性危险、有害因素

负荷超限:体力负荷超限、听力负荷超限、视力负荷超限、其他负荷超限。

健康状况异常。

从事禁忌作业。

心理异常:情绪异常、冒险心理、过度紧张、其他心理异常。

辨识功能缺陷:感知延迟、辨识错误、其他辨识功能缺陷。

⑤行为性危险、有害因素

指挥错误:指挥失误、违章指挥、其他指挥错误。

操作失误:误操作、违章作业、其他操作失误。

监护失误。

⑥其他危险和有害因素

略。

(2)按照事故类别分类对危险、有害因素进行分类

物体打击:指物体在重力或其他外力的作用下产生运动,打击人体,造成人身伤亡事故,不包括因机械设备、车辆、起重机械、坍塌等引发的物体打击。

车辆伤害:指企业机动车辆在行驶中引起的人体坠落和物体倒塌、下落、挤压伤亡事故,不包括起重设备提升、牵引车辆和车辆停驶时发生的事故。

机械伤害:指机械设备运动(静止)部件、工具、加工件直接与人体接触引起的夹击、碰撞、剪切、卷入、绞、碾、割、刺等伤害,不包括车辆、起重机械引起的机械伤害。

起重伤害:指各种起重作业(包括起重机安装、检修、试验)中发生的挤压、坠落、(吊具、吊重)物体打击和触电。

触电:包括雷击伤亡事故。

淹溺:包括高处坠落淹溺,不包括矿山、井下透水淹溺。

灼烫:指火焰烧伤、高温物体烫伤、化学灼伤(酸、碱、盐、有机物引起的体内外灼伤)、物理灼伤(光、放射性物质引起的体内外灼伤),不包括电灼伤和火灾引起的烧伤。

火灾。

高处坠落:指在高处作业中发生坠落造成的伤亡事故,不包括触电坠落事故。

坍塌:指物体在外力或重力作用下,超过自身的强度极限或因结构稳定性破坏而造成的事故,如挖沟时的土石塌方、脚手架坍塌、堆置物倒塌等,不适用于矿山冒顶片帮和车辆、起重机械、爆破引起的坍塌。

冒顶片帮。

透水。

爆破:指爆破作业中发生的伤亡事故。

火药爆炸:指火药、炸药及其制品在生产、加工、运输、贮存中发生的爆炸事故。

瓦斯爆炸。

锅炉爆炸。

容器爆炸。

其他爆炸。

中毒和窒息。

其他伤害。

(二)职业病防治

根据《职业病防治法》,用人单位与劳动者订立劳动合同时,应当将工作过程中可能产生的职业病危害及其后果、职业病防护措施和待遇等如实告知劳动者,并在劳动合同中写明,不得隐瞒或者欺骗。

1. 对用人单位防护义务的规定

用人单位应当为劳动者创造符合国家职业卫生标准和卫生要求的工作环境和条件,并采取措施保障劳动者获得职业卫生保护;应当建立、健全职业病防治责任制,加强对职业病防治的管理,提高职业病防治水平,对本单位产生的职业病危害承担责任;必须采用有效的职业病防护设施,并为劳动者提供个人使用的职业病防护用品;应当对劳动者进行上岗前的职业卫生培训和在岗期间的定期职业卫生培训,普及职业卫生知识,督促劳动者遵守职业病防治法律、法规、规章和操作规程,指导劳动者正确使用职业病防护设备和个人使用的职业病防护用品。用人单位应当按照有关法律、法规的规定严格履行职业危害防护的义务。

2. 劳动者在职业健康监护中的权利和义务

(1)职业健康检查知情权、决策权及获得权。从事接触职业病危害因素作业的劳动者有获得职业健康检查的权利,有权了解所从事的工作对其健康可能产生的影响和危害,有权参与用人单位建立职业健康监护制度和实施职业健康监护的决策过程。

(2)遵守操作规程与事故报告等义务。劳动者应学习和了解相关的职业卫生知识和职业病防治法律、法规;应掌握作业操作规程,正确使用、维护职业病防护设备和个人使用的防护用品,发现职业病危害事故隐患应及时报告。

(3)配合职业健康检查的义务。劳动者应参加由用人单位安排的职业健康检查,并有权了解本人健康检查结果;在职业健康检查过程中,劳动者有义务与职业健康检查机构和用人单位合作;劳动者有权对用人单位违反职业健康监护有关规定的行为进行投诉。

三、加强劳动保护

劳动保护是指生产过程中对劳动者的劳动安全及身体健康的保护。我国劳动保护的主要内容包括:改善劳动条件;预防工伤事故和职业病;保证劳动者有适当的休息时间;根据妇女的生理特点,对劳动妇女进行特殊保护;等等。

劳动保护是一项系统工程,要从国家、社会和劳动者三个层面上下功夫。1981 年国际劳动大会通过了《职业安全和卫生及工作环境公约》,提出了构建"政府、雇主、工人"三方共管职业安全的制度体系。这一公约的通过促进了各会员国在职业安全、职业卫生和改善工作环境方面制定相关法律和措施,明确政府、企业和工人各自承担的职责,从而把工作环境中存在的危险因素减少到最低限度,以预防来自工作过程中发生的事故和对健康的危害。2006 年 10 月,我国全国人大常委会批准了该公约,对保护劳动者的人身安全和健康、促进安全生产和职业卫生方面的立法和执法工作起到了推动作用。

在国家和社会层面,主要是通过立法和执法来保障劳动安全,积极营造全社会劳动者重视劳动安全的良好氛围。目前,我国劳动安全相关的法律规范已经形成了相对完善的法律体系,并逐步与世界接轨。《劳动法》和《安全生产法》确立的基本方针是"安全第一、预防为主、综合治理";同时,我国建立了相应的监督和检查制度,规范相关法律法规的实施。

劳动者个人层面,主要是增强防范意识,做好自我保护,这就要求劳动者具备良好的劳动规则意识、劳动安全意识和劳动保护意识;在生产劳动中,严格按照安全生产的操作流程和规程进行劳动。新时代的大学生要加强劳动安全方面的知识学习,并善于将这些知识应用到义务劳动、志愿服务、社会实践、勤工俭学、实习实训和创新创业活动中,培养自己过硬的劳动技能;参加工作、走上工作岗位以后,能够把其运用到劳动生产实践中,为社会生产安全有序开展提供有效保障。

第二节　劳动法律法规与劳动权益

劳动关系及其调整模式的现代化、法治化,即劳动法治,涉及分配公平、社会公正与经济发展模式等重大问题。运用法治理念、逻辑、制度、机制建立健全劳动法制,是我国法治建设的重要内容。新时代大学生应该主动学习劳动法律法规知识,树立劳动法治观念,自觉运用劳动法律法规来规范自身的劳动行为,正确维护自身的合法劳动权益。

一、我国劳动法律法规基本内容

我国现行的劳动法律法规体现在宪法、法律、行政法规、地方性法规、司法解释和国际公约中,是一个多层次的法律法规体系。

(一)宪法

《宪法》是我国的根本大法,拥有最高法律效力。宪法是其他法律的立法基础,其他法律是宪法的具体化;任何法律不得同宪法相抵触,否则无效。我国《宪法》第 4 条和第 48 条规定了劳动者平等权(男女平等、民族平等),第 16、17 和 35 条规定了劳动者享有组织工会和民主参与的权利,第 19 条和第 42 条规定了劳动者享有接受职业培训的权利,第 42 条规定了公民的劳动权利和义务,第 42 条和第 43 条规定了劳动者享有休息和劳动安全卫生保护的权利。从上述的规定中可以看出,我国《宪法》对劳动者权利、义务和劳动关系做了较为宏观的框架性规定,为制定具体的劳动法律法规确立了原则和方向。

(二)法律

法律是由享有立法权的立法机关行使国家立法权,依照法定程序制定、修改并颁布,并由国家强制力保证实施的基本法律和普通法律总称。它的效力仅次于宪法,组成了劳动法律法规的核心内容。现行的劳动法律法规主要包括作为民事和劳动与社保基本法的《劳动法》《社会保险法》,作为单行法的《劳动合同法》《劳动争议调解仲裁法》《就业促进法》《工会法》等,《民事诉讼法》《妇女权益保障法》《残疾人保障法》《公司法》《刑法》等法律中也有部分条款涉及劳动关系。

(三)行政法规

行政法规是国务院为领导和管理国家各项行政工作,根据宪法和法律,并且按照《行政法规制定程序条例》的规定而制定的政治、经济、教育、科技、文化、外事等各类法规的总称。与调整劳动关系相关的主要有国务院颁布的《劳动保障监察条例》《劳动合同法实施条例》《城市居民最低生活保障条例》《职工带薪年休假条例》等，还有国务院以规定、决定或办法的形式颁布的《国务院关于职工工作时间的规定》《企业职工带薪年休假实施办法》《全国年节及纪念日放假办法》《国务院关于职工探亲待遇的规定》《外国人在中国就业管理规定》等。另外还有国务院各部委颁布的部门规章，例如《集体合同规定》《就业服务和就业管理规定》《关于对事实劳动关系解除是否应该支付经济补偿金问题的规定》《违反和解除劳动合同的经济补偿办法》等一系列细则规定。

（四）地方性法规

根据《中华人民共和国立法法》的规定，具有地方立法权的主体可以制定和颁布在本地区范围内实施的各类法规，这类法规也是调整特定区域内劳动关系的重要法规依据。例如，《北京市劳动力市场管理条例》《上海市实施〈中华人民共和国妇女权益保障法〉办法》等。

（五）司法解释

司法解释，是指国家最高司法机关在适用法律过程中对具体应用法律问题做的解释，包括审判解释和检察解释两种。最高人民法院先后颁布了四个《关于审理劳动争议案件适用法律若干问题的解释》，司法解释为司法机关处理劳动争议类案件提供了明确指引，同时对于劳动者的劳动行为具有规范引导的作用。

（六）国际公约

国际公约是指国际有关政治、经济、文化、技术等方面的多边条约。公约通常为开放性的，非缔约国可以在公约生效前或生效后的任何时候加入。作为国际劳动组织成员国，我国先后批准了 27 个国际公约实施，例如《就业政策公约》《男女工人同工同酬公约》，这些国际公约也是劳动法律法规的来源之一。

二、劳动者的基本权利

劳动者的基本权利是指基于劳动法律法规的相关规定，劳动者享有劳动和社会保障的基本权利，也就是说，任何具有劳动能力而且愿意工作的人都有获得有保障的工作的权利。依据相关劳动法律法规的条款内容，我国劳动者享有的基本权利包括以下内容：

（一）劳动者享有平等就业权

平等就业权是指符合我国劳动法规定的劳动者享有获得职业的权利。它包含三层含义：一是任何公民都平等地享有就业的权利和资格，不因民族、种族、性别、年龄、文化、经济能力等而受到限制；二是在应聘某一职位时，任何公民都要平等地参与竞争，任何人不得享有特权，也不得对任何人予以歧视；三是平等不等于同等，平等是指对于符合要求、符合特殊职位条件的人，应给予他们平等的机会，而不是不管条件如何都同等对待。

（二）劳动者享有职业选择权

职业选择权是指劳动者享有自主决定从事何种职业的权利。任何单位和个人不得强迫劳动者进行职业选择。职业选择是个人进入社会生活的重要环节，作为就业主体的劳动者，在劳动力市场中具有按照个人意愿支配劳动力的权利，依据个人的素质、能力和爱好、志向，结合市场需求，选择就业行业、就业单位和工作岗位。劳动者拥有自由选择职业的权利，有利于劳动者充分发挥个人的优势和特长，匹配适合自己的职业，实现人力资源的合理配置，从而促进社会生产力的发展，促进人的全面发展。

（三）劳动者享有劳动报酬权

劳动报酬权是指劳动者依照劳动法律关系，履行劳动义务，由用人单位依据按劳分配的原则及劳动力价值支付报酬的权利。一般情况下，劳动者只要在用人单位的安排下按照约定完成一定的工作量，劳动者就有权要求按劳动取得报酬。获得的劳动报酬，用以维持和发展自己的劳动力和供养家人，从而实现劳动力的再生产。劳动报酬权包括劳动报酬协商权、劳动报酬请求权、劳动报酬支配权。

劳动报酬协商权是指劳动者与用人单位依据通过协商确定劳动报酬的形式和水平的权利。双方在确定劳动报酬时，不能违背国家法律的规定，不能低于国家的最低工资标准；劳动报酬请求权是劳动者付出了职业劳动以后，有权请求用人单位按时足额支付劳动报酬；劳动报酬支配权是指劳动者独立支配管理和处分自己劳动报酬的权利。

（四）劳动者享有休息休假权

劳动者享有为保护身体健康和提高劳动效率而休息休假的权利。我国《宪法》规定,劳动者有休息的权利,国家发展劳动者休息和休养的设施,规定职工的工作时间和休假制度。其他相关的劳动法律法规对劳动者的每周、每日工作时间,带薪年休假,法定节假日,加班费等做出了相应的规定,保障了劳动者休息休假权的落实。休息休假权的目的是保证劳动者的疲劳得以解除,体力和精神得以恢复和发展;保证劳动者有条件进行业余进修,不断提高自己的业务水平和文化水平;保证劳动者有一定的时间料理家庭和个人的事务,丰富自己的生活。

(五)劳动者享有劳动安全卫生保护权

劳动安全卫生保护,关系到保护劳动者的生命安全和身体健康,是对劳动者切身利益最直接的保护。对于所有劳动者而言,劳动安全卫生保护的缺失,将直接导致劳动者遭受劳动风险和劳动隐患的侵害。生命和健康是行使劳动权利的根本前提,没有生命和健康,一切的劳动权利都是空谈。《劳动法》规定,用人单位必须建立、健全劳动安全卫生制度,严格执行国家安全卫生规程和标准,为劳动者提供符合国家规定的劳动安全卫生条件和必要的劳动防护用品,对从事特种作业的人员进行专门培训,防止劳动过程中的事故发生,减少职业危害。

(六)劳动者享有接受职业技能培训权

职业技能培训是指对准备就业的人员和已经就业的职工,以培养其基本的职业技能或提高其职业技能为目的而进行的技术业务知识和实际操作技能教育及训练。我国《宪法》规定,公民有接受教育的权利和义务。受教育权,既包括接受普通教育的权利,也包括接受职业教育的权利。随着我国终身职业教育的推行,职业技能的获得将越来越多地依赖于职业培训,公民没有职业培训权利,劳动权利、就业权利就无法得以充分实现。

(七)劳动者享有社会保险和福利权

社会保险是国家和用人单位依照法律规定或合同的约定,对具有劳动关系的劳动者在暂时或永久丧失劳动能力以及暂时失业时,为保证其基本生活需要,给予物质帮助的一种社会保障制度。我国《劳动法》明确规定了劳动者依法享有养老保险、医疗保险、工伤保险、失业保险、生育保险等社会保险。同时,劳动者享有用人单位的劳动福利,劳动福利是劳动者的间接报酬,一般包括健康保险、免费体检、过节礼物等。

(八)劳动者享有提请劳动争议处理权

劳动争议指劳动关系当事人因执行《劳动法》或履行集体合同和劳动合同的规定引起的争议。提请劳动争议处理权是指劳动者在劳动争议发生时,有权请求有关部门对争议进行处理的权利。劳动者可以依法申请调解、仲裁,提起诉讼。劳动争议调解委员会由用人单位、工会和职工代表组成。劳动仲裁委员会由劳动行政代表、同级工会、用人单位代表组成。劳动争议诉讼由劳动争议当事人在规定期限内向人民法院提起诉讼请求,人民法院对劳动争议进行审理并做出裁判的争议解决机制。解决劳动争议应贯彻合法、公正和及时处理的原则。提请争议处理权,既保护了劳动者的合法权益,也有利于提高劳动争议处理的效率、维护社会关系的稳定。

三、劳动者的基本义务

劳动者的劳动义务是指劳动者依据法律法规的规定必须为一定行为或不得为一定行为的法律义务。权利和义务是相辅相成的,在任何一种法律关系中,权利和义务都是共存的,没有无义务的权利,也没有无权利的义务,任何权利的实现总是以履行一定的义务为条件。

在劳动关系领域,权利与义务同样是共存的。劳动法律法规在规定了劳动者享有的劳动权利的同时,也规定了劳动者应尽的基本义务,主要包括以下内容:

(一)劳动者有完成劳动任务的义务

劳动者一旦与用人单位发生劳动关系,就必须履行其应尽的劳动义务,其中最主要的劳动义务就是完成劳动生产任务。这是劳动关系范围内的法定的义务,同时也是强制性义务。劳动者不能完成劳动义务,就意味着劳动者违反劳动合同的约定,用人单位可以解除劳动合同。

(二)劳动者有提高职业技能的义务

劳动者享有接受技能培训的权利,是充分发挥劳动者积极性、创造力和劳动智慧的保证。提高职业技能同时也是劳动者必须履行的义务。职业技能的高低直接影响劳动生产率水平,同时提高职业技能是促进劳动者自身发展、实现自我价值的客观需要,因此,提高职业技能既是劳动者的权利,又是劳动者的义务。

(三)劳动者有执行劳动安全卫生规程的义务

劳动者对国家以及企业内部关于劳动安全卫生规程的规定,必须严格执行,以保障安全生产,从而保证劳动任务的完成,保障自身的身体健康和生命安全。

(四)劳动者有遵守劳动纪律和职业道德的义务

遵守劳动纪律和职业道德,是作为劳动者的起码条件。《宪法》规定遵守劳动纪律是公民的基本义务,其意义是重大的。劳动纪律是劳动者在共同劳动中所必须遵守的劳动规则和秩序。它要求每个劳动者按照规定的时间、质量、程序和方法完成自己应承担的工作。职业道德是从业人员在职业活动中应当遵循的道德。职业道德是一般社会道德在职业活动中的体现,职业道德的基本要求在于忠于职守,并对社会负责。遵守劳动纪律和职业道德,是保证生产正常进行和提高劳动生产率的需要。

每个劳动者都应当履行劳动法律法规所规定的义务,以对国家、对人民、对社会负责的精神,保质保量地完成生产任务,在维护用人单位和自身利益的同时,实现劳动者的自我发展。当代大学生应该全面理解和把握劳动者权利和义务相统一的内涵,在享受劳动权利的同时更好地履行劳动义务,成为一名“爱岗、敬业、诚信”的新时代劳动者。

第三节　劳动合同与社会保障

我国的劳动法律法规保障了国民经济健康有序发展,保护了经济发展中的劳动者合法权益和用人单位的合法利益,保证了社会的公平、正义,调整了劳动关系。在劳动关系中,对于劳动者而言,最重要的协议就是劳动合同,劳动合同是劳动者实现劳动权的重要保障,是用人单位合理使用劳动力、巩固劳动纪律、提高劳动生产率的重要手段,是减少和防止发生劳动争议的重要措施。

社会经济的发展,保障了劳动者充分就业,保证了国家可以筹集充足的社会保障资金,但是,如果没有完善的社会保障制度,解除劳动者的后顾之忧,就不能推动经济社会的进一步发展。为此,政府在促进经济增长,保证劳动者充分就业的同时,还要建立健全社会保障制度。

无论是劳动合同还是社会保障,都是确保劳动者充分享有劳动权利、积极履行劳动义务的重要保障,都是解决劳动者后顾之忧,确保劳动者全身心投入劳动生产的支持力量,新时代的大学生要主动学习相关知识,用法律武器和科学方法维护自身的合法就业权益、劳动权益。

一、劳动关系概述

(一)劳动关系的含义、特征

劳动关系通常是指用人单位(雇主)与劳动者(雇员)之间在运用劳动者的劳动能力、实现劳动过程中发生的关系。劳动关系的主要特征有:

1. 劳动关系具有主体上的特定性

劳动关系是在特定的主体之间订立的,一方是劳动力的所有者,一方是劳动力的使用者。我国劳动法律法规中一般称之为劳动者和用人单位,国外则一般称之为雇员和雇主。

2. 劳动关系具有主体上的隶属性

以私营企业为例,劳动关系一经确立,劳动者就成为企业的员工,企业就成为劳动力的支配者和管理者。员工必须听从企业管理者的管理,并要遵守企业内部的劳动规则,因此,劳动者和用人单位之间形成了一种隶属关系。

3. 劳动关系具有等价交换性

劳动关系所反映的是一种特定的经济关系——劳动给付与工资的交换关系。员工作为劳动力的所有者,按照一定的价格(工资),将劳动力的使用权让渡给劳动力的使用者——雇主;雇主通过支付工资,获得劳动的给付。

(二)劳动关系与劳务关系

劳务关系属于民事关系的一种,是指平等民事主体之间就一方向另一方提供劳务,另一方接受劳务并支付对价而形成的相互间的权利义务关系。劳务关系又可具体分为承揽关系、委托关系、保管关系、技术服务关系、信托关系、居间关系等。

劳动关系与劳务关系的相似之处在于，劳动关系和劳务关系都以劳动体现关系，接受劳动的一方应当向提供劳动的一方支付劳动报酬。但是，劳动关系和劳务关系在很多方面存在不同：

1. 主体不同

劳动关系的主体是特定的：一方是劳动者个人，即符合《劳动法》规定的条件，具有劳动权利能力和行为能力的自然人。根据我国《劳动法》的规定，年满16周岁具有劳动行为能力的人可以成为劳动者。另一方是法人或其他组织，即用人单位，包括企业、个体经济组织、民办非企业单位等组织以及国家机关、事业单位、社会团体等。

劳动关系的主体不能同时都是自然人，也不能同时都是法人或其他组织。劳动关系只能在自然人与用人单位之间产生。而劳务关系的当事人则没有上述限制，劳务提供方和接受方既可以是自然人，也可以是法人或其他组织，范围明显要大于劳动关系。

2. 权利义务不同

劳动者与用人单位建立劳动关系后，劳动者享有《劳动法》规定的全部权利，亲自履行劳动义务，遵守用人单位的劳动纪律和规章制度。用人单位在劳动过程中不仅要提供相应的劳动工具、防护用品和相应的工作条件，而且要遵守《劳动法》的规定，在工资、工时、社会保险等方面承担义务。

劳务关系中，劳务提供者不享有《劳动法》规定的权利，其与劳务需求者之间是纯粹的财产关系，双方的权利、义务可以自由约定，在无特别约定的情况下，劳务关系的劳务提供者可以替代履行，有关生产资料由劳务提供者自行组织。

3. 适用法律不同

劳动关系受劳动法律规范调整，劳动法属于社会法的范畴，其立法宗旨是保护劳动者的合法权益。劳务关系则受民事法律规范调整，民法属于私法范畴，对劳务关系双方当事人的权益予以平等的保护。由于适用的法律不同，两者内容和形式也不同。相应地，劳动关系和劳务关系在争议处理上的原则也不一样，劳动关系争议按照仲裁—诉讼的衔接方式处理，而劳务关系争议则直接适用民事诉讼原则，当事人可以直接向人民法院提起民事诉讼。

（三）劳动关系案例

【案例1】半工半读学生与企业之间属于何种关系？

小李初中毕业后没有考上高中，但仍期望能有机会继续学习。由于其家庭条件不太好，小李希望能自食其力，一边读书一边工作。恰好，某职业技术学校招收半工半读的学生。该校审查后，同意接受小张来校半工半读。那么，像小张这样半工半读的学生，如果去企业工作，与企业建立的是劳动关系还是实习关系？

解析：半工半读起源于国务院《关于大力发展职业教育的决定》，其中提出要对职业院校试行工学结合、半工半读、校企合作的培养模式，使学生通过半工半读接受免费或较低费用的职业教育。半工半读是我国在校企联合办学的培养模式下的一种制度。在半工半读模式下，企业与学生间的关系很难界定，企业和实习学生的利益难以平衡、难以得到有力保护。一方面，个别不良企业和学校，打着半工半读的幌子，把学生当作廉价劳动力使用，难以把两者确定为已形成劳动关系，学生在工资报酬和劳动保护等方面均享受不到有力的保障；另一方面，部分企业顾虑于没有与实习学生形成相对稳定的隶属关系，担心实习学生过错造成企业损失无处索赔。

半工半读学生并不符合《劳动法》和《劳动合同法》对劳动者的界定，因此，半工半读关系应该属于实习关系而非劳动关系。由于半工半读的学生和用人单位之间不成立劳动关系，因此不受《劳动法》保护。在半工半读过程中，如果学生和企业之间产生劳务或人身伤害纠纷，双方有约定的按照约定处理，没有约定的只能按照一般的民事纠纷处理。

【案例2】代理关系还是劳动关系？

小王于2017年1月被某公司招录为销售员，签订了劳动合同，工资标准为底薪1500元/月加激励酬金，后来他被派到公司的某销售点担任负责人。以后公司在全国各地建立了诸多销售点，员工也越来越多。公司于2018年1月要求各销售点负责人与其签订“委托代理销售产品合同”，合同期限于2018年1月至2020年1月止，其中写明由公司提供生产工具、场所等劳动条件，合同附件《销售点酬金核算方法》则规定了计酬、考核管理办法等，规定酬金由基本酬金加激励酬金等构成。公司同时还要求各销售点负责人办理了营业执照。各销售点负责人成了个体工商户经营者。2019 年 12 月，小王在工作过程中受伤，要求公司支付医药费等工伤待遇。公司以双方签订了委托代理销售产品合同和销售点已办理了营业执照为由，认为自己与小王不存在劳动关系，拒绝支付。为此，小王提起劳动争议仲裁，要求确认与公司存在劳动关系。

解析：这是公司规避《劳动合同法》的一种手段，确认劳动关系要看其本质，表象是小王申领了工商执照，签订了"委托代理销售产品合同"，但其本质是公司对员工管理考核方式和内部经营机制的变化，而并未改变公司对销售人员的管理等隶属关系，公司仍在实际用工，并按月支付劳动报酬，故双方存在劳动关系。

【案例 3】劳动关系还是劳务关系？

孙先生自 2018 年 8 月起，开始帮助某酒业公司法定代表人筹备企业成立事宜，月工资 15000 元。公司成立后，2019 年 1 月 17 日起，由于公司资金困难，每月实发 8000 元，发至 2019 年 3 月。双方未签订劳动合同。2019 年 6 月，孙先生申请仲裁，要求公司向其支付未签劳动合同二倍工资差额、解除劳动关系经济赔偿金等。

解析：在仲裁中，孙先生出示了盖有单位公章、公司法定代表人签章的"保证书"。其内容为："因为公司运营资金有压力，现将员工孙×的工资发放调整如下：每月工资总额不变，自 2019 年 1 月起每月实发 8000 元、其余 7000 元暂时拖欠。发放形式仍由法定代表人个人账户向孙×账户转账支付。2019 年 2 月 25 日。"

仲裁委认为，酒业公司成立后，孙先生依照公司安排从事相关劳动，公司法定代表人按照固定数额逐月向其支付报酬，双方建立的法律关系的性质符合劳动关系的特征。酒业公司虽不认可"保证书"内容的真实，但认可其上面的公章、人名章的真实性，其所提交的证据不能证明"保证书"上的印章系孙先生私自加盖。因此仲裁委对"保证书"的真实性予以采信，并支持了孙先生的诉求。

【案例 4】保险公司与工作人员签订了"保险代理"协议，能否认定劳动关系？

张某等人在某保险公司分别担任收费员、办公室主任、保全员等职务，执行 8 小时工作制，劳动报酬由月固定工资及绩效组成，他们与公司其他签订劳动合同的人员一样接受公司的管理。同时张某等人与保险公司签订了保险代理人“保险代理”合同,也以保险代理人工号从事保险代理业务。张某等人多次向公司提出签订劳动合同,均被拒绝。后公司将张某等人解雇。张某等人要求公司为其补缴养老保险费、支付未签订劳动合同的双倍工资差额及解除劳动关系的经济补偿金。公司认为双方为保险代理关系,张某等人不应享有上述权利。

解析:张某等人在保险公司主要从事内勤工作,执行8小时工作制,劳动报酬由月固定工资及绩效组成,接受公司的各种管理。可以认定双方属于劳动关系,公司有义务为张某等人缴纳各项社会保险费。此外,由于保险公司拒绝签订劳动合同,而且主动解除双方劳动关系,根据《劳动合同法》的相关规定,保险公司应当向张某等人支付因未签订劳动合同产生的双倍工资以及解除劳动关系的经济补偿金。

二、劳动合同订立

劳动合同的订立是用人单位与劳动者建立劳动法律关系的程序,是明确双方权利、义务和责任的法律行为,是双方建立劳动关系的一种契约协议和书面证据。

(一)劳动合同订立的基本原则

1. 合法原则

合法原则是指用人单位与劳动者在订立劳动合同时不得违反法律法规的规定,是劳动合同订立过程中的基本要求,包含了订立程序和内容都应符合法律规定。

2. 公平原则

公平原则是指劳动合同双方应秉持社会普遍认可的合情合理的道德理念来签订合同,并建立劳动关系,以此标准来维持双方的利益均衡。

3. 平等自愿原则

平等原则是指劳动合同双方在民事活动中属于平等的法律主体,任何一方不得把自己的意志强加给对方;自愿原则是指劳动合同双方可以自由地按照自己的意愿去订立劳动合同。

4. 协商一致原则

协商一致原则是指在劳动合同的订立过程中，双方当事人通过协商达成彼此满意的合同内容而建立劳动关系。

5. 诚实信用原则

诚实信用原则是指订立劳动合同双方应基于诚信、善意及真实的意愿建立劳动关系。

（二）劳动合同应当具备的条款

1. 用人单位的名称、住所和法定代表人或者主要负责人；
2. 劳动者的姓名、住址和居民身份证或者其他有效身份证件号码；
3. 劳动合同期限；
4. 工作内容和工作地点；
5. 工作时间和休息休假；
6. 劳动报酬；
7. 社会保险；
8. 劳动保护、劳动条件和职业危害防护；
9. 法律法规规定应当纳入劳动合同的其他事项。

劳动合同除前款规定的必备条款外，用人单位与劳动者可以约定试用期、培训、保守秘密、补充保险和福利待遇等其他事项。

（三）劳动合同订立时的信息披露

《劳动合同法》第八条明确规定："用人单位招用劳动者时，应当如实告知劳动者工作内容、工作条件、工作地点、职业危害、安全生产状况、劳动报酬，以及劳动者要求了解的其他情况；用人单位有权了解劳动者与劳动合同直接相关的基本情况，劳动者应当如实说明。"这说明了订立劳动合同对于用人单位和劳动者来说是一种严肃的法律行为，与劳动用工相关的信息劳资双方均应向对方完整披露，以确保双方建立劳动关系是基于双方真实的意思表示。

个别用人单位有意无意地不履行信息披露或未充分履行信息披露的义务，这就侵犯了劳动者的知情权；同样，也有不少劳动者故意隐瞒甚至编造虚假信息以达到就业的目的，同样也是侵犯了用人单位的知情权。这两种情况有可能给劳动关系的建立埋下隐患,极易产生劳动争议。

根据《劳动合同法》第八条的规定,信息披露的内容按照披露主体的不同分为用人单位披露的内容和劳动者披露的内容。

1. 用人单位披露的内容:一是工作内容,即工作岗位及职责范围;二是工作条件,即与工作内容相关的工作硬件设施及规章制度等;三是工作地点,若双方无其他约定,和劳动者签约的用人单位所在地就是当然的工作地点,如果需要劳动者到其他工作地点工作,务必事先告知,以得到劳动者明确认可;四是职业危害,职业危害直接关系到劳动者身体健康及相应待遇的确定,在劳动者难以充分了解工作环境的状况下,极易埋下劳动争议的隐患,因此用人单位有义务向劳动者披露涉及职业危害的信息;五是安全生产状况,提供安全的生产条件和环境是用人单位的法定义务,生产状况是否安全直接影响劳动者是否签约;六是劳动报酬,包括工资、奖金、津贴、补贴、绩效等;七是劳动者要求了解的其他情况,比如竞业限制、商业秘密保护、违约责任、劳动合同期限等等。

2. 劳动者披露的内容:《劳动合同法》对于劳动者应该披露的内容概括为"劳动者与劳动合同直接相关的基本情况",并没有明确列举披露的具体内容。在用人单位招聘录用时,劳动者需要向用人单位披露的基本信息包括但不限于以下几种:一是年龄,年龄直接关系到劳动者有无完全民事行为能力和具备签订劳动合同的主体资格,如劳动者是否已满16周岁,但要求劳动者披露的年龄必须是与劳动合同直接相关的,否则将构成就业歧视,比如有的用人单位对招聘的岗位设置年龄限制;二是身体状况,身体状况关系到劳动者履行劳动义务的能力,如身患传染疾病、精神病、重大疾病隐患等会对正常劳动用工关系带来不利影响,但是要求劳动者披露的身体状况必须是"与劳动用工直接相关的",否则将构成就业歧视;三是工作经历,工作经历能够反映劳动者的相关工作经验、工作能力等,因此用人单位有权要求劳动者披露;四是知识技能,知识技能事关劳动者工作胜任能力,也属用人单位有权了解的内容;五是就业现状,劳动者是否存在双重劳动用工关系、是否与原用工单位存在劳动争议事项未了结、是否有就业竞业限制情况等。这些问题可能会直接影响用人单位的权利和义务,并会影响用人单位与该劳动者能否合法建立劳动关系,因此劳动者应该将此信息如实披露。

三、五险一金

根据《社会保险法》第 2 条、第 10 条、第 23 条、第 33 条、第 44 条、第 53 条的规定，我国境内的用人单位和劳动者个人均应依法缴纳社会保险费，该笔费用将建立各项保险基金，即通常所说的“五险”。具体包括：

1. 为保障达到法定退休年龄的劳动者在退休后无收入来源的情况下仍能维持正常生活而依法建立的基本养老保险。

2. 为减轻人们因高昂的就医治病费用产生的负担而依法建立的基本医疗保险。

3. 为保障劳动者因工受伤、致残或者死亡后本人或近亲属的切身利益而依法建立的工伤保险。

4. 为保障未达到法定退休年龄的劳动者因某些客观原因下岗失业后的基本生活而依法建立的失业保险。

5. 针对女性劳动者的特殊保护，为保障其生育和抚养下一代的权益而依法建立的生育保险。

同时，根据《住房公积金管理条例》第二条的规定，“五险一金”中的“一金”指的是住房公积金，是指国家机关、国有企业、城镇集体企业、外商投资企业、城镇私营企业及其他城镇企业、事业单位、民办非企业单位、社会团体及其在职职工缴存的长期住房储金。

简而言之，五险一金就是指养老保险、医疗保险、工伤保险、失业保险和生育保险，以及住房公积金。“五险一金”的费用由职工个人和企业共同缴纳，但是“五险”是社会保险，具有强制性。“一金”属于住房保障范畴，企业自愿参加。

附　　录

国家职业资格目录（2021 年版）

发布日期：2021 年 12 月 2 日　　来源：人力资源和社会保障部网站

一、专业技术人员职业资格

（共计 59 项。其中准入类 33 项，水平评价类 26 项）

序号	职业资格名称	实施部门（单位）	资格类别	设定依据
1	教师资格	教育部	准入类	《中华人民共和国教师法》 《教师资格条例》 《〈教师资格条例〉实施办法》（教育部令 2000 年第 10 号）

续表

序号	职业资格名称	实施部门(单位)	资格类别	设定依据
2	法律职业资格	司法部	准入类	《中华人民共和国法官法》 《中华人民共和国检察官法》 《中华人民共和国公务员法》 《中华人民共和国律师法》 《中华人民共和国公证法》 《中华人民共和国仲裁法》 《中华人民共和国行政复议法》 《中华人民共和国行政处罚法》
3	中国委托公证人资格 (香港、澳门)	司法部	准入类	《国务院对确需保留的行政审批项目设定行政许可的决定》
4	注册会计师	财政部	准入类	《中华人民共和国注册会计师法》
5	注册城乡规划师	自然资源部 人力资源社会保障部 相关行业协会	准入类	《中华人民共和国城乡规划法》
6	注册测绘师	自然资源部 人力资源社会保障部	准入类	《中华人民共和国测绘法》 《注册测绘师制度暂行规定》(国人部发〔2007〕14 号)

续表

序号	职业资格名称		实施部门(单位)	资格类别	设定依据
7	核安全设备无损检验人员资格	民用核安全设备无损检验人员	生态环境部	准入类	《民用核安全设备监督管理条例》
		国防科技工业军用核安全设备无损检验人员	国防科工局	准入类	《中华人民共和国核安全法》
8	核设施操纵人员资格	民用核设施操纵人员	生态环境部 国家能源局	准入类	《中华人民共和国民用核设施安全监督管理条例》
		国防科技工业军用核设施操纵人员	国防科工局	准入类	《中华人民共和国核安全法》
9	注册核安全工程师		生态环境部 人力资源社会保障部	准入类	《中华人民共和国放射性污染防治法》 《注册核安全工程师执业资格制度暂行规定》(人发〔2002〕106号)
10	注册建筑师		全国注册建筑师管理委员会及省级注册建筑师管理委员会	准入类	《中华人民共和国建筑法》 《中华人民共和国注册建筑师条例》 《建设工程勘察设计管理条例》 《关于建立注册建筑师制度及有关工作的通知》(建设〔1994〕第598号)

续表

序号	职业资格名称	实施部门(单位)	资格类别	设定依据
11	监理工程师	住房城乡建设部 交通运输部 水利部 人力资源社会保障部	准入类	《中华人民共和国建筑法》 《建设工程质量管理条例》 《监理工程师职业资格制度规定》(建人规〔2020〕3 号) 《注册监理工程师管理规定》(建设部令 2006 年第 147 号,根据住房和城乡建设部令 2016 年第 32 号修订) 《公路水运工程监理企业资质管理规定》(交通运输部令 2019 年第 37 号) 《水利工程建设监理规定》(水利部令 2006 年第 28 号,根据水利部令 2017 年第 49 号修订)
12	房地产估价师	住房城乡建设部 自然资源部	准入类	《中华人民共和国城市房地产管理法》
13	造价工程师	住房城乡建设部 交通运输部 水利部 人力资源社会保障部	准入类	《中华人民共和国建筑法》 《造价工程师职业资格制度规定》(建人〔2018〕67 号) 《注册造价工程师管理办法》(建设部令 2006 年第 150 号,根据住房和城乡建设部令 2016 年第 32 号、2020 年第 50 号修订)
14	建造师	住房城乡建设部 人力资源社会保障部	准入类	《中华人民共和国建筑法》 《注册建造师管理规定》(建设部令 2006 年第 153 号,根据住房和城乡建设部令 2016 年第 32 号修订) 《建造师执业资格制度暂行规定》(人发〔2002〕111 号)

续表

序号	职业资格名称		实施部门(单位)	资格类别	设定依据
15	勘察设计注册工程师	注册结构工程师	住房城乡建设部 人力资源社会保障部	准入类	《中华人民共和国建筑法》 《建设工程勘察设计管理条例》 《勘察设计注册工程师管理规定》(建设部令2005年第137号,根据住房和城乡建设部令2016年第32号修订) 《注册结构工程师执业资格制度暂行规定》(建设〔1997〕222号)
		注册土木工程师	住房城乡建设部 交通运输部 水利部 人力资源社会保障部		《中华人民共和国建筑法》 《建设工程勘察设计管理条例》 《勘察设计注册工程师管理规定》(建设部令2005年第137号,根据住房和城乡建设部令2016年第32号修订) 《注册土木工程师(岩土)执业资格制度暂行规定》(人发〔2002〕35号) 《注册土木工程师(水利水电工程)制度暂行规定》(国人部发〔2005〕58号) 《注册土木工程师(港口与航道工程)执业资格制度暂行规定》(人发〔2003〕27号) 《勘察设计注册土木工程师(道路工程)制度暂行规定》(国人部发〔2007〕18号)
		注册化工工程师	住房城乡建设部 人力资源社会保障部		《中华人民共和国建筑法》 《建设工程勘察设计管理条例》 《勘察设计注册工程师管理规定》(建设部令2005年第137号,根据住房和城乡建设部令2016年第32号修订) 《注册化工工程师执业资格制度暂行规定》(人发〔2003〕26号)

续表

序号	职业资格名称		实施部门(单位)	资格类别	设定依据
15	勘察设计注册工程师	注册电气工程师	住房城乡建设部 人力资源社会保障部	准入类	《中华人民共和国建筑法》 《建设工程勘察设计管理条例》 《勘察设计注册工程师管理规定》(建设部令 2005 年第 137 号，根据住房和城乡建设部令 2016 年第 32 号修订) 《注册电气工程师执业资格制度暂行规定》(人发〔2003〕25 号)
		注册公用设备工程师	住房城乡建设部 人力资源社会保障部		《中华人民共和国建筑法》 《建设工程勘察设计管理条例》 《勘察设计注册工程师管理规定》(建设部令 2005 年第 137 号，根据住房和城乡建设部令 2016 年第 32 号修订) 《注册公用设备工程师执业资格制度暂行规定》(人发〔2003〕24 号)
		注册环保工程师	住房城乡建设部 生态环境部 人力资源社会保障部		《中华人民共和国建筑法》 《建设工程勘察设计管理条例》 《勘察设计注册工程师管理规定》(建设部令 2005 年第 137 号，根据住房和城乡建设部令 2016 年第 32 号修订) 《注册环保工程师制度暂行规定》(国人部发〔2005〕56 号)
16	注册验船师		交通运输部 人力资源社会保障部	准入类	《中华人民共和国船舶和海上设施检验条例》 《中华人民共和国渔业船舶检验条例》 《注册验船师制度暂行规定》(国人部发〔2006〕8 号)

续表

序号	职业资格名称		实施部门(单位)	资格类别	设定依据
17	船员资格 (含船员、渔业船员)		交通运输部 农业农村部	准入类	《中华人民共和国海上交通安全法》 《中华人民共和国船员条例》 《中华人民共和国内河交通安全管理条例》 《中华人民共和国渔港水域交通安全管理条例》
18	执业兽医		农业农村部	准入类	《中华人民共和国动物防疫法》
19	演出经纪人员资格		文化和旅游部	准入类	《营业性演出管理条例》 《营业性演出管理条例实施细则》(文化部令 2009 年第 47 号,根据文化部令 2017 年第 57 号修订)
20	导游资格		文化和旅游部	准入类	《中华人民共和国旅游法》 《导游人员管理条例》
21	医生资格	医师	国家卫生健康委	准入类	《中华人民共和国医师法》
		乡村医生			《乡村医生从业管理条例》
		人体器官 移植医师			《中华人民共和国医师法》 《人体器官移植条例》 《关于对人体器官移植技术临床应用规划及拟批准开展人体器官移植医疗机构和医师开展审定工作的通知》(卫办医发〔2007〕38 号) 《国务院关于取消和调整一批行政审批项目等事项的决定》(国发〔2014〕27 号)

续表

序号	职业资格名称		实施部门(单位)	资格类别	设定依据
21	医生资格	职业病诊断医师	国家卫生健康委	准入类	《中华人民共和国职业病防治法》 《国务院关于取消一批职业资格许可和认定事项的决定》(国发〔2016〕5号)
22	护士执业资格		国家卫生健康委 人力资源社会保障部	准入类	《护士条例》 《护士执业资格考试办法》(卫生部、人力资源社会保障部令2010年第74号)
23	母婴保健技术服务人员资格		国家卫生健康委	准入类	《中华人民共和国母婴保健法》
24	注册安全工程师		应急管理部 人力资源社会保障部	准入类	《中华人民共和国安全生产法》 《注册安全工程师职业资格制度规定》(应急〔2019〕8号)
25	注册消防工程师		应急管理部 人力资源社会保障部	准入类	《中华人民共和国消防法》 《注册消防工程师制度暂行规定》(人社部发〔2012〕56号)
26	注册计量师		市场监管总局 人力资源社会保障部	准入类	《中华人民共和国计量法》 《注册计量师职业资格制度规定》(国市监计量〔2019〕197号)
27	特种设备检验、检测人员资格		市场监管总局	准入类	《中华人民共和国特种设备安全法》

续表

序号	职业资格名称		实施部门(单位)	资格类别	设定依据
28	广播电视播音员、主持人资格		广电总局	准入类	《国务院对确需保留的行政审批项目设定行政许可的决定》
29	新闻记者职业资格		国家新闻出版署	准入类	《国务院对确需保留的行政审批项目设定行政许可的决定》 《新闻记者证管理办法》(新闻出版总署令 2009 年第 44 号)
30	航空人员资格	空勤人员、地面人员	中国民航局	准入类	《中华人民共和国民用航空法》
		民用航空器外国驾驶员、领航员、飞行机械员、飞行通信员			《国务院对确需保留的行政审批项目设定行政许可的决定》
		航空安全员			《国务院对确需保留的行政审批项目设定行政许可的决定》
		民用航空电信人员、航行情报人员、气象人员			《国务院对确需保留的行政审批项目设定行政许可的决定》

续表

序号	职业资格名称	实施部门（单位）	资格类别	设定依据
31	执业药师	国家药监局 人力资源社会保障部	准入类	《中华人民共和国药品管理法》 《中华人民共和国药品管理法实施条例》 《国务院对确需保留的行政审批项目设定行政许可的决定》 《药品经营质量管理规范》（国家食品药品监督管理总局令2015年第13号，根据国家食品药品监督管理总局令2016年第28号修正） 《执业药师职业资格制度规定》（国药监人〔2019〕12号）
32	专利代理师	国家知识产权局	准入类	《专利代理条例》 《专利代理师资格考试办法》（国家市场监督管理总局令2019年第7号）
33	拍卖师	中国拍卖行业协会	准入类	《中华人民共和国拍卖法》
34	工程咨询（投资） 专业技术人员职业资格	国家发展改革委 人力资源社会保障部 中国工程咨询协会	水平 评价类	《工程咨询（投资）专业技术人员职业资格制度暂行规定》（人社部发〔2015〕64号）
35	通信专业技术人员职业资格	工业和信息化部 人力资源社会保障部	水平 评价类	《中华人民共和国电信条例》 《通信专业技术人员职业水平评价暂行规定》（国人部发〔2006〕10号）

续表

序号	职业资格名称	实施部门(单位)	资格类别	设定依据
36	计算机技术与 软件专业技术资格	工业和信息化部 人力资源社会保障部	水平 评价类	《计算机技术与软件专业技术资格(水平)考试暂行规定》(国人部发〔2003〕39号)
37	社会工作者职业资格	民政部 人力资源社会保障部	水平 评价类	《国家中长期人才发展规划纲要(2010—2020年)》 《关于加强社会工作专业人才队伍建设的意见》(中组发〔2011〕25号) 《社会工作者职业水平评价暂行规定》(国人部发〔2006〕71号) 《高级社会工作师评价办法》(人社部规〔2018〕2号)
38	会计专业技术资格	财政部 人力资源社会保障部	水平 评价类	《中华人民共和国会计法》 《关于深化会计人员职称制度改革的指导意见》(人社部发〔2019〕8号) 《会计专业技术资格考试暂行规定》(财会〔2000〕11号)
39	资产评估师	财政部 人力资源社会保障部 中国资产评估协会	水平 评价类	《中华人民共和国资产评估法》 《资产评估师职业资格制度暂行规定》(人社部规〔2017〕7号)
40	经济专业技术资格	人力资源社会保障部	水平 评价类	《关于深化经济专业人员职称制度改革的指导意见》(人社部发〔2019〕53号) 《经济专业技术资格规定》(人社部规〔2020〕1号)

续表

序号	职业资格名称	实施部门(单位)	资格类别	设定依据
41	不动产登记代理专业人员职业资格	自然资源部 中国土地估价师与土地登记代理人协会	水平评价类	《不动产登记暂行条例》
42	矿业权评估师	自然资源部 中国矿业权评估师协会	水平评价类	《中华人民共和国资产评估法》 《矿产资源勘查区块登记管理办法》 《矿产资源开采登记管理办法》 《探矿权采矿权转让管理办法》
43	环境影响评价工程师	生态环境部 人力资源社会保障部	水平评价类	《建设项目环境保护管理条例》 《环境影响评价工程师职业资格制度暂行规定》(国人部发〔2004〕13 号)
44	房地产经纪专业人员职业资格	住房城乡建设部 人力资源社会保障部 中国房地产估价师与房地产经纪人学会	水平评价类	《中华人民共和国城市房地产管理法》 《房地产经纪专业人员职业资格制度暂行规定》(人社部发〔2015〕47 号)
45	机动车检测维修专业技术人员职业资格	交通运输部 人力资源社会保障部	水平评价类	《中华人民共和国道路运输条例》 《机动车检测维修专业技术人员职业水平评价暂行规定》(国人部发〔2006〕51 号)

续表

序号	职业资格名称	实施部门(单位)	资格类别	设定依据
46	公路水运工程试验检测专业技术人员职业资格	交通运输部 人力资源社会保障部	水平评价类	《建设工程质量管理条例》 《公路水运工程试验检测专业技术人员职业资格制度规定》(人社部发〔2015〕59号)
47	水利工程质量检测员资格	水利部	水平评价类	《建设工程质量管理条例》 《水利工程质量检测管理规定》(水利部令2008年第36号,根据水利部令2017年第49号、2019年第50号修订)
48	卫生专业技术资格	国家卫生健康委 人力资源社会保障部	水平评价类	《关于深化卫生专业技术人员职称制度改革的指导意见》(人社部发〔2021〕51号) 《临床医学专业技术资格考试暂行规定》(卫人发〔2000〕462号) 《预防医学、全科医学、药学、护理、其他卫生技术等专业技术资格考试暂行规定》(卫人发〔2001〕164号)
49	审计专业技术资格	审计署 人力资源社会保障部	水平评价类	《中华人民共和国审计法》 《中华人民共和国审计法实施条例》 《关于深化审计专业人员职称制度改革的指导意见》(人社部发〔2020〕84号) 《审计专业技术初、中级资格考试规定》(审人发〔2003〕4号) 《高级审计师评价办法(试行)》(人发〔2002〕58号)
50	税务师	税务总局 人力资源社会保障部 中国注册税务师协会	水平评价类	《中华人民共和国税收征收管理法》 《税务师职业资格制度暂行规定》(人社部发〔2015〕90号)

续表

序号	职业资格名称	实施部门（单位）	资格类别	设定依据
51	认证人员职业资格	市场监管总局	水平评价类	《中华人民共和国认证认可条例》
52	设备监理师	市场监管总局 人力资源社会保障部	水平评价类	《国务院关于第三批取消和调整行政审批项目的决定》（国发〔2004〕16 号）
53	统计专业技术资格	国家统计局 人力资源社会保障部	水平评价类	《中华人民共和国统计法》 《关于深化统计专业人员职称制度改革的指导意见》（人社部发〔2020〕16 号） 《统计专业技术资格考试暂行规定》（国统字〔1995〕46 号）
54	出版专业技术人员职业资格	国家新闻出版署 人力资源社会保障部	水平评价类	《出版管理条例》 《音像制品管理条例》 《关于深化出版专业技术人员职称制度改革的指导意见》（人社部发〔2021〕10 号） 《出版专业技术人员职业资格考试暂行规定》（人发〔2001〕86 号）
55	银行业专业人员职业资格	银保监会 人力资源社会保障部 中国银行业协会	水平评价类	《银行业专业人员职业资格制度暂行规定》（人社部发〔2013〕101 号）
56	精算师	银保监会 人力资源社会保障部 中国精算师协会	水平评价类	《中华人民共和国保险法》

续表

序号	职业资格名称	实施部门(单位)	资格类别	设定依据
57	证券期货基金业从业人员资格	证监会	水平评价类	《中华人民共和国证券法》 《中华人民共和国证券投资基金法》 《期货交易管理条例》
58	文物保护工程从业资格	国家文物局	水平评价类	《中华人民共和国文物保护法实施条例》 《文物保护工程管理办法》(文化部令 2003 年第 26 号) 《文物保护工程勘察设计资质管理办法(试行)》 《文物保护工程施工资质管理办法(试行)》 《文物保护工程监理资质管理办法(试行)》(文物保发〔2014〕13 号)
59	翻译专业资格	中国外文局 人力资源社会保障部	水平评价类	《关于深化翻译专业人员职称制度改革的指导意见》(人社部发〔2019〕110 号) 《翻译专业资格(水平)考试暂行规定》(人发〔2003〕21 号)

二、技能人员职业资格

（共计 13 项）

序号	职业资格名称		实施部门（单位）	资格类别	设定依据	备注
1	焊工	民用核安全设备焊工、焊接操作工	生态环境部	准入类	《民用核安全设备监督管理条例》 《国务院对确需保留的行政审批项目设定行政许可的决定》 《国务院关于修改部分行政法规的决定》	
		国防科技工业军用核安全设备焊接人员	国防科工局	准入类	《中华人民共和国核安全法》	
2	安全保护服务人员	保安员	公安部门及相关机构	准入类	《保安服务管理条例》 《人力资源社会保障部办公厅 公安部办公厅关于颁布保安员国家职业技能标准的通知》（人社厅发〔2019〕60 号）	
		民航安全检查员	民航行业技能鉴定机构	水平评价类	《人力资源社会保障部办公厅 中国民用航空局综合司关于颁布民航乘务员等 3 个国家职业技能标准的通知》（人社厅发〔2019〕110 号）	涉及安全，根据 2019 年 12 月 30 日国务院常务会议精神，拟依法调整为准入类职业资格。

续表

序号	职业资格名称		实施部门（单位）	资格类别	设定依据	备注
3	消防和应急救援人员	消防员	消防行业技能鉴定机构	水平评价类	《关于印发灭火救援员国家职业技能标准的通知》(人社厅发〔2011〕18号)	涉及安全，根据2019年12月30日国务院常务会议精神，拟依法调整为准入类职业资格。
		森林消防员	应急管理部、国家林业和草原局		《关于印发第十二批房地产策划师等54个国家职业标准的通知》(劳社厅发〔2006〕1号)	
		应急救援员	紧急救援行业技能鉴定机构		《人力资源社会保障部办公厅 应急管理部办公厅关于颁布应急救援员国家职业技能标准的通知》(人社厅发〔2019〕8号)	
4	消防设施操作员		消防行业技能鉴定机构	准入类	《中华人民共和国消防法》	
5	健身和娱乐场所服务人员	游泳救生员	体育行业技能鉴定机构	准入类	《全民健身条例》	指从事游泳、滑雪、潜水、攀岩等高危险性体育项目的社会体育指导员。
		社会体育指导员			《全民健身条例》 《第一批高危险性体育项目目录公告》(国家体育总局公告2013年第16号)	
6	航空运输服务人员	民航乘务员	民航行业技能鉴定机构	准入类	《中华人民共和国民用航空法》 《人力资源社会保障部办公厅 中国民用航空局综合司关于颁布民航乘务员等3个国家职业技能标准的通知》(人社厅发〔2019〕110号)	

续表

序号	职业资格名称		实施部门（单位）	资格类别	设定依据	备注
6	航空运输服务人员	机场运行指挥员	民航行业技能鉴定机构	水平评价类	《人力资源社会保障部办公厅 中国民用航空局综合司关于颁布民航乘务员等3个国家职业技能标准的通知》（人社厅发〔2019〕110号）	涉及安全，根据2019年12月30日国务院常务会议精神，拟依法调整为准入类职业资格。
7	轨道交通运输服务人员	轨道列车司机	交通运输主管部门及相关机构 国家铁路局	准入类	《铁路安全管理条例》 《国务院办公厅关于保障城市轨道交通安全运行的意见》（国办发〔2018〕13号） 《人力资源社会保障部办公厅 交通运输部办公厅 国家铁路局综合司关于颁布轨道列车司机国家职业技能标准的通知》（人社厅发〔2019〕121号）	
8	危险货物、化学品运输从业人员	危险货物道路运输从业人员 放射性物品道路运输从业人员 危险货物水路运输从业人员	交通运输主管部门及相关机构	准入类	《中华人民共和国安全生产法》 《中华人民共和国道路运输条例》 《危险化学品安全管理条例》 《放射性物品运输安全管理条例》 《道路运输从业人员管理规定》（交通运输部令2019年第18号） 《危险货物水路运输从业人员考核和从业资格管理规定》（交通运输部令2021年第29号）	

续表

序号	职业资格名称		实施部门（单位）	资格类别	设定依据	备注
9	道路运输从业人员	经营性客运驾驶员	交通运输主管部门及相关机构	准入类	《中华人民共和国道路运输条例》 《国务院关于加强道路交通安全工作的意见》(国发〔2012〕30号) 《道路运输从业人员管理规定》(交通运输部令2019年第18号)	
		经营性货运驾驶员	交通运输主管部门及相关机构	准入类	《中华人民共和国道路运输条例》 《国务院关于加强道路交通安全工作的意见》(国发〔2012〕30号) 《道路运输从业人员管理规定》(交通运输部令2019年第18号)	除使用总质量4500千克及以下普通货运车辆的驾驶人员外。
		出租汽车驾驶员	交通运输主管部门及相关机构	准入类	《国务院对确需保留的行政审批项目设定行政许可的决定》 《出租汽车驾驶员从业资格管理规定》(交通运输部令2021年第15号) 《巡游出租汽车经营服务管理规定》(交通运输部令2021年第16号) 《网络预约出租汽车经营服务管理暂行办法》(交通运输部令2019年第46号)	

续表

序号	职业资格名称	实施部门（单位）	资格类别	设定依据	备注
10	特种作业人员	应急管理部门、矿山安全监管部门	准入类	《中华人民共和国安全生产法》 《中华人民共和国劳动法》 《中华人民共和国矿山安全法》 《安全生产许可证条例》 《煤矿安全监察条例》 《危险化学品安全管理条例》 《烟花爆竹安全管理条例》 《特种作业人员安全技术培训考核管理规定》（国家安全监管总局令 2010 年第 30 号、2013 年第 63 号第一次修正、2015 年第 80 号第二次修正）	
11	建筑施工特种作业人员	住房和城乡建设主管部门及相关机构	准入类	《中华人民共和国安全生产法》 《中华人民共和国特种设备安全法》 《建设工程安全生产管理条例》 《特种设备安全监察条例》 《安全生产许可证条例》 《建筑起重机械安全监督管理规定》（建设部令 2008 年第 166 号）	

续表

序号	职业资格名称	实施部门（单位）	资格类别	设定依据	备注
12	特种设备安全管理和作业人员	市场监督管理部门	准入类	《中华人民共和国特种设备安全法》 《特种设备安全监察条例》 《特种设备作业人员监督管理办法》（国家质量监督检验检疫总局令 2011 年第 140 号）	
13	家畜繁殖员	农业行业技能鉴定机构	准入类	《中华人民共和国畜牧法》	

参考文献

[1]中共中央马克思恩格斯列宁斯大林著作编译局. 马克思恩格斯全集[M]. 北京:人民出版社,2006.

[2]习近平谈治国理政,第一卷[M]. 北京:外文出版社,2018.

[3]中共中央宣传部. 习近平新时代中国特色社会主义思想三十讲[M]. 北京:学习出版社,2018.

[4]《中国大百科全书》总编委会. 中国大百科全书[M]. 2 版. 北京:中国大百科全书出版社,2009.

[5]中共中央宣传部. 劳动铸就中国梦(解说词)[M]. 北京:学习出版社,2015.

[6]吴学东. 马克思的劳动思想研究[M]. 北京:中国社会科学出版社,2018.

[7]刘向兵. 新时代高校劳动教育论纲[M]. 北京:社会科学文献出版社,2019.

[8]教育部职业技术教育中心研究所. 劳动教育读本(高职版)[M]. 北京:高等教育出版社,2021.

[9]龚立新. 新时代大学劳动教育[M]. 北京:中国言实出版社,2021.

[10]沈义祥,刘文敏. 劳动法与社会保障法[M]. 北京:冶金工业出版社,2011.

[11]杨遂全,何霞,王蓓,等. 劳动法与社会保障法新论[M]. 成都:四川大学出版社,2015.

[12]郭捷. 劳动法与社会保障法[M]. 2 版. 北京:法律出版社,2011.

[13]李嵘. 自强不息:中国少数民族劳动者素质技能和社会地位的研究[M]. 北京:中国经济出版社,2006.

[14]傅赟. 赢在校园——大学生就业指导实用教程[M]. 重庆:重庆大学出版社,2018.

[15]唐德勇. 大学生职业生涯规划与就业指导[M]. 北京:中国纺织出版社,2018.
[16]白睿. 招聘管理全流程实战方案[M]. 北京:中国法制出版社,2019.
[17]何平,张雅文. 能力的答案[M]. 北京:电子工业出版社,2021.
[18]陈宝生. 培养社会主义建设者和接班人[J]. 党建研究,2018(7):19-21.
[19]程德慧. 新时代大学生劳动精神培育的时代诉求及实践转化[J]. 河南农业,2019(15):29-30,54.
[20]上官苗苗,李春华. 论新时代劳动精神的内涵、价值与培育路径[J]. 思想理论教育导刊,2020(6):22-26.
[21]颜隆忠. 新时代培育大学生劳动精神的价值意蕴和实践进路[J]. 发展研究,2020(6):86-90.
[22]毛勒堂,郭亭. 新时代劳动精神:何以必需及如何可能?[J]. 思想理论教育,2021(5):42-46.
[23]战帅. 以志愿服务推进新时代劳动教育发展的机制探析[J]. 劳动教育评论,2020(3):86-102.
[24]余莉. 从勤工助学角度看大学生劳动价值观现状——以中国劳动关系学院为例[J]. 劳动保障世界,2020(3):39-40.
[25]王安岩. 高校勤工助学对大学生发展影响研究——以北京地区高校为例[D]. 北京科技大学,2020.
[26]刘玉方,徐彦泽. 加强实习实训劳动教育[J]. 北京教育(德育),2019(4):93-96.
[27]习近平. 人世间的美好梦想,只有通过诚实劳动才能实现[N]. 中国青年报,2013-04-29(1).
[28]何鼎鼎. 人民日报评论员观察:让“劳动者”梦想成真——站在新时代的起跑线上[N]. 人民日报,2017-11-24(5).